霊山と日本人

宮家　準

講談社学術文庫

目次

霊山と日本人

プロローグ

古来、里の村や町で生活する日本人にとって、山や森は生活に必要な水、草木、食用の動植物などを与えてくれる貴重な場所であった。そして神霊、祖霊の住処《すみか》であるとともに、妖怪変化も跋扈《ばっこ》する聖地とされていた。もっとも山には狩猟民、木樵《きこり》などの山民が獲物や木々などを与えてくれる山の神の庇護のもとで生活していた。また四方を海に囲まれた日本の海民にとっては漁業も重要な生業であった。その場合でも山は航海や漁場の目印として欠かせなかった。このように日本人の生活は山や森によって育まれてきたのである。

こうしたこともあって、日本の宗教は縄文時代の山の神信仰、弥生時代以降の水を授けてくれる水分神《みくまりしん》への信仰、これを母胎とした神社の鎮守の森、最澄・空海の山岳仏教、山岳修行を旨とする修験道、禅宗の山岳道場、近世後期の富士講・木曾御嶽講、新宗教の霊山詣というように山や森の信仰を母胎として展開してきた。そして世俗化が進み、多くの人々が宗教に無関心になった現代にあっても、霊山の社寺に参詣して心を癒し、明日への生活の活力を求める人も少なくない。またマスメディアもこうした場景をとりあげている。

もっとも山岳信仰は日本に限らずインドや中国・朝鮮半島や東南アジアにも広く認められ、日本にも大きな影響を及ぼしている。さらにギリシャ・ローマの古代宗教、ユダヤ教、キリスト教、イスラム教にも認められる。これは世界各地で山岳が日常生活の場とは異なる神霊のすまう他界とされたことや、創唱宗教の教祖たちがそこで啓示を受けたり、悟りを開いたことによっている。それゆえ山岳信仰は宗教そのものを理解するよすがともなると考えられるのである。

けれどもこれまで日本の山岳信仰については、唯一の体系的な叢書である『山岳宗教史研究叢書』全十八巻（名著出版）が国内の主要霊山ごとにまとめられていることに象徴されるように、主要霊山の歴史や民俗の紹介に重点がおかれてきた。あるいは特定地域の森神信仰、鎮守の森、比叡山の回峰行、修験道というように個別宗教ごとの研究がなされている。これに対して、本書は、これらを包括した日本の山岳信仰の全体像を、霊山の特徴、そこでの宗教者の活動、神観念や儀礼を人々の生活と関連付けて捉え、さらに山岳信仰のうちに、古来日本人が生きる指針とすると共に、心を癒すよすがとしてきたいわば見えない宗教ともいえるものの解明を試みたものである。

本書ではまず、第一章「日本人の生活にとっての山」で、日本では山岳信仰が、生業や人の一生に欠かせないものであったことを明らかにする。

その上で第二章「山岳信仰の諸相」で、本書で用いる山岳信仰の定義を述べた上で、世界の山岳信仰と特に日本の山岳信仰に大きな影響をもたらしたインド、中国、朝鮮の主要な霊山の信仰を概説し、俯瞰的に山岳信仰を捉える足がかりとする。

第三章「森の信仰」では、日本の山岳信仰の母胎をなす森の定義を述べた上で、民間信仰の森の信仰を山形県庄内のモリの山、福井県若狭のニソの杜《もり》、山口県の森神、沖縄のウタキの事例をもとに紹介する。そのうえで、神社神道の原点をなす鎮守の森を取り上げる。

第四章「山岳信仰の歴史」では、古代から現代に至る山岳信仰の歴史を跡づける。

第五章「各地の主要霊山」では、近畿、東北、関東・甲信越、中部、中国・四国・九州の主要霊山を取り上げ、それぞれの地域の山岳信仰の特徴を考察する。

第六章「聖地としての山岳」では、山岳の名称や山中の霊地の地名の検討を通して聖なる他界としての山岳の宗教的性格を明らかにする。

第七章「山の神格」では、山岳の聖地に祀られている山の神、吉野の蔵王権現や熊野権現などの霊山の権現、霊山の神仏、眷属《けんぞく》の童子や護法のそれぞれの性格や相互関係を検討する。

第八章「山の宗教者と動物・異人」では、特に霊山の修行を旨とする山伏と関連付けたイメージで捉えられる仙人・鬼・天狗、およびこうした異人とかかわる蛇・鳥などの動物を取り上げて霊山で活動する宗教者の性格と相互の関係を解明する。

第九章「山のまつりと修行」では祭り（神道）、籠山（仏教）、峰々を歩く抖擻《とそう》（修験道）、登拝（講）など山にかかわる宗教儀礼の特徴を、特に括弧内にいれた宗教と関連した霊山の事例をもとに検討する。

第十章「山から里へ」では、山で修行した宗教者が得た験力《げんりょく》がどのようなものであったかを、出羽《いでは》神社の松例祭の験くらべなどをもとに推測し、彼らがそれをどのような形で里人に施していたかを、里山伏や霊山の御師の活動を通して解明する。

そしてこうした山の宗教者の活動が最初に述べた日本人の山岳信仰を育んでいったこと、さらにそれが現代の日本人の間にもいわば見えない宗教として存続していることを示して、本書の結びとした。

第一章　日本人の生活にとっての山

1　生業と山

山民と海民にとっての山

日本人は古来、山・海・川の自然に抱かれて生活してきた。特に全国土の七割を占める山は彼らの宗教生活に大きな意味を持っていた。山中でこの山が与えてくれる幸《さち》をもとに生活したのは、マタギと通称される猟師・木樵・鉱山の採掘にあたる山師《やまし》などである。また山麓に住んで轆轤《ろくろ》をまわして盆や椀をつくる木地屋《きじや》、鉄や銅を鋳造し、さらにそれを用いて鍋、釜、鋤、鍬などを作る鋳物師《いもじ》も山の民である。このうち山中で仕事をするマタギ、木樵、山師などは、山には彼らに山の幸を与えてくれる女神がいると信じて、山仕事にかかる前に山の神の祭りを行なっていた。

このうちまずマタギの祭りを見ると、彼らは山に狩りに入る前に禊《みそぎ》をして、心身を清めたうえで、山口の山神の祠に神酒を供えて祈願する。そして、彼らの先祖が山中で山の女神のお産を助けたことによって、狩猟の権限を与えられた経緯を記した巻物と和紙に包んだオコゼ（虎魚・軟骨魚目カサゴ科に属するオニオコゼ類の俗称）を持つて山に入る。ただし、近親者が死亡した者は参加できず、女性も狩猟には参加できないというように厳格なタブーが課せられている。また山中では、ワカ（水）、クサノミ（米・粟）、イタチ（熊）、セタ（犬）――以上は秋田県阿仁マタギの例――というように、特殊な山言葉が用いられた。

山に入った初日には、山小屋の山の神の祭壇に巻物とオコゼを供えた。そして、初めて仲間に加わった若者が裸になって男根に御幣《ごへい》を付けて踊る。これは動物の主とされる山の女神を喜ばせる営みとされている。獲物を射止めるとケボカイという儀礼がある。これはまず獲物の唇・鼻・眼・耳・爪など霊魂が宿るとされているところを除き、皮を剝いで前後逆にして死骸に被せて、心臓を山の神に供える。そして動物は畜生ゆえ成仏できないが、成仏可能な人間が食することによって成仏させるのだという意味の「諏訪明神の神文」を唱えるものである。この取り除かれた部分を山に残し心臓を山の神に供えるのは、自分たちは獲物の肉をもらうだけで、霊魂が宿る身体の周辺部や心臓を残しておくと山の女神がそれに肉を付けてその動物を蘇らせてくれるとの信仰にもとづいている。

木樵は山に入ると、まず山奥にある山の神の依代とされる神木に酒と塩を供えて山中の木を伐ることの承認を得る。そして伐り終えると切り株に青木の枝を供えて、これもまた山の神に木の再生を祈るのである。採鉱に携わる山師は、山そのものを母胎と考え、鉱物をそこにいだかれている胎児と捉えている。鋳物師は諸国を遊幸したとされる祖神の金屋子神《かなやごがみ》を仕事始めの日に祭って、守護を祈る鞴《ふいご》祭りを行なっている。一方、木地屋は清和天皇との皇位争いに敗れ、失意のうちに近江の山中の小椋《おぐら》村に幽居した惟喬《これたか》親王を、彼らの先祖に轆轤《ろくろ》の技術を教えた祖神として祀っている。このように鋳物師や木地屋は、流浪した貴種を職業祖神としてその守護のもとに生活したのである。

海民、特に漁民は恵比寿を守護神として祀っている。この神は伊弉諾《いざなぎ》尊、伊弉冉《いざなみ》尊の二神の国生みの際、最初に骨の無い状態で生まれたので海にながされた蛭子《ひるこ》が、竜王に庇護され海の幸をもたらす恵比寿となったものとされている。恵比寿は商業の神としても崇められている。ところで漁民や船乗りは船の帆柱の下のモリと呼ばれる小祠に船の守護神として船霊《ふなだま》を祀っている。この船霊は女性の髪の毛、人形、銭、賽などである。なお彼らは山を目印にする「山あて」の方法にもとづいて漁場を確認したり、航海したりした。また霊山の社寺では山頂の常火や神灯によって海民を助けもした。

こうしたことから山の神は漁村にも祀られていた。そして彼らはキセル貝（陸生の巻貝）をヤマオコゼと呼んで、山の神に供えて祭りを行なった。これはこの貝が男根に似ているので、山の女神にこれを見せると喜んで海の幸を与えてくれるとの信仰にもとづいている。

農耕と霊山の信仰

山民は狩猟とあわせて、焼畑農耕も行なった。熊本県球磨《くま》郡五木村では、焼畑の開始に先立って、一月五日に猪狩りをする山の口あけ、六日に山から柴をとってきて各家にかざる柴刈り、七日にこの柴を集落の中心で燃す火祭りが行なわれている。ここではその年の狩猟と焼畑の火入れを象徴する儀礼があわせて行なわれているのである。また愛知県北設楽郡東栄町振草では、「初午の種とり」と呼ばれる祭りが行なわれていた。これは二月の初午の日に、青杉の葉で鹿をつくり、その腹の中に苞《つと》に包んだ種籾と小豆（鹿の胎児を表す）を入れて稲荷社の前におき、三人の別当が弓矢で射たおす。そして腹中の苞からこれらを取り出して、境内の土をまぜ、これを五穀の種と呼んで、各家の神棚に祀って豊作を祈っている。鹿は山の神の使いとされる動物である。それゆえ、この祭りは山の神が育んだ種籾に豊穣を託すことを示すと考えられるのである。

弥生時代以降になって水田稲作が営まれるようになると、山からもたらされる水によって収穫が左右されるようになる。こうしたことから、山の神は水を授ける水分《みくまり》の神とされた。そして播種、田植え、成長、初穂、収穫など、稲作のそれぞれの段階に応じて、山の神を田の神として迎え、その守護を祈る儀礼が行なわれた。すなわち三月から四月の播種の時期には山から榊、松などの枝をとってきて苗代の水口・中央・畦《あぜ》などに立てて、洗米を供える田の神祭りが行なわれた。一般に田の神はサと呼ばれている。これは山から迎える山の神の守護のもとに種籾の発芽と成育を祈るものである。なお四月八日に山に登ってから石南花《しゃくなげ》やつつじを手折って持ち帰る卯月八日の行事も山の神迎えの行事とされている。桜はサ（田の神）の座《くら》、すなわち田の神の依代を意味するゆえ、現在の花見はこの田の神迎えの名残とも思われるのである。また神社の春祭りは山の神を田の神として迎えて豊穣を祈る祭りと考えられるのである。

農民は、田植えの時にも山から松や竹につけて山の神を田の神として迎えて祭りを行なった。民俗語彙のサオリは田の神が山からおりられること、サナエは田の神がつ

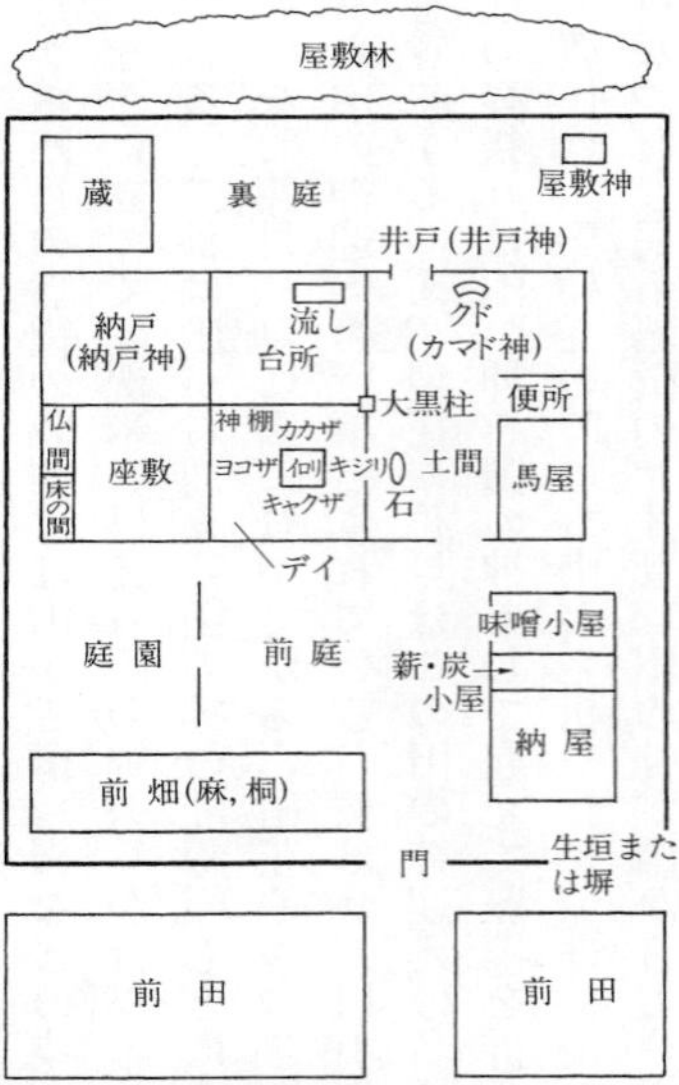

図１　農家の屋敷と間取り

いた苗、サオトメは田の神と化して苗を植える乙女、サノボリは田の神が帰られることを意味している。稲の成育にしたがって雨乞い、虫除けなどそれを助ける儀礼がなされてもいる。このうち雨乞いには山上で火を焚いたり、霊山の池から水を貰ってきて田に注ぐなどのことが行なわれた。いよいよ稲に穂が稔ると初穂をとって家の神などに供える穂掛祭りが行なわれた。そして収穫を無事に終えると、田の神を家に迎えて感謝をこめ、さらに山に送り返す収穫祭が行なわれた。これが展開したのが神社の秋祭りである。なお一一月二三日の勤労感謝の日には宮中では天皇が新穀を天神地祇《ちぎ》にすすめ、自らもそれを食される新嘗祭《にいなめさい》が行なわれる。このほか、正月や春の祭りにあわせて演じられる田遊びや田楽では、稲作の模擬儀礼や男女のまじわり、妊婦の道化など豊穣

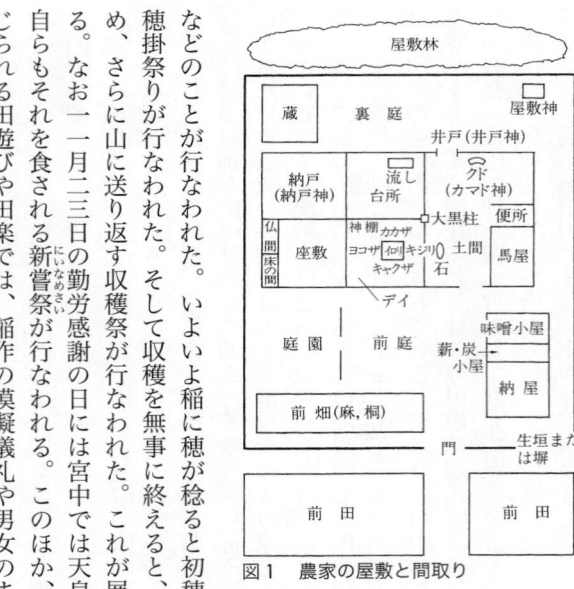

を予祝《よしゅく》する所作がなされている。

ところで農家の間取りの基本は、柳田国男によると玄関を入ると土間があってその左側（東日本）、または右側（西日本）の表側にデイと座敷、裏側に台所と納戸《なんど》が田型に配されている。そして農家の屋根を横からみると山型をなしていて、切妻のところに水の字が書かれている。このことは山から流れてくる水によって田圃が豊かになることを願う農民の祈りを象徴していると思われるのである。今一つ興味をひかれるのが、座敷の奥の夫婦の寝室に当てられている納戸である。かつてはここに御幣をさした種籾の俵（納戸神）が祀られ、冬の期間中夫婦が祈念をこめるとともに、そこでともに夜を過した。ここで、種籾と同様に子孫が育まれたのである。しかもそれは山からの水によって豊穣が期待された、象徴としての田の中に位置している。このように水田稲作民の生業やその一生は、山の水の恵みに支えられて営まれたのである。

2　魂の成長と山

人の一生と山

日本人の信仰では山は生前の魂の居所とされていた。こうしたことから子供に恵まれない夫婦は、子授けの祈願に山に赴いた。現に沖縄本島の今帰仁《なきじん》村の仏の窟や中城《なかぐすく》村のヤハンメーウタキでは、窟に籠りそこにある小石を持ちかえってお守りにすると赤ん坊を授かるとされている。そして赤ん坊が生まれたら、海で新しい石を拾ってお礼参りに行き、そこに納めている。豊臣秀頼や本居宣長を吉野山の吉野水分神社、徳川家康を奥三河の鳳来寺《ほうらいじ》山の申し子とする伝承も認められる。今は見られなくなったが、かつては氏神の裏などの山から流れてくる川岸に産屋がつくられた。昔話の川上から流れてきた桃から生まれた桃太郎、お椀の舟に乗ってきた一寸法師、山の竹の中にいたかぐや姫の話などはいずれも山が生児の魂の古里であったことを示している。難産の時に夫が山に馬を連れて行き、馬が胴ぶるいすると産神がついたとして帰ると、子供が無事に生まれるとの信仰もある。ちなみに海も生児の魂の古里とされていた。満潮時に出産が多いのはこれによるとされ、浜辺に産屋が作られもした。

子供の成長にあわせて三歳の時の男女児のヒモオトシの祝い（腰ひもをやめて帯にする祝い）、五歳の男子に袴を着せる祝い、七歳の男女の氏子入りが、近代になってまとめられた七五三の祝いがある。子供が七歳になるまでは神のうちと呼んで、山伏が子供を不動明王などの取子《とりご》として、その庇護のもとに健やかな成長を祈ってもいる。十三歳になると虚空蔵《こくうぞう》菩薩を祀る山に登る、十三まいりの慣習を伝える地域もある。虚空蔵菩薩は三十三年忌の弔いあけの際の守護神（十三仏の最後）である。十三まいりはそれにちなむ一種のイニシエーションの登拝と考えられる。奈良県の山上ケ岳《さんじょうがたけ》など各地の霊山では成人式として十五歳くらいに山に登る慣習が認められる。けれども成人になることなく死亡した子供の霊魂は恐山《おそれざん》など死霊のいる山で鬼たちに石を積む試練を課せられているとし、両親がそれを助けるために石を積んでケルンを作っている。また、亡くした子供があの世で生きつづけていると信じて、霊山の社寺に、七五三、入学、成人式、結婚式の姿の絵馬や人形を奉納することもなされている。これは子供を失った両親の心を癒す営みでもあるのである。

古代には卯月八日前後には若い男女が霊山の嬥歌《かがい》（歌垣）で結ばれていた。現代の花見はその名残とも思われるものである。結婚し、子供をもうけ、その子が結婚して一家をかまえると隠居した。かつては老人になると霊山を登拝する講に加入するなどしていた。これは死後の他界とされる山で修行することによって成仏の保証を得る逆修《ぎゃくしゅう》の営みともいえるものである。現在定年後の老夫婦が霊山に登拝したり巡礼に出るのは、こうした民俗の名残とも考えられよう。

死後の世界としての山

日本の民俗語彙では、死者を埋葬する葬地を「ヤマ」と呼んでいる。また死体を包むゴザを「ヤマゴザ」、納める桶を「ヤマオケ」、埋葬地を定めることを「ヤマギメ」、墓穴を掘ることを「ヤマシゴト」または「ヤマユキ」、その仕事をする人を「ヤマシ」、こうした人に贈る食事のことを「ヤマミマイ」と呼んでいる。高知市の近辺では、出棺にあたって会葬者に「山行き、山行き」とふれている。これは死後肉体を離れた霊魂が山に行くと信じられていたことを示している。老年に達したり、死がせまった人を山に送りこむ「ウバステ」の伝承も認められた。また山に設けられた死体を埋葬する埋め墓（山墓）に対して、集落内に詣り墓（内墓）を設けていた。

葬儀を終えると、初七日にはじまって、七・七忌の四十九日まで七日ごとに七回、その後は百箇日、一周忌、三年忌、七年忌、十三年忌、三十三年忌と全部で十三回のそれぞれを守護する仏（十三仏）を祀って追善の年忌法要が営まれた。またあわせて、正月と盆には死者の霊を盆の花や正月の松につけて家に迎えて供養した。さらに春秋の彼岸には墓参りが行なわれた。死者の霊は当初は荒々しい性格を持つゆえ、初七日の守護仏は不動明王とされている。また初盆は特に盛大に行なって新精霊《あらしようりよう》と呼ばれる荒々しい仏を供養した。この盆の法要は本来は四月一五日から盆の七月一五日まで約百日間にわたって、山中の堂社や霊地に供花する夏安居《げあんご》を行なって験力をつけた僧侶の仕事とされた。

死者の霊は里山やその麓の墓地に鎮まると同時に下北半島の恐山、山形の立石寺《りっしゃくじ》、高野山など、霊山に赴くとされ、これらの霊山の寺に分骨、歯、髪、遺品などが納められた。霊山には他界を思わせる地獄谷、浄土ヶ原などの霊地があり、地蔵や阿弥陀が祀られていた。そして盆やこれらの霊山の縁日には死者に会うために遺族が登拝した。恐山などではこうした折に、イタコが死者の霊魂を自己に憑依させて語らせる口寄せが行なわれていた。

十三仏画像　東京上野・寛永寺蔵
（渡辺章悟『十三仏信仰』より）

子孫の丁重な供養をうけて、三十三年忌を終えた祖霊は浄化して祖神となり、里の奥の山宮に祀られている山の神と融合した。そして子孫の稲作を守るために春には里に降臨して、山麓の神社に祀られた。これが氏神である。この氏神はさきに述べたように、子孫に子供を授けることから産土神《うぶすながみ》ともいわれている。またその地域を守護することから鎮守とも名付けられていた。さらに稲作を守るために田圃にも社が作られた。これが田宮である。そして秋の収穫を終えると子孫と新穀を共食したうえで山に帰っていった。先に述べたように、この時の祭りが秋祭りなのである。このように農民たちは山を神々や祖霊の住む他界として崇めたのである。

3　日本人のコスモロジーと山

災因と救済

日本人は日・月・星に規定される自然の運行にもとづいて生活した。また満ち欠けを繰り返す月のリズムに神秘を感じて祭りを行なった。今一方で、不動の星である北極星を妙見菩薩として崇めもした。そして天空により近い霊山でこれらを祀ったり、山岳で日の出、日の入りを拝することも行なわれた。さらに山麓に神社を設けて天空の神や氏神の祭りを行なった。けれども火山の噴火、地震、旱魃、洪水、土砂崩れ、落雷、大風、害虫などの自然災害は容赦なく彼らに襲いかかった。さらに日食、月食、箒星《ほうきぼし》、流星などが天変地異の前兆として恐れられた。また、突然の発病、原因不明の死、事故死など個人的な災難も少なくなかった。さらに国家が成立し、都市が発達すると、経済的破綻、政争、戦争、疫病の蔓延などによって大きな災害がもたらされた。こうした場合にその災因が山や天空の神格の祟《たた》りによると説明され、その救済が山の神格への祈願や、山で修行して、こうした神格の力を獲得した宗教者に求められたのである。

例えば、『続日本紀』の文武天皇二年（六九八）四月二九日の条によると、吉野の丹生川上社《にうかわ》に馬を奉って雨を祈っている。また九世紀には近江の比叡山・比良山《ひらさん》、美濃国の伊吹山、山城国の愛宕山、摂津国の神峰山《かぶさん》、大和国の金峰山《きんぷせん》・葛城山の七高山の神に五穀豊穣が祈られている。ちなみに『延喜式』神名帳には火雷《ホノイカズチ》神社など雷神を祀る神社が大和を中心とする霊山に見られている。古代においては、火山の噴火や地震は山の神の怒りによるとされ、朝廷では霊山の神社で丁重に祭りを行なわせると共に、神社の位階をあげるなどして、その怒りを鎮めることが試みられた。これは神は人々が精進潔斎して心をこめてまつると庇護してくれるが、粗末にしたり、神域を穢《けが》すなどすると祟るとされたことによっている。ちなみに祟るという字は「出」の下に「示」すと書くが、これは本来姿を見せない神が出現して自己の怒りの気持ちを表したものとされている。こうした場合には神を崇め祀ることによってその怒りを鎮め守護をもとめたのである。この祟めるという字は山の下に建物（宀）を建て、祭壇（丅）を設けて、供物をささげて（亍）、人々が祈りをこめる（示）ことを意味している。

ところでこれまでもふれたように、多くの日本人は神の恵みのもとで生育し、結婚して生業に従事して、子孫を儲けて、彼らに看取られて死を迎える。死によって肉体を離れた霊魂は山麓の墓に鎮まるが、年忌法要や盆・正月に供養を受けることによって浄化し、祖神となって山の神と融合し、氏神として子孫の生活を守ることを理想とした。これが日本人の幸福観でもあった。それゆえこうした経緯をへることなく、中途で不本意な死を迎えたり、死後も子孫から供養を受けないことは最大の不幸とされた。特に政争や戦争などで他者を死に追いやった人がその後、病気などの災厄におそわれた時は、その怨霊の祟りとされた。こうした怨霊が山の神や天空の神などの自然神と結託して、落雷・洪水・地震などの災害をもたらすと信じたのである。このほか、外来の疫神が疫病をもたらすとして恐れられもした。特に都市では夏は川の水などが疫病を蔓延させるもとになり、冬は寒風が病気をもたらすとされた。

これらのうち怨霊による災厄の場合は、まずその霊が怨念をいだいた要因を取り除くことが必要とされた。平安初期に皇位争いもあって憤死した早良《さわら》親王に崇道《すどう》天皇の尊号を贈ったり、藤原氏との政争から大宰府に左遷されて失意のうちに当地で死亡した菅原道真に太政大臣の位を授けたことなどはこのことによっている。けれどもこうした追尊《ついそん》にもかかわらず、これらの怨霊は落雷・洪水などのより大きな災害をもたらした。その場合には山で修行して、験力を獲得した密教の験者・修験者・陰陽師《おんみょうじ》などに調伏《ちょうぶく》の修法を行なわせた。さらに彼らを斎主として御霊会《ごりょうえ》などの祭りを行ない、北野天神（祭神は道真）にみられるように怨霊を御霊神として祀りあげることもなされたのである。

外来の疫神の代表的なものは牛頭天王《ごずてんのう》である。この神はもとはインドの須達《しゅだつ》長者が仏陀に寄進した祇園精舎の鎮守であった。けれども日本では牛のような角をもち、夜叉の姿をした猛々しい御霊神とされた。そして自分の妻問いの際に宿を貸した蘇民将来《そみんしょうらい》の一家は助けたが、断った巨旦将来《こたんしょうらい》一家は殺したとの伝説が作られた。また本地《ほんじ》は薬師如来とされ、素戔嗚尊《すさのおのみこと》と習合して受けとめられた。やがて牛頭天王は疫病などを防ぐ除災の神とし

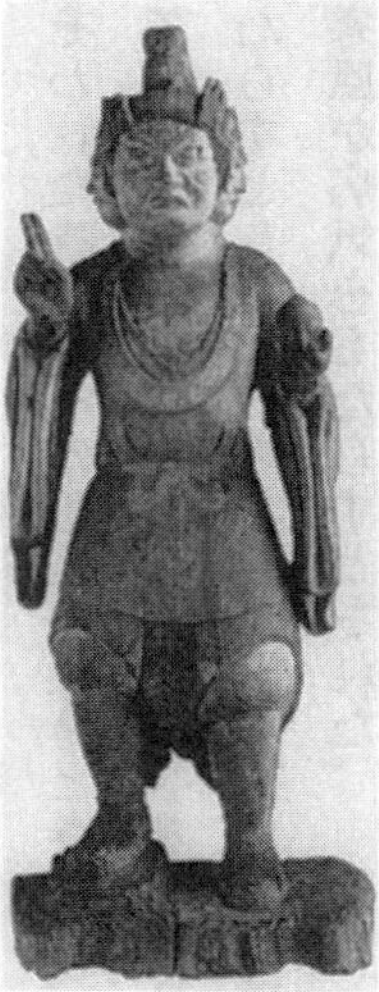

牛頭天王立像　京都・朱智神社蔵

て都市を中心に全国各地に勧請《かんじょう》された。そして京都の八坂神社の祇園祭に代表されるように、夏祭りのほとんどはかつては牛頭天王を祭るものだったのである。その祭りでは巨大な山鉾・山笠・山車《だし》が神社を出て、町内を巡行するが、これらには多くの場合、荒々しい武将などの人形が祀られている。京都の祇園の山鉾には役行者《えんのぎょうじゃ》山、山伏山などもある。これは山の神格や修行者の荒々しい力で疫病を駆逐することを示すと考えられるのである。このように日本では、古来山の神やその力を体得した修行者は除災能力をもつと信じられたのである。

山・里・海の循環

日本人の生活に焦点をおいたコスモロジーは、「山・里・海の循環図」（図2）に示すように山・里・海と、山から里に流れる川を媒介とするものである。そこでこの図に位置づけて日本人の生活における山の意味を考えることにしたい。その際に弥生時代から高度経済成長期に至る間、日本人の生活の主要な舞台となった里に焦点をおくことにしたい。まず山中に住んで、狩猟、木樵、採鉱などに従事した山民は山の神により多くの山の幸を求めて祈念した。猟師はそのために山の神が好むオコゼを持って山に入った。さらに山は病を治す薬草を与えてくれもした。熊の胆《い》やマムシなどの動

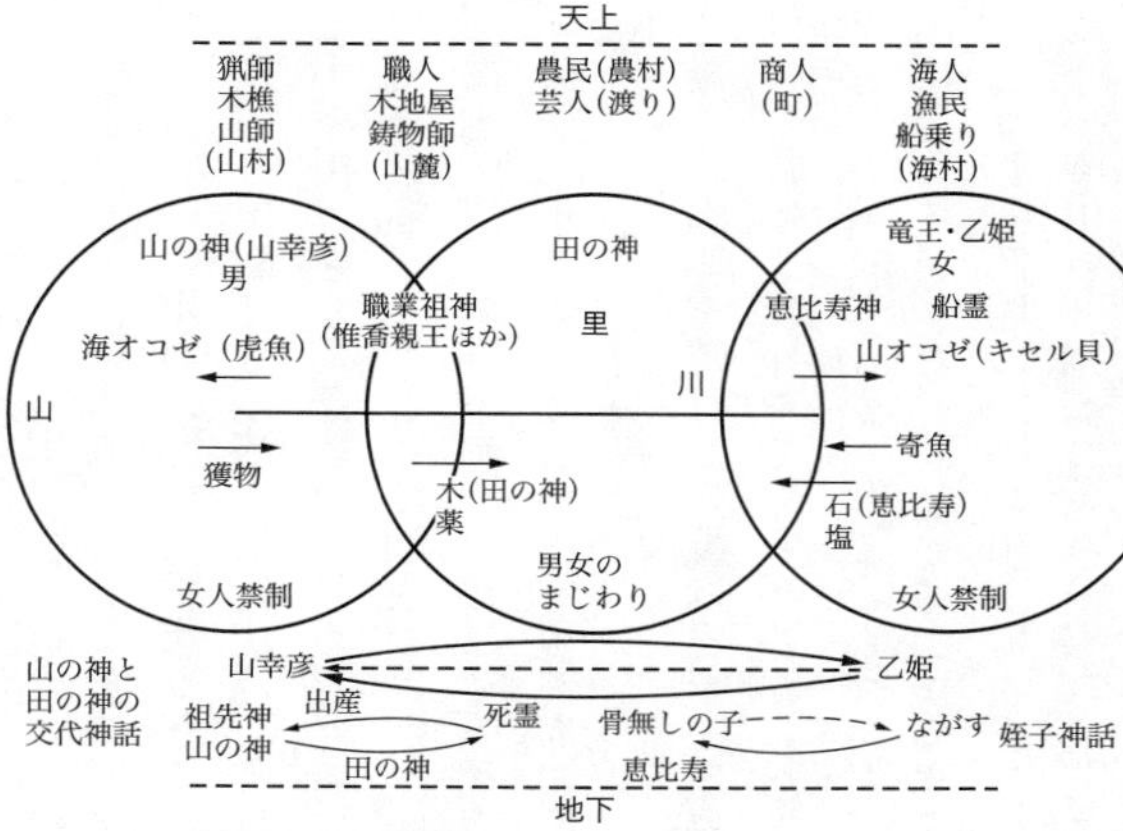

図２　山・里・海の循環図

物も活力をもたらす薬とされた。一方、海民は帆柱の下に船霊を祀った。なお、山や里の人々にとって海水からとれる塩は生活に欠かせないものであった。塩や潮水は祭りなどの際の浄化のために用いられてもいた。

水田稲作は山から流れる川の水によったことから、里の農民たちは山の神を水分神として崇拝した。山の神社の農耕の予祝の田遊びや田楽の際には豊穣を祈って男女のまじわりが演じられたり、孕み女が登場した。里人は稲作の始まる春先に山の神を田の神として里に迎える春祭りをし、秋には感謝の秋祭りをして山の神を見送った。さらにこの山の神に先祖の霊魂が融合して、子孫を守る氏神にと展開したのである。山と里の境界では木地屋や鋳物師が生活したが、彼らは政争に敗れて遍歴して山に入り、彼らにその職業を与えたとされる貴種を職業祖神として祀っている。一方川口に開けた都市などでは山車や山鉾に祀られた荒々しい山の神格の力で疫病を退散させる都市祭礼が行なわれた。山から流れる川を舞台にしたのは、河原に小屋掛けをして芝居を演じた芸能者であるが、彼らにしても風邪がはやる一一月には荒事を演じるなどして除災をはかったのである。代々成田不動の信者の市川団十郎家（成田屋）の「不動」などはこの代表的なものである。

最後に川を媒介とした山・里・海の循環についてふれておきたい。人間の「生」は山を水源とする川から流れてくる霊魂が里で胎児につくことによって始まる。そして死後その肉体を離れた死霊は三十三年忌までは山麓の墓にとどまり、盆と正月や追善供養の時は家に帰ってくる。こうした供養によって浄化して神格化し、氏神に融合してからは春には山から里を訪れて、秋まで留まって子孫の農耕を守護したあと、また山に帰っていった。雨乞いに山頂の水を持ちかえる慣習も広く認められる。

こうした循環は山中の川上で生まれた鮭などの稚魚が川をくだって海に出て、最後に今一度川をさかのぼって川上で卵を産んだのちに死ぬことにも認められるのである。なお、災害や戦争で死んだ死霊は里で灯籠に託されて川に流される。また盆の供物もかつては川に流されていた。これらは海に出て浄化されて、ふたたび山に帰ると信じられたのかもしれない。一方、外国から海をへて流れてきた疫神は、川口で、あるいは川をさかのぼった京都などの都市で、山の神の力を体現したかのような山車や山鉾などの武者によって退けられる。山の大男が山に腰掛けて人々の生活をおびやかす外来の疫病などを追い出す昔話も知られている。またマタギの「山の神祭文」では山幸彦は海の竜王の娘の乙姫と結ばれている。

このように山の信仰は日本人の宗教生活の深層にひそんでいるのである。その際に単に山を他界として、そこに神を考え、その守護のもとに生業の繁栄を祈るというだけでなく、川を媒介とした精霊や神々の山、里、海の三つの世界の循環のうちに、風《ふう》水《すい》、自己の生死、生業や生産物の豊穣の根拠をおくという構造をもつと考えられるのである。

第二章　山岳信仰の諸相

1　山岳信仰の概要

山岳信仰の意義

一九七四年夏、私はカリフォルニア大学バークレー校のR・N・ベラ教授の紹介で、サンフランシスコにある、カイラス・シュゲンドウというカルトで一週間ばかり過ごしたことがある。教祖のウオーニック師はスタンフォード大学で心理学を教えたこともあるという人で、ヒンズー教やラマ教の巡礼地として著名なチベットのカイラス山（六七一四メートル）の信仰と日本の修験道を結びつけて独自の山岳信仰のカルトを創ったという。二十人余のアメリカ人の男女が共同生活をし、キャンピングカーをつらねて山岳に行って山中を抖擻《とそう》し、海岸で護摩を焚き火渡りをするなどの修行をしていた。また本部の屋内では、バイオリンにあわせて般若心経を唱えて、護摩や竈《かまど》祓《ばら》いを行なっていた。

このようにアジアの霊山信仰や修験道がアメリカ人にも受け入れられているということは、山岳信仰が本来、人類に普遍的な信仰に通底するものを持つことによると考えられるのである。事実オリンポス、シナイ山、メル山（ヒマラヤ）など山岳信仰は世界各地のあらゆる宗教の重要な要素となっている。特にインド仏教の須弥山《しゅみせん》や霊鷲山《りょうじゅせん》、中国の道教の泰山《たいざん》や仏教の天台山・五台山《ごだいさん》・補陀落山《ふだらくさん》、朝鮮の白頭山などの信仰は日本にも伝播した。

例えば寺院の本尊を安置する須弥壇は須弥山の信仰にもとづいている。中国の天台山には最澄や円珍、五台山には円仁などの渡来僧が訪れて修行し、その信仰を日本に招来した。中世期には中国舟山列島の観音霊場補陀洛での往生を願って数多くの僧侶が熊野の那智などから死の船出をしている。朝鮮の白頭山での天地開闢《かいびゃく》神話は九州の彦山に影響をおよぼした。

それゆえ日本の山岳信仰をより広い視野に立って解明し、さらにその中に全人類に通底する要素を抽出するためには、世界各地の山岳信仰、特にアジアの山岳信仰に位置づけて検討することが必要とされるのである。

山岳信仰とは

そこで本章では、まず山岳信仰を概観したうえで、特に日本に大きな影響をおよぼしたインド、中国、朝鮮半島の主要な霊山の信仰を紹介することにしたい。

まず概括的に山岳信仰を、山岳を聖地として尊崇し宗教的意味を与えて、種々の儀礼を行なうことと定義しておきたい。山岳は世界各地でその神秘的な崇高さのゆえに神霊の居所として、また天・太陽・雲・雷などの天体現象と結びつけて崇められた。さらにそれ自体や山岳内の木・池・岩石が崇拝の対象とされもした。今一方で異人、悪魔、精霊、魑魅魍魎《ちみもうりょう》の住む所として畏敬された。また、死後の他界、生児に付着する霊魂の原郷（生命の根源）、聖者が啓示を得た聖地、天国への道とされた。世界の中心、天と地を結ぶ柱、宇宙山、母なる山、曼荼羅とも捉えられている。山岳は修行、イニシエーション、死者儀礼、雨乞いや収穫の祈願、支配者による天神の祭祀が行なわれる場所でもあった。こうしたことから山頂・山腹・山麓などには、簡単な祭場や塚・寺・社・墓・祠などが作られている。参拝者や巡礼者が山岳やこれらの宗教施設を訪れることも多かった。

山岳信仰は世界の諸宗教の中に種々の形で存在し、その重要な部分を占めてきた。特に日本では独自の発展を示し、修験道という山岳信仰を中核においた宗教すら誕生している。

世界各地の山岳信仰

原始宗教では山岳を神そのもの（アフリカのエヴァ族）、死霊や精霊の居所（メラネシア、ポリネシアなど）としている。またアメリカの先住民やアフリカの一部の氏族の間では、山岳にいる雨や豊作をもたらす守護霊に初物を供える祭りが行なわれている。一方、ウラル・アルタイ地方では山岳を宇宙軸や宇宙そのものと捉えている。

古代ギリシャでは雨・雲・雷を支配するゼウスの神が山に祀られた。なかでもオリンポスは諸神が住むパンテオンとされ、ゼウスはその山頂の宮殿にあって、諸神を支配するといわれた。そのほかバビロニアの神エンリルは「偉大なる大地の山」ともいわれ、生命の源泉とされ、その祭りにあたっては、平地に山が築かれたという。そしてその神殿のジグラートは神の住む山を意味している。古代ペルシャでは山岳は、天国に行く人の休み場、古代エジプトでは死者の国に行く道と捉えられている。またケルト人、ゲルマン人、スラブ人は山を精霊の居所と考えてきた。

山岳信仰はアジアで特に盛んであった。中国では五岳の信仰が有名である。東方・山東省の泰山《たいざん》、西方・陝西省《せんせい》の華山《かざん》、南方・湖南省の衡山《こうざん》、北方・山西省の恒山《こうざん》、中央・河南省の嵩山《すうざん》の五つがこれで、なかでも仏教と結びついた衡山、道教とむすびつき泰山府君を祀った泰山が有名である。また道教の伝説にもとづく西方の崑崙山《こんろんざん》、仙人が住み不老不死の仙薬があるといわれた蓬萊《ほうらい》・方丈《ほうじょう》・瀛洲《えいしゅう》の三神山も古代から知られている。

インドには数多くの信仰の山があるが、山の王と称えられた聖なる山ヒマラヤが有名である。もっともこの山は、悪魔・魔女・妖精・死者が住む所といわれて恐れられた。また数多くの聖者や禁欲修行者が修行した場所でもあった。インドではこのほかにシュラーグ祭といわれる四十九日（中陰）の忌明けの死者供養の祭りが山で行なわれていた。死者はこの儀礼をうけることによってはじめて他界に行けると信じられていたのである。仏教の山岳観では古来インドで山の王として崇められたヒマラヤ（メル山）の信仰をモデルにした全山が黄金の須弥山が、世界の中心に位置する宇宙山とされている。なお、この須弥山とその日本への影響については、のちに紹介することにしたい。チベットではカイラス山が曼荼羅の中心で、瞑想のための至上の場所とされている。そしてチベットやインドの巡礼者はカイラス山を巡礼の最終到着地としている。また、インド人はカイラス山を、ガンジス川の水源でシヴァ神が住む所としてやはり巡礼に訪れている。

　ユダヤ教やキリスト教を生んだセム族の間では、古来、山岳を神の居所、水の根源の地とし、そこで神から啓示が得られるとの信仰が認められた。さらにカナーン（パレスチナ）では、至高神エルは豊穣をもたらす山を、嵐の神バアルはザイフオン山を居所とするとされた。古代ユダヤ教でも『旧約聖書』にみられるように、数多くの山が神の住む聖地とされているが、特にモーゼがヤハウェから十戒を授かったシナイ山が有名である。モーゼが死に臨んでヨシュアを後継者に定めたネボ山も広く知られている。総じて山は、ヤハウェのもつ力・愛・正義の象徴と捉えられてもいる。また「創世記」のエデンの園にも聖なる山の性格が認められる。山の信仰はキリスト教にも摂取され、『新約聖書』にはイエスが悪魔と戦って修行した山、イエスが十字架にかけられたゴルゴタの丘などがあげられている。中世期におけるキリスト教の修道院の多くは、民間で崇拝されていた丘の上に建てられることが多かった。また夏至の頃にあたる聖ヨハネの日は、村の青年男女が丘の上で火をたいて一夜をあかし、災厄をおいはらう民間行事と習合したものである。ちなみに、東方キリスト教徒の一部の間では、ゴルゴタの丘は、ヤハウェが天地を創造した世界の中心地であるとの信仰が認められる。イスラム教には、マホメットが神から啓示を受けた洞窟のあるヒラー山がある。なお現在もメッカ巡礼者はメッカの東北の郊外にあるアラファートの丘に集まって、ハッジと呼ばれる独自の儀礼を行なっている。またイスラムのカーフ山には宇宙山の性格が与えられている。

2 インドの山岳信仰

インドの北部からチベットにかけてはヒマラヤ山系が高く聳えていることもあって、ヒンズー教やチベットの民俗宗教などではこれとかかわる山岳信仰が認められる。さらに、仏教の成立発展にともなって、仏教の霊山も現れた。その影響は中国・日本に及んでいる。主なものにはインドでは仏陀が法華経を説いたとされる霊鷲山《りょうじゅせん》、大日如来から秘密灌頂《かんじょう》をうけたとされる檀特山《だんどくせん》、祇園精舎の背後の牛頭《ごず》山、仏教的宇宙観を示す須弥山などがある。またチベットでは、チベット仏教の聖地で観音の化身ダライラマの居所とされた補陀落山、インドやチベットの人々の巡礼の聖地とされたカイラス山などがある。ここではこのうちの霊鷲山、須弥山を取り上げて紹介したい。その際、日本との関係についても簡単にふれることにする。

霊鷲山——釈迦が説法した霊山

霊鷲山はインド中部の摩掲陀国《まがだこく》の首都王舎城の東北にあって、釈迦如来が法華経を始めとする諸経を説いたとされ、仏教最初の寺院である竹林精舎があった霊地である。インド北東部のビハール州ラージギル東南約三キロのチャタギリ連峰に比定されている。梵語では、グリドラ＝クータという。漢語の霊鷲山は鳩摩羅什《くまらじゆう》の訳語で、音訳は耆闍崛山《ぎじやくつせん》である。この霊鷲山の訳語はその山容が鷲の頭に似ていることにちなむとか、王舎城の南の尸陀林《しだりん》に安置された死体を鷲がこの山で食して、その霊魂を蘇らせるという鳥葬の信仰にもとづくとされている。早くから仏教の聖跡として知られ、求法のためにインドに赴いた東晋の法顕《ほつけん》（五世紀初頭）、唐の玄奘《げんじよう》（六〇二―六六四）や義浄《ぎじよう》（六三五―七一三）などの高僧はいずれもこの山を訪れている。現在でも日本からの仏跡巡礼団の多くが登拝している。

『法華経』の「如来寿量品《じゆりようぼん》第十六」によると、衆生が仏法を信じ、正しく穏やかな心になったならば、釈尊は弟子とともにこの霊鷲山に現れて、無上の法を説く。たとえ衆生の劫が尽きて、劫末の火災で世界が焼けてしまっても、この霊鷲山の地は、安穏で林や堂舎は荘厳に飾られ、宝樹には花が咲き、果実が実って、神々や衆生が遊び楽しんでいる。その上方の天空では天神が鼓を打ち、伎楽を奏で、仏や大衆に曼珠沙華《まんじゆしやげ》を散じる、というように霊鷲山の聖地の場景を記している。一般には霊鷲山の浄土のことを霊山《りょうぜん》浄土と呼んでいる。日本でも福島県北部の霊山《りょうぜん》、京都東山の霊鷲山（東山三十六峰の一つ）、岡山県児島の鷲羽山《わしゅうざん》、奈良市の霊山寺《りょうぜんじ》など、霊鷲山にちなむ山岳や寺院が認められる。また日蓮は仏陀が法華経を説いた霊鷲山を久遠の浄土とし、一切の諸仏がこの浄土に集まるように祈念した。そして晩年に住した身延山は霊山浄土が日本に移った霊地であるとした。

　このように霊山浄土は死霊の浄化する山から展開し、釈迦が説法をし、永遠に天人が楽しむ聖地とされているのである。

須弥山――宇宙そのものの象徴

　須弥山（音訳、弥山とも、意訳して妙高山ともいう）は仏教の宇宙観にもとづいて観念的に描かれた宇宙山である。世親（四―五世紀頃）が著し、七世紀中頃に玄奘によって訳された小乗仏教の『阿毘《あび》達磨《だるま》倶《く》舎論《しゃろん》』の「世《せ》間品《けんぼん》」によると、須弥山世界の構造は「須弥山世界の俯瞰図」（図3）のようになっている。まず無限に広がる虚空の中で、「風輪」が渦巻き、その上に水輪が生じ、さらにその上部が金輪となる。その風輪の高さは百六十万由旬《ゆじゅん》（一由旬は約七キロ）、水輪の高さは八十万由旬、直径は約百二十万由旬である。金輪の最上辺は鉄囲《てっち》山《せん》と呼ばれる円環をなす山脈で、その内側は大海となっている。大海中央には須弥山が聳え、それを七つの山脈が取り囲み、その東に勝身洲《しょうしん》、西に牛貨洲《ごけ》、南に贍部洲《せんぶ》、北に倶盧洲《くる》の四つの大陸がある。この四大陸が人間や動物の居所である。

このうち贍部洲は閻浮提《えんぶだい》とも呼ばれ、インド、中国、日本はここに位置付けられている。閻浮提の北方にはヒマラヤを思わせる大雪山がひろがり、最北にはカイラス山（香酔山《こうすいせん》）が聳えている。その山麓には無熱悩池《むねつのうち》があり、ここからガンジス・インダス・オクサス（アムダリヤ）・シーターの四つの河が流れ出ている。また池の傍らには宇宙木の贍部樹が茂っている。贍部洲の下は地獄と餓鬼の世界である。須弥山の下方には四天王とその眷属、山頂には帝釈天《たいしゃくてん》を始めとする三十三天が住み、日・月・星が中腹を巡っている。この四天王の世界と三十三天の世界は地上にあるの

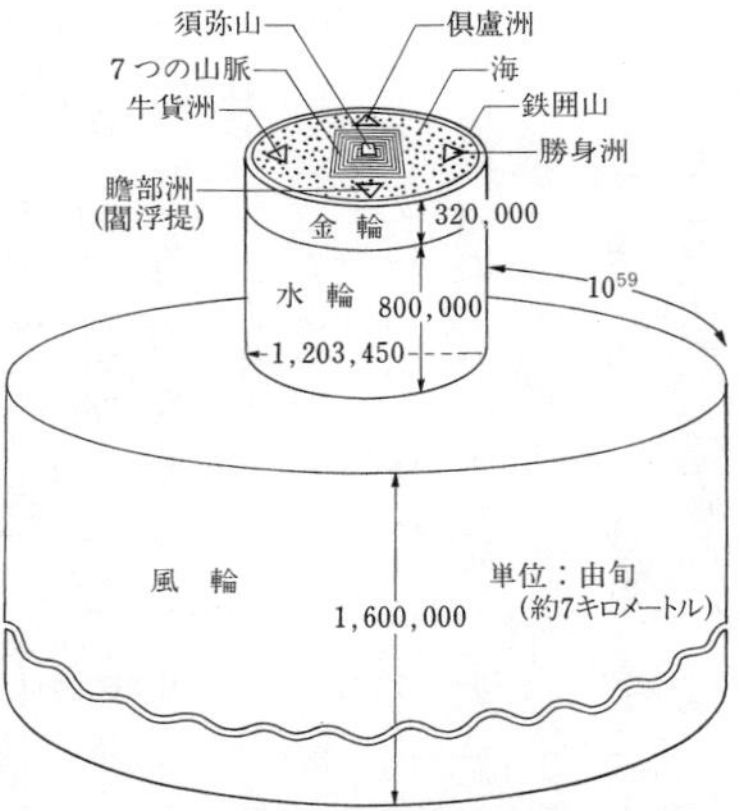

図3　須弥山世界の俯瞰図（定方晟『須弥山と極楽』より）

他化《た》楽変化《らくへんげ》、兜率《とそつ》、夜摩《やま》、と呼ばれる六欲天を構成している。そしてこの四天と地上の二天は六欲天を構成している。そしてこの六欲天と地獄・餓鬼・畜生・人間の世界を欲界と呼んでいる。この上が禅定の境地を示す色界（大梵天など十七天）、束縛を離脱した無色界で、この欲界・色界・無色界を三界と呼んでいる。

大乗仏教になると仏陀自体が宇宙を示すことになる。すなわち『華厳経』によると、風輪の最上層の香水海から大きな蓮華が生える。この蓮華の花弁が宇宙（蓮華蔵世界）を縁どる山脈の大輪囲山となる。その内側の花托は金剛（ダイヤモンド）でできた清らかで固い大地で、その上に宇宙そのものである盧遮那仏《るしやなぶつ》が出現するとしている。東大寺大仏殿の毘盧遮那仏はそれぞれに諸仏の毛彫を施した蓮弁の上に座しているが、その蓮弁に須弥山が描かれている。また密教では、須弥山世界も大日如来の顕現としている。そして行者は宇宙の構成要素の地水火風空を示す五輪塔、三層の八葉の蓮台に支えられた須弥山、その頂上の神亀に支えられた楼閣と、その中の大日如来の諸相を示す曼荼羅を観じることによって、宇宙との神秘的な合一の境地に入っている。

日本では大峰山系の中心をなす天河弁財天をまつった弥山《みせん》、広島の厳島神社の背後の弥山、北アルプスの妙高山など須弥山の名をもった霊山がある。また寺院では本尊を安置した台を須弥壇と呼んで、宇宙の中心に仏を安置していることを示している。

3　東アジアの山岳信仰

古代中国の山岳信仰

古代中国（中国最古の王朝とされる夏から後漢〈二五―二二〇〉）では、西北方に位置し黄河の水源とされた崑崙山、仙人が住み不老長生の仙薬があるとされた渤海湾に浮かぶ蓬萊、方丈、瀛洲の三神山などの伝説上の霊山が信じられた。また泰山（山東省、東岳）、華山（陝西省、西岳）、衡山（湖南省、南岳）、恒山（山西省、北岳）、嵩山（河南省、中岳）の四方と中央に配された五岳の信仰も成立した。そこでこのそれぞれについて簡単にふれた上で、そのうちで特に私が調査した泰山について紹介することにしたい。

崑崙山（標高一万一千里）は天帝が天上世界の都から地上を治めるために降りてきて設定した都（下都と呼ぶ）で、本来は天上に属する聖地である。こうしたことからこの山は天の中心の北辰（北極星）の居所にある天帝の宮殿の紫微宮《しびきゅう》の真下の大地の中心に位置し、天上と地上を結ぶ樊桐《はんとう》・涼風・懸圃《けんぽ》の三層からなる天柱とされた。伏《ふく》犠《ぎ》の時黄沙にあらわれた竜馬の背にあった「河図」に関する書物を明の孫瑴《そんかく》が編集した『河図括地象《かとかっちしょう》』によると、修行者は天界への門がある下層の樊桐をへて、中層の涼風に至ると不死を得、頂の懸圃に達すると風や雨を自由にあやつる霊となり、その上空の上天に達すると神になる。けれどもその途中には万物を沈める弱水や険しい岩があるので、羽を得たり、竜にのって飛翔して頂に達せねばならないとしている。のちには崑崙山には、不死の薬を持ち人間の運勢をつかさどる西王母《せいおうぼ》や人面の虎神で尾がある山の神が住むとされた。

渤海湾の三神山は戦国時代（紀元前四〇三—紀元前二二一）に燕《えん》（河北省）や斉《せい》（山東省）の方士がこの山上の宮殿には黄金で不死の薬を持った仙人が住むと喧伝し、これを信じた燕の昭王や斉の威王らが海上のこの山を探させたという。秦の始皇帝（紀元前二五九—紀元前二一〇）は不老長生を願って三神山のうちの蓬萊山の仙薬を求めて、徐福《じょふく》を東海に遣した。日本ではこの徐福が富士山（不死の山）、熊野新宮、熱田などにきたとの伝説も作られている。その後、漢の武帝が不死になることを願い蓬萊山の仙薬を探させたがやはり成功しなかった。この東海の三神山は不老長生の薬を持つ仙人がいること、壺に似て上は広く、中が狭い形をしていて登頂が困難なこと、大きな亀に支えられていることなど崑崙山の信仰と類似している。この崑崙山や三神山、特に蓬萊山の信仰は日本でも広く知られ、『懐風藻《かいふうそう》』には吉野山の離宮の庭園の築山に崑崙山や三神山のイメージを重ね合わせた詩が収められている。

紀元前九一年に成立した前漢の司馬遷（紀元前一四五―紀元前八六）の『史記』の「封禅書《ほうぜんしょ》」には、中国の伝説上の天子の舜《しゅん》や禹《う》（夏王朝の始祖という）は泰山・華山・衡山・恒山の四岳に登って柴を焚いて祭りを行ない、最後に都に帰って先祖に牛を供えた記録をあげている。その後周代（紀元前一〇二七―紀元前二五六）にはこの四岳に嵩山が加わって五岳が成立し、後漢の光武帝（在位二五―五七）は、五岳で天地の神をまつる封禅を行なった。その後、魏（二二〇―二六四）や西晋（二六四―三一六）の時代になると、五岳は道教に取り込まれて、「五岳真形図」が作られた。現在も中国人は五岳の登拝を行なっている。そこで現況に焦点をおいて五岳のそれぞれを簡単に紹介しておきたい。

まず東岳の泰山には、山頂の天柱峰に人間の生命を支配する泰山府君（東岳大帝）、その少し下に娘で豊饒の女神碧霞元君《へきかげんくん》が祀られていて、日本からも登拝者が訪れている。西岳の華山（西安の東方一二〇キロ）は峻険な山容を持ち、道士の修行道場として知られ、北魏時代に新天師道を創唱した寇謙之《こうけんし》（三六三―四四八）、五代か

伝明万暦四十二年五嶽真形図（中嶽廟碑）拓本（シャヴァンヌ『泰山』より）

ら北宋頃の陳摶《ちんたん》（？—九八九）、金、元時代に全真教を樹立した王重《おうじゅう》陽《よう》（一一一二—一一七〇）の弟子などが修行した。山内には入口に陳摶を祀る玉泉院、山腹には西王母につぐ女仙「九天玄女娘娘《にゃんにゃん》」らを祀る東道院（旧名九天宮）、山頂の聖なる井戸の傍らに西岳大帝少昊金天《しょうこうきんてん》氏を祀る鎮岳宮《ちんがくきゅう》（旧名王井庵）がある。

衡山（湖南省衡山県城西方一七キロ）は隋の文帝（在位五八一—六〇四）の時に南岳に指定された。山麓の南岳大廟で山神の祭祀がなされているが、その境内は道教と仏教の共同管理となっている。山頂の祝融廟《しゅくゆうびょう》には南岳聖帝、伝説上の帝王の黄帝の臣下で火と南を司った祝融、この山に籠った中国の天台二祖南岳大師慧思《えし》（五一五—五七七）が祀られている。なお、『聖徳太子伝暦』では聖徳太子は衡山で六生にわたって修行し、その前生は南岳大師であったとしている。

北岳には当初は河北省の曲陽県の恒山が当てられ岳神廟があったが、元・明・清が都を北京としたことから都のはるか南に北岳があるのは不適当として、清の順治一七年（一六六〇）に山西省渾源県の恒山が北岳に認定され、曲陽県の恒山は大茂山《だいもざん》と改称された。恒山（二〇一七メートル）は渾源県の東南郊外五・六キロにある。その登り口の北魏末（六世紀前後）に創建された懸空寺《けんくうじ》の絶壁に引掛かるように建てられた懸崖造りの楼閣には、唐末の神仙の呂洞賓《りよどうひん》（七九八―？）や儒教の天官・地官・水官の三官、仏教の五仏や観音というように道教・儒教・仏教の神格が祀られている。ただ山腹には神馬殿・呂祖宮・九天宮（碧霞元君《へきかげんくん》殿）・文昌宮・霊官廟・会仙府、山頂の本殿には北岳神の安天玄聖大帝というように道教の神々が祀られている。中岳の嵩山は河南省登封県にある標高一四四〇メートルの急峻な岩山である。山麓には秦代に創建された嵩山の神を祀った中岳廟、禹の本身（熊）を見たために嵩山で石に化した妻が啓を生んだといういわれの啓母石などがある。山頂には子授けの神として知られる嵩山の神の中天大帝、中天皇后の神像が祀られている。

泰山信仰の展開

五岳のうち東岳の泰山は、東が日の出の方位であることから生命の維持と永生の霊地として五岳の筆頭の位置を与えられた。秦の始皇帝、前漢の武帝がここで不老長生を祈ったとされている。二世紀末の伝承では、武帝は泰山で金銅製の箱から短冊状の玉版の神籤《みくじ》を取りだし、そこに刻まれた十八の文字を八十と読んで長生きしたという（応劭『風俗通義』）。三世紀になると泰山の神は天帝の孫で人間の成長にかかわると共に生命の長短を知り、魂魄を召すとされた（張華『博物志』）。さらにこれが展開して、天帝の子供である天子が泰山で天帝を祀って天下の統一を報告し、その守護と自らの長命を祈る封禅の儀礼が生み出された。なお封禅は宋の真宗に至る歴代皇帝七十二人が行なったが、上記二人のほかでは後漢の光武帝、唐の高宗と玄宗が有名である（「封禅書」『史記』）。ちなみに封禅の登拝に先立つ儀礼のために山麓には岱廟《たいびょう》が造られている。このように泰山の神は神霊界（冥府）を主宰することから泰山府君、東岳の主ゆえ東岳大帝と呼ばれた。さらに唐の玄宗からは天斉《てんせい》、宋の真宗からは仁聖天斉王、元代には天斉大生仁聖帝の名を贈られた。

後漢になると仏教の影響もあって、東岳大帝が人間の魂魄を支配するとの信仰が展開した。そして東岳大帝は岱廟の「泰山神啓蹕回鑾図《けいひつかいらんず》」に描かれているように、彼自身が従者をひきつれて各地を巡行したり、その家来の泰山録事や泰山伍伯を各地に派遣して、人々のこの世の生活での善行や悪行を「禄命簿」に記録させ、それをもとにその寿命や死後の運命を決定するとの信仰を生み出した。そこで人々は東岳大帝に種々の方法で長寿を懇願した。最も一般的な方法は瀕死の病人にかわって使いの者が岱廟で東岳大帝に今少しの命を賜うよう請願するものである。今一つは、一家の柱ともなる者が重病になった時、家族が自分たちの命を一、二年縮めてそれを病人の寿命にまわすように頼む「借寿《しやくじゆ》」である。

ところで古来、中国人は死者の魂は泰山に行くと信じていた。それゆえ、泰山府君は死後の人々の運命を支配するとされた。唐の末期には冥界の死者の罪業を裁く十人の王を崇める十王の信仰が盛んになったが、その五番目は閻羅（魔）王、七番目は太山王（泰山府君、仏教では太山と表記）とされている。やがて十王信仰は追善供養の十仏事と結び付き、十王のそれぞれが中陰など追善供養の際に崇められるようになった。そして、太山王は中陰あけの四十九日の法要に供養して成仏を願う神で本地は薬師とされた。太山王とその本地の薬師は日本でも葬儀後の中陰あけの法要で祭られている。このほか、「現図胎蔵界曼荼羅」の外金剛部には閻羅王の下に泰山府君が描かれている。またかつては泰

泰山、南大門を臨む

山登山口に閻羅王が祀られ、岱廟の仁安門の回廊には地獄変相図が描かれていた。ところで、泰山府君はその本地が薬師であることを裏付けるかのように、古来治病に効験があるとされていた。後漢の緯書「竜魚河図」では、泰山府君はその秘名の円常龍を唱えると病を防ぐのみでなく百邪を退けるとされている。我が国の陰陽道では除災のために泰山府君祭を行なっていた。

大中祥符二年（一〇〇九）、泰山で封禅をした宋の真宗は、玉皇殿の下の池で石像を発見した。彼はこれを泰山府君の娘と信じて、天仙玉女碧霞元君と名付け、祠に奉安した。もっとも一説では碧霞元君は泰山で修行した女仙を神格化したものとしている。以来碧霞元君は求子、育児の神として女性たちに崇められた。特に、明・清時代、東岳大帝にかわって碧霞元君が泰山信仰の主役となり、各地に分祀が造られた。現代でも泰山の碧霞元君には子授けを願って、その首に糸で赤子の泥人形をくくりつける「栓娃《せんあい》」をしたり、参詣後山中の木に小石を挟む風習が認められる。また子供の成育などの現世利益を願う人もいる。けれども現在は泰山を訪れる人々の大部分はむしろ山遊びを楽しんでいる。

上記のように、泰山の信仰はその初期は山頂の天柱峰や日観峰で天帝をまつり、自己の統治の正統性を訴えて、天帝の庇護を求め、あわせて長生を祈る皇帝たちの封禅を中心としていた。それがやがて仏教の影響のもとに人間の生命さらに死後の運命を支配する太山王の信仰にと展開して、長生や地獄の苦からの救済が祈られた。山麓には閻魔王が祀られ、仏教寺院も造られ、遠く新羅の僧も修行に訪れた。一方、泰山府君は治病の神ともされていた。ところが、一二、三世紀になると泰山信仰はそれまでの男性神、天界に関連付けられた神への信仰から、子授け・産育、豊穣の祈求に応える女神の碧霞元君の信仰にと大きく転換した。そして現在の泰山は民衆の各地での山登りを彷彿とさせるように、明るく楽しい山遊びの地となっている。このように泰山信仰の中には中国の山岳信仰の特徴が集約的に認められるのである。

中国仏教の霊山

中国の僧侶は霊山で修行することが多く、日本の留学僧たちもこれらの霊山を訪れている。現在一般には五台山、峨眉山《がびさん》、普陀山《ふださん》、九華山《きゅうかざん》を四大名山としているが、このほか、天台山も広く知られている。そこで以下このそれぞれを簡単に紹介しておきたい。

五台山（清涼山《しょうりょうざん》とも、山西省、三〇五八メートル）は、長安の東北方に位置し、文殊菩薩の聖地として知られる。五台山の名は東台・南台・西台・北台・中台の五台

（五峰—どれにも文殊を祀る寺がある）からなることによる。五台に囲まれた中心を台懐鎮《だいかいちん》といい、その中心に聳える霊鷲峰には文殊菩薩が示現したとされた。ここに北魏の孝文帝（在位四七一—四九九）が建立した大顕通寺《だいけんつうじ》（当初は大孚霊鷲寺《だいふりようじゆじ》と呼ばれた）、大文殊寺があり、ともに文殊を本尊としている。また五台の外側（台外という）には南禅寺と仏光寺がある。南禅寺の仏殿には釈迦、文殊、普賢が祀られている。仏光寺の名は孝文帝がここで仏光（ブロッケン現象）の祥瑞にまみえたことによるという。その後在俗の華厳経研究者の李通玄《りつうげん》（六三五—七三〇）がここで仏光観という観法を大成し、このこともあって五台山は華厳経の専修道場となっていった。日本の華厳僧、明恵《みようえ》（一一七三—一二三二）もこれを実践した。なお中国浄土教の祖曇鸞《どんらん》（四七六—五四二）もここで修行した。その後入唐した第三世天台座主円仁（七九四—八六四）は五台山の抑揚をつけてゆるやかに唱える引声《いんぜい》念仏を導入して比叡山の常行三昧の修法を確立した。

峨眉山（四川省、三〇九九メートル）は大峨、二峨、三峨の三つの峰からなっている。四世紀初頭になる葛洪《かっこう》の『抱朴子《ほうぼくし》』には黄帝が峨眉山で天真皇人《てんしんこうじん》に真一の道についてたずねたとの話をのせている。以来道教の霊山として栄え、特に二峨には、数多くの道観が建立された。けれども唐代以降、普賢菩薩の霊山となり、大峨の中腹の万年寺には、宋の太平興国五年（九八〇）に鋳された高さ七・三メートルの白象に座した普賢菩薩像が安置されている。この峨眉山の山頂でも仏光が見られ、人々の信仰を集めている。

普陀山は浙江省《せっこう》の舟山列島の南北八・六キロ、東西三・五キロ、面積一二・七平方キロの島の山で最高峰の仏頂山の標高は二九一・三一メートルである。この島は樹木が茂り、果物が実り、清浄な泉・流水に恵まれていて、『華厳経』の「入法界品《にゅうほっかいぼん》」に説く観音の浄土の補陀洛に比定されている。これは唐の宣宗の大中元年（八四七）にインドの僧が海岸の潮音洞《ちょうおんどう》で波しぶきの中に示現した観音を祀って、観音の霊場にしたことによっている。大中一二年（八五八）には入唐僧の恵蕚《えがく》が五台山で観音像を得て、帰国の途中にこの島に立寄って観音を祀って普済寺《ふさいじ》を開基している。島には仏頂山上に慧済禅寺《えさいぜんじ》（仏頂山寺ともいう）、明の万暦八年（一五八〇）に創建された法雨禅寺がある。なお、日本では鎌倉時代初期以降、この舟山列島の観音の浄土、補陀落での往生を目指して、熊野の那智の補陀落の浜などから船出する渡海入定が行なわれた。

九華山は安徽省南部青陽県にある地蔵菩薩の霊山である。最高峰は十王峰（一三四二メートル）でその周囲に九十九の峰が聳えている。晋の隆安五年（四〇一）にこの地に地蔵菩薩を祀る化城寺《けじょうじ》が建立された。その後新羅の金喬覚《きんきょうかく》（金地蔵ともいう）が開元年間（七一三—七四一）にこの山の洞窟で修行した。現在この化城寺を取り囲むように祇園寺、百蔵宮、甘露寺などの寺がある。

天台山は浙江省台州地区天台県にある。最高峰の華頂峰《かちょうほう》（一〇九八メートル）などの山塊を天台山と総称している。山麓にはこの山の禅林寺に籠って修行して、天台宗を開いた智顗《ちぎ》（五三八—五九七）の遺志を受けて隋の煬帝《ようだい》が創建した国清寺《こくせいじ》がある。なお最澄・円珍・栄西などもこの天台山で修行している。ちなみに天台山の地主神は周の霊王の子で夭折して仙人となった王子晋（喬）である。彼は笙《しょう》をよくし、道士の浮丘公と嵩山で修行し、白鶴に乗って飛行し、死後天台山の地主神となった。そしてその後日本に飛来し、彦山（英彦山）、石鎚、淡路の諭鶴羽《ゆづるは》山などをへて熊野本宮に至り、熊野権現となったとされている。

朝鮮半島の山岳信仰

古代朝鮮では半島の南西に新羅、南東に百済、北部に高句麗の三国が分立したが、六七六年新羅が半島を統一した。新羅は唐を宗主国とし、中国の山東半島にも拠点を設けている。一一四五年成立の『三国史記』によると、新羅では奈歴（習比郡・慶州の狼山に比定）、骨火（切也火郡・氷川の金剛城山に比定）、穴礼（大城郡・清道の鳧《おり》山《さん》に比定）の三山と東・吐含山（大城郡）、南・地理山（菁州）、西・鶏龍山（熊川州）、北・太伯山（奈已郡）、中・父岳（公山とも、押督郡）の五岳、このほかの二十五の山岳が霊山とされ、三山では大祀、五岳では中祀、二十五の山岳では小祀がなされていた。また一四世紀初期になる『三国遺事』では、新羅には古来、東に青松山、南に于知山、西に皮田山、北に金剛山の四霊山があって、国の大事をはかる時には大臣がここに集って、祈願するとともに議論したとしている。なお一般には、三山が最も古く、次いで四霊山が定められ、中国の影響もあってこれを再編した五岳とそのほかの霊山が決められたとされている。ちなみに『三国遺事』には百済の扶余郡には白山・呉山・浮山の三山があり、それぞれの山上に住む神人は朝夕空を飛んで相互に往来したとしている。日本の畝傍《うねび》・耳成《みみなし》・香久《かぐ》の大和三山の信仰は朝鮮半島の三山信仰の影響とも思えるのである（洪淳昶「新羅の三山五岳と新羅人の山岳崇拝について」『三上次男博士喜寿記念論文集・歴史編』平凡社）。

　朝鮮には高句麗の小獣林王二年（三七二）に仏教が伝来した。そして新羅の法興王一五年（五二八）に新羅では仏教が公認され、七、八世紀には華厳思想が普及した。それにともなって新羅の都に七つの伽藍が造られ、その中心をなす皇龍寺は、釈迦と迦葉《かしよう》が説法した霊地とされ、阿育王が船に乗せて東海に送った黄鉄五万七千斤、黄金三万分で鋳造した釈迦三尊が祀られ、迦葉仏の宴座石があった。この七つの伽藍や釈迦と迦葉の説法の伝承は七世紀前半に渡唐し、五台山で修行した慈蔵が文殊菩薩から受けた啓示にもとづくとされるものである。彼はさらに溟州に東台（満月山・観音）、南台（麒麟山・地蔵）、西台（長嶺山・阿弥陀）、北台（象王山・釈迦）、中台（風慮山または地慮山・毘盧遮那と文殊）の五台からなる五台山を想定した。これは先に見た新羅の五岳崇拝にもとづくと思われる。

もっとも七世紀中期には新羅の五岳の東の吐含山には仏国寺と石仏寺（石窟庵）、西の鶴龍山に岬寺、南の地理山に華厳寺、北の太伯山に浮岩寺と浮石寺、中岳の父岳に地蔵寺と桐華寺というようにそれぞれに仏寺が建立されている。その後八世紀の中頃に中国の五台山、峨眉山、終南山、大華厳寺で修学した澄観は『華厳経』の「諸菩薩住処品」に説く法喜菩薩の居所とされる金剛山の信仰を請来した。そして当初は二十五の霊山の一つ、霜岳（江原道東部）を金剛山とした。この金剛山は現在も景勝の地として広く知られ、山中には内金剛の正陽寺・表訓寺・長安寺、外金剛の神渓寺、新金剛の楡岾寺などがある。ちなみに日本の大和の葛城山系の金剛山も、法喜菩薩が般若を説いた霊山とされ、修験の開山に仮託された役行者がここで法喜菩薩に見《まみ》えたとの伝承が作られている（『諸寺縁起集』、金剛山の項）。

古代初期には高句麗に属した中国と北朝鮮の国境にひろがる長白山脈の最高峰の白頭山（北岳の太伯山〈二七四四メートル〉）は古代朝鮮の建国神話、清朝発祥伝説、そして現在は北朝鮮の金正日の誕生地として知られている。『三国遺事』によると天帝の恒因《かんいん》の子恒雄《かんゆう》は父から天下を支配するように命じられて三箇の天符印を授かって太伯山（白頭山）の頂の神檀樹に降臨した。頂上近くの洞穴には熊と虎がいて、恒雄に人間になることを哀願した。そこで彼はヨモギとニンニクを与えてこれを食して百日間太陽を見ないで物忌をすると人間になれるといった。熊はこれを守って人間となって、恒雄と結婚して、朝鮮最初の王の檀君王倹《だんくんおうけん》を生んだ。けれども虎は守らなかったので、人間にはなれなかった。ちなみに朝鮮では虎を山の神としている。ところで九州の彦山では、北魏僧善正《ぜんしょう》が仏像をもって日本に来て日子の山に入った。その頃猟師の藤原恒雄はこの山で白鹿を射た。すると三羽の鷹が檜の上から現れて鹿を介抱して蘇生させた。これを見て恒雄は改悛して善正の弟子となり、出家して忍辱《にんにく》と名乗った。そして修行して彦山三所権現を感得したとの開山伝承を伝えている（元亀三年・一五七二、祇暁『鎮西彦山縁起』）。この彦山の恒雄や彼の忍辱の法名は上記の檀君神話にもとづくものである。また九州の白山は白頭山の信仰が日本に持ち込まれたものとされている。

一方、清朝の発祥伝説は長白山の東方の山麓の地で三人の姉妹が水浴をしていた。そこに一羽のカササギが飛来して末娘の衣の上に赤い果実を落し、それを呑んだ彼女が妊娠して生んだのが清王朝の祖、ヌルハチ（愛新覚羅《あいしんかくら》氏）であるというものである（『満州実録』）。また北朝鮮では金日成を白頭山の精気を受け継いでいるので天地の造化を意のままにしうる伝説的な英雄としている。さらにその子の金正日は白頭山で生まれたが、その時山上の天池の氷が神秘的な音をたてて割れ、日の出とともに二重の虹がかかった。そこで彼は朝鮮の未来の太陽であるとして正日と名付けられ、誕生地の峰は正日峰と名付けられたとしている。このように白頭山は近現代においても王権の支配を正統化する神話を生み出しているのである（鐸木昌之『北朝鮮』東京大学出版会）。

日本の山岳信仰

日本では、山岳は原始時代から信仰の対象として崇められ、神社神道・民間信仰・仏教・修験道・陰陽道・教派神道などの中にその要素を見ることができる。その際、崇拝の対象となる山は、広い裾野をもつコニーデ型の火山（富士山など）や山麓から望見しうる小高い森状の山が多かった。前者は秀麗な山容と噴火の恐怖が神秘感を引き起こし、後者は水をもたらし、農耕を守るものとして崇められたといえよう。

農耕を守る村里近くの山岳は水源地としての性格をもっていた。ここには水分《みくまり》の神が祀られることが多かった。村はずれにある里山は、村人たちの墓所でもあった。陵墓を「山陵」、棺を「ヤマオケ」、葬列の出発を「山行き」といっていることは、このことを示している。こうしたことから、山は祖霊の住む他界とも考えられ、一般に山中他界観といわれている。柳田国男によると、祖霊は弔いあげを終えると山の神になり、冬の期間は山に住み、春から秋には里に下って田の神となり、農耕を守護するという。一方、狩猟民も獲物を与えてくれる守護神としての山の神を信じている。いずれの場合にしても山の神は農作物や獲物を生み出す女神と考えられている。

山中他界観は、仏教とも習合した。里山の墓地の近くには菩提を弔う寺が建てられた。より広い地域の人々から祖霊の山と畏敬されていた場所には大きな寺院ができ、骨の一部や歯などを納める習俗を生み出した（高野山・山形県の山寺など）。さらに多くの山では山中に地獄や極楽を示す場所が設定され、あたかも他界であるかのような様相を呈している（恐山・立山など）。

山岳は祖霊のみでなく邪神邪霊が住む霊地として恐れられてもいた。そしてここで修行したものは、とりわけ霊力をもつものとして畏敬された。飛鳥時代末の山林修行者役小角《えんのおづぬ》を開祖に仮託したこれら山岳修行者——修験者・山伏——は、鎌倉初期頃には修験道という独自の集団を創りあげた。修験道は中央では熊野・吉野、地方では羽黒・彦山をはじめ数多くの山々を行場とし、中世から近世にかけて庶民生活に大きな影響を及ぼした。ところで修験道では教義の上では山岳を曼荼羅と捉えている。けれども入峰修行などをみると、山岳は母胎になぞらえられている。また金峰山や羽黒山には宇宙山としての性格も認められる。修験道の眼目である入峰修行では、修験者は儀礼的に死を象徴した上で、宇宙山の性格ももつ母なる山で胎内修行をし、新しい生をうけて山から出るのである。

近世末になると、それまでは主として専門修験者のみの修行道場とされていた山岳に庶民が積極的に登るようになる。奈良県の山上ヶ岳、羽黒山、英彦山《ひこさん》（一七二九年以降の表記）など従来の修験の山はもちろん、木曾の御嶽や富士山などへの信仰登山が盛んになる。明治以降になってこれらのうち、木曾の御嶽を中心とするものは御嶽教、富士山を崇拝するものは扶桑教・実行教・丸山教などの教派神道として独立した。

山岳信仰の特質

原始時代にその神秘性のゆえに自然崇拝の対象とされた山岳は、生活との関連や、諸宗教の体系に取り入れられるにつれてしだいに複雑な様相を呈してきた。

すなわち、農耕民にあっては、生活の場に近い山岳は水をもたらし生産を助ける神の在所とされた。こうしたことから山には支配者が天神に雨や守護を祈る祭壇が設けられた（泰山）。他方、山は生活をおびやかす動物をはじめ種々の妖怪・悪霊・鬼神のいるところとして恐れられもした（メラネシア・ポリネシア・アフリカなど）。またそこに葬地が設けられたこともあって、死霊や祖霊のいる場所ともされた。こうした信仰にもとづいて、山中他界観が成立する（ペルシャ・エジプト・日本など）。イスラムなどでは山に聖者の墓が設けられもした。山はその社会の重要な神が示現《じげん》し祀られる場所でもあった（オリンポス・中国の五岳・ヒマラヤ・シナイ山・アラファート山など）。さらに聖者が山で神から啓示を受けもした（モーゼ・マホメット）。

こうした山岳信仰に、主としてアジア地域を中心とするシャマニズムが習合した結果生み出されたものが、山を世界の中心に位置し、天と地をむすぶ軸と捉える宇宙山の信仰と考えられる（仏教の須弥山・ゾロアスター教の塔・東方のキリスト教徒のゴルゴタの丘の解釈・イスラム教のカーフ山・吉野の国軸山の呼称）。今一方で、農業の守護神としての山は再生の機能をもつ地母神の信仰と結び付き、「母なる山」の信仰を生んだとも推測されよう。日本の民間信仰では、山の神はものを生む神と考えられていた。山の神は農作物のみでなく、獲物、子孫までをもたらすのである。また修験道では山自体が母胎になぞらえられてもいた。ところで修験道などではこの山が同時に宇宙山の性格をもっていた。こうしたことから考えると山は天上・地上・地下を結ぶ宇宙軸であると同時に、かつてそこで宇宙のすべてのものが創られたのと同じように、人間生活に必要な諸事象を生み出す母なる山としても崇められていると考えられるのである。換言すれば山は、天から神が降臨したり、天に至る道という性格と、母なる大地がもりあがることによってできた母胎ともいえる性格をもっているのである。

第三章　森の信仰

1　森とウタキ

生活にとっての森

カリフォルニア大学のバスカーリア教授が著した『葉っぱのフレディ』（童話屋）という童話が日本でもミリオンセラーになった。この本では、森で新芽を出し、花を咲かせ、若葉となり、紅葉して、人々の心を癒し、お互いにその存在を認めあいながらもやがて散っていった葉っぱが、土となって新しい芽を育んでいく話が語られている。森の木々はそうした、自然の、また人生の摂理を私たちに語りかけているのである。モリを「杜」（木と土）とも表記するのは、このことを示しているのかもしれない。このように森は私たちに四季折々に、また一生にわたって安らぎを与えているのである。特に日本では古来地域住民の憩いと癒しの場とされた神社の鎮守の森や、各地の霊山の信仰の多くは、森の信仰を母胎としている。そこで本章では日本の主要な森の信仰と鎮守の森を取り上げることにしたい。

森は広義には丘状の小高い土地に自然のまま成長した樹齢の長い樹木がこんもりと茂った所をさしている。そこには高い木のみでなく、低木、草、シダ、コケ、菌などが、自然の植生をそのまま残して共生している。これに対して、林では継続的に植林し、間引き、枝打ち、落葉かき、伐採など人工の管理がなされている。そして杉林、檜林、竹林などの語に見られるように、特定の木を主体としている。ところで『万葉集』では、「木綿《ゆう》懸けて齋《いは》ふ、この神社《もり》もこえぬべく思ほゆるかも恋の繁きに〈作者不詳七・一三七八〉」と、神社を「もり」と読ませている。また同じく『万葉集』では「(前略)うち越えて、名に負へる社《もり》に風祭りせな」(九・一七五一)というように、モリに社の字をあてている。社とは神の降下してくるところを意味する語である。こうした用例からも、森は本来は神霊の依りつく高い樹木が自然のまま群生して、禁足地とされた神域をさす語であったと考えられるのである。

モリの語源については、コムラ(木叢)の略転(大言海)、鳥獣が籠る所からコモリの上略(『日本釈名』)、神社などがあるマモリ(守り)の義(『和句解』)、モロ(室)に通じる(『松屋筆記』)、社の字の誤説(『東雅』)、キモリ(木盛)の上略(林甕臣・『日本語原学』)、モリ(盛)の義(『和訓栞《わくんのしおり》』)などの諸説がある。なお、大野晋は朝鮮語の山をさす「モリ」に淵源をもつ神が降下してくる所の意であるとしている。また方言を見ると「モリ」は丘(青森・秋田)、塚・墓(青森県三戸)、自然林(盛岡、河口湖北岸)、砂丘(伊豆新島)、神の祀ってある森(静岡県富士郡)、神社(静岡県川根、愛知県北設楽郡、岐阜県吉城郡)、こんもり茂った山頂(奈良県十津川)、円錐形の山(奈良県吉野郡大塔)、禁足林(大阪府南河内郡、和歌山県日高郡)の意味で用いられている(『日本国語大辞典』小学館)。

森や山岳は開発が進んだ現在でも国土の三分の二を占めており、日本人の生活に大きな役割を果たしている。特にアジア・モンスーンの影響で夏は湿潤で冬は乾燥する日本の気候は、森林の育成に適していた。そして森林の活動は土壌の生成や移動、水の循環、気候など自然環境の維持に大きな役割を果たしている。山岳の森は川を通して雨を里に流すと共に、地下に浸透させて二、三十年もかけて地下水脈を通して里の村や町の地層に浸透する。そして森林の土壌は、樹木はもちろんその下草、シダ、コケ、藻や菌を育んでいる。さらに森の水がアメーバやゾウリムシ、バクテリアなどの原生動物を繁殖させ、この原生動物が腐敗した落ち葉、動物の死体に付着し、これを無機物の栄養素のミネラルに分解する。そしてこれを肥料として肥沃な土壌が生まれ、植物を育んでいく。こうして山から送られてくる水は弥生時代から戦後の高度経済成長期に至る日本の主産業ともいえる農業を支えてきた。さらに森は生活に必要な薪炭、果実、茸などを提供した。家屋の素材としての森林の木、屋根をふく里山の茅なども日本人の生活には欠かせなかったのである。

庄内のモリの山

月山が望見される山形県庄内地方では、死霊が集まるとされるモリの山がある。主要なものには鶴岡市清水（西のモリ）、同市の大山、東田川郡庄内町三ヵ沢（東のモリ）、鶴岡市温海町小岩川、酒田市内の持地院《じちいん》、酒田市平田町などのモリがある。これらのモリは周辺から目立つように平地に突起したこんもりとした丘で、その上から山麓の村落が見渡せる。この地方では墓に埋葬された死霊はモリ山に留まり、盆にはここから家に帰り、盆が終わると子孫にモリ山に送りとどけられて、別離の供養を受ける。これをモリ詣り、モリ供養と呼んでいる。その際、巫女に口寄せをしてもらって死霊の意向を聞くこともある。そして三十三年忌の弔いあげを終えると月山か鳥海山《ちょうかいざん》に行くとしている。なお月山では盆の八月一三日に山頂で柴灯護摩《さいとうごま》が焚かれ、ついで山麓にかけての山内の霊所で場柴灯が焚かれる。またこれにあわせて庄内で死霊の居所とされる鶴岡市の金峰山《きんぼうさん》（旧当山派修験青龍寺）でも山頂で柴灯が焚かれる。庄内の各家ではこれを見て門火を焚いてその火を仏壇に点して先祖が帰ってきたとした。なおこのように月山から帰ってきた浄化された先祖も、子孫によってモリ山でモリ供養を受けて、しばらくここに留まった上で月山に帰っていくとされた。

鶴岡市清水のモリからは東方に金峰山が望見される。このモリでは旧盆あけの八月二一日から二四日に清水の曹洞宗天翁寺・善住寺・桑願寺、浄土真宗の隆安寺と近くの真言修験がモリ供養を行なっている。参詣者は庄内に限らず秋田県や新潟県に及んでいる。彼らは事前の巫女の口寄せによって知った死者が望んでいる物と死者の戒名を記した木端仏《こっぱ》を持って登った。山内にはそれぞれの集落を望見しうる台地に所定の堂（墓）が設けられていて、参拝者はそこに持参したものを納めて僧侶に供養してもらう。これを終えると山上の休憩所で先祖の話をしながら飲食した。三年続けてモリ供養をすると先祖に会えるともいわれた。なお山中の死霊を祀った堂が東の金峰山の方を向いているのは、清水のモリの山の死霊が一旦、金峰山に行き、さらにこの東方の月山に赴くとされたことによると考えられる。盆の際に、月山の柴灯をうけて金峰山でも火が焚かれ、ついで各家の門火が焚かれているのはこのことを示すと考えられる。清水のモリ供養は、寺伝では貞観年間（八五九—八七七）に慈覚《じかく》大師が金峰山で座禅をくんでいると西方の山からうめき声が聞えた。翌朝その山（清水のモリ）にいってみると亡母が成仏できずに苦しんでいた。そこで大師は自己の亡母やすべての亡霊のために七月二四日に施餓鬼《せがき》供養を行なったのに始まるとしている。それゆえ当初は祟りやすい無縁の霊の供養を主な目的としたものと考えられる。

このように庄内のモリの山は、死霊が浄化して月山に赴いて神となるために、盆ごとにここに留まって子孫の供養を受ける霊地とされている。金峰山はモリの山と月山の中間の霊地とされている。さらに浄化した月山の先祖の霊も、金峰山をへて帰宅し、モリの山で供養を受けた後に月山に帰るとされているのである。ただ隆安寺がかかわる藤墓は異常死の霊が祀られている。

若狭のニソの杜

福井県大飯郡大飯町大島には三十余のニソの杜と呼ばれるタモの老木を中心とした自生林がある。この老木の下またはモリの中央の空地にはオズシと通称される小祠があって、その中には「地主大神」、「遠祖大神」、「地主明神」、「荒神」、「山之大明神」と記した木札が納められている。それぞれのニソの杜は四、五戸から成るニソ講の成員によって祀られている。そして、旧暦一一月二二日夜にニソ講の成員が一年交代で担当するニソの当番によって祭りがなされている。当番は三日間物忌をしたうえで当日夜、紋付袴を着て、ニソの杜に参り、祠に十二本の幣（閏年は十三本）を立てて、供物を供えて祈念する。供物はそれぞれの講が所有するニソ田からとれた新米の粉をこねたシロモチと小豆入りのオコワの握り飯を藁苞《わらつと》に入れたものである。翌二三日には当番の家にニソ講の人が正装で集まって直会《なおらい》をする。この時前夜の供物と同じものが配られ、各人はこれを持ちかえって家族と共食する。

大島には鎮守の島山神社と摂社の余永神社、恵比須神社、稲荷神社、厳島神社の四社がある。余永神社は二十四柱の大島の開拓祖神を祭神としている。村人は島山神社をウブスナ、余永神社を氏神と呼んでいる。この大島のニソの杜を最初に報告した同地在住の郷土史家大谷信雄は二十四名《みよう》と呼ばれる開拓祖神の子孫が、島山神社の祭祀権を世襲的にもつとともに、各自が自己の同族と一緒にそれぞれの始祖を祀ったのがニソの杜で、祠の「遠祖大神」の木札はこのことを示している。また祭日の一一月

ニソの杜　撮影：萩原秀三郎

二三日はこの二十四名の始祖が渡来した日で、かつてはニソの杜は屋敷近くにあり、サンマイ（埋葬地）の跡とされていた。けれどもその後二十四名のそれぞれは近隣の家を包摂したり、そのほかに新たにニソの杜を祀る家連合も現れたとしている。これに対して鈴木棠三はニソの杜は屋敷神的性格を持ち、サンマイの跡地には祟り地へのおそれがあることから祀られたとしている（「若狭大島民俗記」ひだびと一一七）。また佐々木勝はニソの杜は本来は土地神をまつる聖地信仰で霜月二三日の祭りは収穫感謝の新嘗の祭りであるとしている（佐々木『屋敷神の世界』名著出版）。いずれにしろニソの杜は地縁、血縁、山の神、祟り神（荒神）、葬地などの性格が混淆した複合的なものと考えられる。ただ大谷信雄に代表される在地の人が、血縁、地縁にもとづく屋敷神的性格のニソの杜と、より大きな杜を構成し一〇月二〇日を祭日とする大島全体のウブスナの島山神社の氏神余永神社の二重構造のモリの信仰のもとに生活していることに注目しておきたい。

モリガミの性格――山口県の事例をもとに

庄内のモリ供養や若狭のニソの杜はこれまで先祖祭祀との関係で捉えられることが多かった。けれどもニソの杜には地縁にもとづく地方神の信仰、祟り神、屋敷の守護神などの要素が混淆していた。近年徳丸亞木は山口県の森神の検討を通して聖地としてのモリの理論化を試みている（徳丸『「森神信仰」の歴史民俗学的研究』東京堂出版）。そこで彼の考察に加えて、さきの庄内のモリ供養やニソの杜も視野に入れて、モリとそこに祀られているモリ神の性格を検討することにしたい。

山口県のモリガミの祭場と神木、聖石、祠のあり方には次の四種が考えられる。第一は山林と接続する聖なるモリである。この場合はモリ内の聖石・神木、あるいはこの両者が依代として崇められている。また神木や聖石の下に祠を設けたり、両者がなくて祠のみあって、その中に依代の小石や神名を記した札が納められていることもある。第二は田畑の中に周囲と区画されたモリがあって、そこに上記のような聖石・神木、この両者や祠が設けられているものである。第三はモリは存在せず、やや盛りあがった丘に神木や聖石、祠があるものである。第四はほかと区画された特定の土地が聖地とされ、そこに御神体の聖石があるものである。なおこれらのモリは古来特定の家筋、屋敷地や耕地に帰属しており、これらの関係者が祭祀にたずさわっている。

こうしたモリの信仰があるこの地域の特定の家で、合理的に解釈できない原因不明の病気、事故、災害などが発生すると民間宗教者に災因が尋ねられる。すると彼は、モリ神や屋敷神に関するその地域の人と共有している世界観にもとづいて、その地域でかつて生活した先祖や家筋の人々が体験した過去の伝説にてらして、災因を究明する。すなわちその地を訪れた敗残者がモリで先祖の人に殺されたとか、かつて先祖によって祀られていたモリガミが放置されたままになっていることが災因になっていると説明する。そしてこれを正統なものと認めたその家筋の人がこうした死霊や放置されたモリガミを守護神として、さきにあげた森の中、田畑の中、あるいは宗教者によって過去の不幸な出来事と関係づけられた聖地（祟り地）の木、石、小祠に新たにモリガミが祀られることになるのである。

沖縄のウタキ（御嶽）

沖縄諸島の各ムラごとにウタキと総称されるモリがあることは広く知られ、民俗学者などはこれを本土の神社の古型を示すものとして注目している。もっともウタキの呼称や御嶽の用字は、一八世紀初頭に琉球王府で編まれた『琉球国由来記』や中期の『球陽《きゆうよう》』その外編の『遺老説伝』で用いられて以降のことである。現在でも沖縄本島では、ウタキ・ウガン・ムイ、宮古ではウタキ、八重山《やえやま》（石垣）ではオン・ワン・ワー、奄美ではオボツヤマ・カミヤマというようにその呼称を異にしている。その形態は各ムラの背後のクバ（蒲葵―シュロに似たヤシ科の大高木）、ガジュマル（イチジク状の葉をした桑科の常緑高木)、松などがこんもり茂ったモリである。ちなみに沖縄では、嶽はモリと同義語とされている。このモリの奥はイベ(イビ)と呼ばれる聖地で、ここにはひときわ高い木や自然石(両方あるところも多い)があり、その前に香炉が置かれている。なおこれらの下に骨が埋められていることもある。この木や石はカミがやどる聖なるものとされ、香炉は線香を供えてこの神を祭るためのものである。イビを石積や堀で囲んだものもある。この石積のなかで女性神役のみが祭りを行ない、男性は神役でも入場が禁じられている。このイビの前の広場をトン(殿)・カミアシヤゲ(本島)、クムイヤ・ムトウ(宮古)、オンヌヤー(八重山)と呼び、ここで祭りが行なわれる。なおこの広場に供物の準備や祭祀のために建物が設けられていることもある。

琉球王朝時代にはウタキの近くにムラの宗家があり、その下方に家々が立ち並んでいた。これらの家々は共同でウタキを祀るマキと呼ばれる集団を形成していた。各マキではヌル(祝女)と呼ばれる女性神役が中心となって祭りを行ない神託を得て、その男兄弟がそれにもとづいて政治(「まつりごと」)を行なった。そして国全体を守るウタキ(久高島《くだかじま》にあり、平素は対岸の斎場《せーふぁー》ウタキで祭祀を行なった)を祭る国王の近親者の女性が務める聞得《きこえ》大君《おおきみ》と呼ばれるヌルのもとに各地のヌルが統括された。も

斎場ウタキ　撮影：萩原秀三郎

つともこのヌルの呼称も、現在本島ではヌル・ニーガン、宮古・八重山ではツカサ・サスというように異なっていた。なお、ヌルを助ける男性神役はニッチエ・カンマンガーと呼ばれている。

ウタキに祀られているカミはムラを創始した祖先、ムラの最初の開拓者、それと関係を持ったヌルなどである。なお『遺老説伝』には四十四のウタキの由来をあげている。これを見ると英雄伝説、竜宮譚、島立て、兄妹始祖譚、ヌルなどの聖者の非業の死にちなむなど多様なものがある。このムラを守護するウタキのカミとムラ人（マキ）の関係について仲松弥秀はカミからみれば、その霊力（セジ）でちょうど母親が眠っている子供に衣物を掛けて守る（「オソウ」）ものであり、ムラ人からみれば子供が母親の膝に抱かれている（クサテ、腰当）ようなもので、総じてウタキのカミは母親が幼児を育むようにムラ人を守護するとしている（仲松『神と村』伝統と現代社）。このこともあって、ウタキは本来は各ムラに一ヵ所であった。しかしながら何らかの事情で本縁の地を離れて、集団移住した人が、新たな住居地から故地のウタキを拝するために設けた遥拝のためのウタキ（ウッウシウタキという）もある。琉球王朝時代には聞得大君《きこえおおきみ》が水平線の彼方にあるとされた万物の根源である久高島のカミを遥拝するために斎場ウタキが設けられていた。またこれにちなんで海を見渡すことが出来る岬や浜辺、小島に、海の彼方のニライカナイと呼ばれる他界のカミを遥拝し、さらにその神々を迎えるウタキが設けられてもいる。

2　鎮守の森

森と山と社

日本各地の聖なるモリ以上に古来の日本人の心を癒してきたのは、神社の鎮守の森である。そこで鎮守の森の性格、内容、そこに見られる癒しの思想について述べておきたい。

縄文時代には、日本列島の九割は森に覆われていた。この森の基調をなしたのは楓、桜、楢《なら》などの落葉樹だった。ただ西南部ではこれに加えて、椿など常緑の照葉樹、東北では、杉・檜・松などの針葉樹、関東や中部ではこれらが混在していた。こうした森の中で採集・狩猟の生活が営まれてきたが、やがて焼畑農耕も行なわれた。弥生時代になると、平地の森を拓いて定住した人たちが水田稲作を営んだ。集落の背後には里山があり、彼らは木の実、茸、野草、薪などを採集した。この里山に連なるように高い奥山が聳える場合には、里山は端山（葉山）とも呼ばれている。

里山は風を防ぎ生活資源を与えてくれると共に、生活や水田稲作に何よりも必要とされる水を与えてくれた。こうしたことから里人は山をカミのいる聖地として崇めていた。このカミは山にいることから山の神、水を与えてくれることから水分《みくまり》の神と呼ばれた。もっとも日本人は、古来カミは姿を見せないものとして、木や岩石などの自然物をカミの依代として崇めていた。やがて里山のなかでも特に森厳な様相を示す部分をカミの居所として崇める信仰が育まれた。またカミは人に憑依して託宣をしたり、天変地異によってその意思を示すとされた。さらに山と里を行き来する蛙、猿、犬、鳩、鳥などの動物をカミの使いとして崇めもした。

ところで、東北や四国などでは標高一〇〇〇メートル以上のかなり高い山も森と呼んでいる（例・西高森＝福島県安達郡　一三七〇メートル、雨ヶ森＝高知県吾川郡　一三九〇メートル）。さらに東北に多い黒森山などに見られるように森山との呼称も認められる。森と山が同義に用いられているのである。また先にあげたように『万葉集』では、「森」「杜」「神社」のいずれも「モリ」と訓ませている。平安時代初期になる『新撰字鏡』では、「杜」「毛利」「佐加木」を同義としている。この佐加木は、祭りの際にカミの依代として用いる榊のことである。もっとも佐加木の「サカ」は奈良時代には「境」「坂」をさし、榊の字が用いられるのは平安時代以降である。このように古来日本では、森や山は神のいます所あるいはカミの世界と里との境界、ひいては両者をとりもつ聖なる場所とされてきたのである。

森にいますカミ

この森（里山）のカミは、その麓に住む氏の人たちから農耕や生活を守る氏神として崇められて、氏神を中心に祭りが行なわれた。氏の人が死亡した時には森に葬られた。死によって肉体を離れて森や山に行った死霊は、盆・正月・年忌法要などによって子孫から供養されて、三十三年忌の弔いあげを終えると、カミとなって氏神と融合した。この最後の法事の際には墓地に榊などの生木の塔婆を立て、これが根付くとカミになった証として喜ばれた。

森の中では、特にカミの依代となる聖なる木や岩石（磐座《いわくら》）を崇めて、その前で祭りが行なわれた。また祭場を定めて、その周囲を岩や石で囲み（磐境《いわさか》という）、中央に榊を立てて(神籬《ひもろぎ》という)祭りをした。こうした祭場は俗人はもちろん、神職も祭りの時以外は入ってはいけない禁足地とされた。禁足地が森や山全体に及ぶ時は神体山と呼ばれている。禁足地を中心とした森の木は伐採が禁じられ、原始の自然のままの森の面影を残している。やがてこの森(山)の麓にカミの常住を願って神社が造られた。ただ先にも述べたように神社そのものもモリと呼ばれたのである。なお、森(里山)の頂のかつての祭場にも小祠が造られた。これが山宮または奥社と呼ばれるものである。ちなみに神社は「ヤシロ」ともいい、「社」「屋代」の字をあてている。この社は本来カミそのものをさす言葉から、神籬を立ててカミをまつる霊地、さらにカミを祀る建物にと展開したのである。

これらに対して鎮守の森という言葉が用いられたのは、明治四五年(一九一二)に尋常小学唱歌「村祭」に「村の鎮守の神様の今日はめでたい御祭日」と歌われ、大正六年(一九一七)に社会教育家・天野藤男が『鎮守の森と盆踊』と題する書物を著して以後のことである。ただ「鎮守」という語は、天平二〇年(七四八)に、東大寺の鎮守として、宇佐八幡の神が勧請されたことに見られるように、寺院などの建立にあたって在来のカミより強力な神格を勧請して、その土地を守ってもらうという信仰にもとづいている。これが展開して各国の鎮守の一宮・総社、荘園の鎮守が祀られ、近世期には城下町の鎮守、さらには村や町の鎮守にと広く用いられた。そして近代になって鎮守の森が、カミそのものあるいはカミの居所としての森のもつ、住民を守護する機能をさす語になったのである。

このほかに氏神、鎮守とほぼ同義に用いられる語に産土《うぶすな》がある。この語は『日本書紀』の推古天皇三二年（六二四）一〇月の条に、蘇我馬子が葛城を蘇我氏の本居《うぶすな》の地と主張しているのが初出である。その後「ウブスナ」に「生土」「産土」の字があてられた。この産土のカミはその土地の住民の死後の霊魂を導くと共に、子孫を守護し、さらには再生をはかるとされている。氏子を産子《うぶこ》と呼んだり、誕生後の初詣りの慣習はこれにもとづいている。

自然と人間の摂理

禁足地とされ、伐採を禁じられた鎮守の森には、自然の恵みのままに常緑の照葉樹や針葉樹をはじめ、多様な木が繁茂した。緑の森は明治神宮の森に代表されるように、人々の疲れを癒し活力を与えてくれる。こうしたこともあって、神社界では鎮守の森の維持、育成に力をそそいでいる。もっとも鎮守の森すべてが常緑樹を主体としているわけではない。欅《けやき》、樫、柏、櫟《くぬぎ》、橅《ぶな》、楢などの落葉樹を主体とした「柞《ははそ》の森」

人生の階梯（老いの坂）『熊野観心十界曼荼羅図』、大円寺・南河路自治会蔵、写真提供：津市教育委員会

と呼ばれるものもある（例＝京都府精華町・祝園《ほうその》神社、埼玉県秩父市・秩父神社）。また常緑樹の中にこれらの落葉樹がまざって、春の梅や桜、初夏の若葉、秋の紅葉、冬の落葉樹というように、四季折々の変化を通して安らぎを与えてくれることも少なくない。

私たち日本人は、こうした四季をおりなす木々の姿を人生になぞらえてきた。中世後期に熊野比丘尼が絵解きに用いた『熊野観心十界曼荼羅図』（熊野の絵）の「人生の階梯」（老いの坂）の背後には、少年期は春の梅や桜、青年期には夏の松や杉、壮年期には秋の紅葉、老年期は冬の落葉樹とそれぞれを示す男女が背後の木の小枝を持って歩む姿が描かれている。先にあげたように、産土のカミは、人間に生を与え、その生活を守り、死後の往生をもたらし、さらに再生をも司っていた。

四季折々の鎮守の森の木々の変化は、このことを象徴しているとも思われるのである。

以上述べてきた各地の森、沖縄のウタキ、神社の鎮守の森は、その地域の土地神、祖霊さらには不遇な最期をとげたうかばれない霊魂を融合した神の居所とされていた。こうしたこんもりとした森が奥山ともいわれる高山につらなる小丘の場合は端山（葉山）とも呼ばれた。そして高山の神が祭りなどの時に来臨する場所とされた。福島県の葉山まつりではこの神を憑坐《よりまし》に憑依させて託宣が行なわれている。このように森の信仰は山岳信仰の基層をなすともいえるものなのである。

第四章　山岳信仰の歴史

1　原始時代の山の信仰

山岳信仰の展開

日本では定住生活が始まった縄文時代（一万三〇〇〇年以前—紀元前三〇〇年）には、日本列島の八割を山と森が占め、そこで採集・狩猟の生活が営まれ、こうした生活の資を与えてくれる森や山への信仰が育まれた。その後、弥生時代に入って里で水田稲作が営まれると、山は水を与えてくれる山の神や祖霊の鎮《しず》まる所とされる一方、荒々しい神や妖怪変化の住まう所として恐れられもした。けれども古代初期に中国から道教や仏教など山岳修行を旨とする宗教が伝来すると、日本でも霊山に籠って修行する宗教者が輩出した。里に住む人々は彼らを、山の神の力を体得し、それをもとに救済してくれる宗教者と信じて崇拝した。以来日本の宗教はこれらの山林修行者、籠山して悟りを得、里におりて開教した鎌倉新仏教の祖師の教えを軸に展開した。さらに近世以降になると民衆も講を組織して登拝するようになっていった。

　こうした経緯をへて山岳信仰は日本宗教の中核をなし、現代でも、鎮守の森、山の社寺への参詣、霊山登拝の形で私たちの心を癒すとともに明日への活力を与えてくれている。そこで以下、縄文時代から現代に至る山岳信仰の歴史を略説することによって、日本人の山岳信仰を理解するよすがとすることにしたい（一二一—一二六頁の年表参照）。

縄文人と山

　縄文人は山麓の河川・泉などの水場に住居を定め、獲物を追って山奥深く入りこんでいった。そのせいか縄文集落に特徴的な環状列石は、前期の蓼科《たてしな》山を望見する長野県阿久遺跡の列石、浅間山に向けられた群馬県中野谷松原遺跡の墓壙《ぼこう》の立石に見られるように山を意識して作られている。

　そしてそこから夏至の頃の筑波山の日の出を拝したと推測される栃木県寺野東遺跡の環状盛土遺構、妙義山の春分の日の入りを意識した群馬県の天神原遺跡、群馬県富岡市の大桁山の夏至の日の入りと群馬県中野谷砂押遺跡、丹沢山系の蛭ヶ岳の冬至の

天神原遺跡より見た日の入り（妙義山）
撮影：大工原豊

日の入りと東京都田端遺跡の環状積石遺跡に見られるように、特定の日の霊山の日の出、日の入りとあわせたかのような縄文後期の遺跡が発掘されている。

一方、甲斐の駒ヶ岳山頂（二九六六メートル）出土の無文土器、日光男体山八合目の滝尾神社近く（二二五〇メートル）・長野県八ヶ岳の編笠山（二四〇〇メートル）・同県蓼科山頂（二三五〇メートル）から採集の石鏃《せきぞく》、相模大山山頂（一二五二メートル）の加曾利B式土器の破片、伊吹山・比叡山・六甲山の山頂の石鏃、奥秩父の雲取山の山頂近くの水場の打製石斧《せきふ》などから縄文人が霊山の山頂を極めていたことがあきらかにされている（原田昌幸「縄文人と山」『季刊考古学』六三）。

縄文時代の遺物を代表する土偶《どぐう》は、初期は東海地方の肩から腰と乳房を表現した省略像、中期は中部以北の乳房や陰部を強調した全体像が注目される。そして後期には、西日本でも土偶が作られるようになり、晩期には眼を顔面いっぱいに描いた遮光《しゃこう》器《き》土偶が出現するというように時代によって変遷している。これらの土偶の多くは壊したうえで埋められ、また新たに作られている。こうしたことから彼らが山の女神に殺した獲物の再生と繁殖を祈念したことが推測されている。このほか碓氷《うすい》峠近くの山中の群馬県恩賀（西野牧小山平）をはじめ、各地で石棒が発掘されているが、これは男性の性器を示しており、やはり豊穣を期待してのものと考えられる。なお、縄文中期には新潟県の信濃川と阿賀野川流域や会津地方では数多くの火炎土器が発掘されている。これはこの頃山林で焼畑農耕が営まれ、火の信仰が芽生えたことを示している。

弥生人と山

弥生時代（紀元前三世紀前後―三世紀後半）に入ると、人々は森を切り開いて、水田稲作を営むとともに、集落の背後の里山で木の実、薪、野草などを採集して生活の糧とした。弥生前期末には朝鮮半島から細形の青銅武器（剣・矛・戈）や祭器の小銅《どう》鐸《たく》がもたらされた。銅鐸は、ちょうど小さな釣鐘を扁平につぶしたような裾が広がった筒形のもので頭部に半円形のつまみがあり、そこから両側に帯状のひれがつけられている。初期のものには内部に青銅製の振子（舌）をつけて音が出るようになっていた。青銅武器や銅鐸は日本でも作られた。特に大型の銅鐸のほとんどは和製のものである。また、青銅武器は実用とともに副葬品や祭具として用いられた。銅鐸や祭具の青銅武器は、集落近くの川の水源の谷やその近くの山腹に埋納された。特に注目されるのは近畿地方を中心に四、五十余りも発掘された銅鐸である。これらの銅鐸は多くの場合、丘陵の斜面に個別に納めることができる最小限の納壙《のうかく》を掘り、その中に横向きに埋められている。この埋納方法をもとに白石太一郎は、銅鐸や武器型青銅祭具は地霊や穀霊の依代であり、特に銅鐸は祭りの際にカミを招くために用いる楽器であったとしている。

ここからさらに推測を進めると、縄文時代の土偶に象徴された母なる女神の信仰が弥生時代に入ると、大地の生命力、育成力をもたらす地母神の信仰へと展開したと思われるのである（白石太一郎「弥生・古墳文化論」岩波講座　日本通史第二巻　岩波書店）。なお、この銅鐸や武器型青銅祭具が集落の背後の丘陵に埋められていたことからすると、これらが荒ぶるカミの支配する山や森と里との境界を鎮めるためや、敵対勢力との境界領域に敵を防ぐために用いられたと考えることもできよう（大林太良『原始の美と呪術』図説日本文化の歴史1　小学館）。ただ銅鐸はなぜか弥生時代以後は全く見られなくなるのである。

弥生時代中期以降の銅鐸や壺には簡単な絵画が描かれている。この画材は鹿や鳥などの動物、男女の人物（鳥装の人物もある）、倉を思わせる建物、舟、赤とんぼなどの昆虫、武器、竜などである。このうち鹿は山の神の使いの動物で、その角が再生することから賦活、再生をもたらすと信じられた。またその肩胛骨《けんこうこつ》や肋骨を用いて、神意を知るために鹿卜《ろくぼく》がなされていた。鳥は穀霊・稲魂《いなだま》・祖霊を運ぶ霊鳥で、弥生時代には鳥形土器や竿の先に木製の鳥形をつける朝鮮半島の鳥杆《ちょうかん》を思わせる遺物が発掘されている。さらに鳥装の人物は死霊や神を招くシャマン、男女の人物は先祖の姿を示している。倉を思わせる建物は神殿、舟は祖霊や神霊の世界に赴く乗物、赤とんぼは祖霊、武器は除魔、竜は山の神や水神を示すとされている（春成秀爾「鳥・鹿・人」『弥生の神々』）。

古墳時代（四―六世紀）の山の信仰

周知のように三世紀後期になる『魏志倭人伝《ぎしわじんでん》』には、シャマン的性格をもつ卑弥呼《ひみこ》が首長たちを配下におさめて邪馬台国《やまたいこく》を樹立して、魏国と交流したことが記されている。これらの首長が大きな権力を保持したことを示すかのように四世紀から七世紀にかけては日本独自の前方後円墳を主要なものとする巨大古墳が造られ、考古学の上では、古墳時代と通称されている。この前方後円墳の形態は遺骸や副葬品を納めた円形の盛土の一端に方形の盛土を連接させたもので、連接部はくびれ状になっている。当初は畿内に発生したが、やがて全国に及んでいった。その際、前期のものは山陵や丘陵の突端を利用して、高所を仰ぎ見るような形に造られたもので、前方部が低く狭かった。その後、中期には平地か台地に前方部の長さと後円部の直径を等しくし、前方部の前端の幅を後円部の直径より長くし、周囲を堀で囲んだ瓢塚《ひょうづか》式のものが造られた。後期になると再び丘陵の山陰にかくすような形に造られている。なお、前・中期には遺骸は後円部の竪穴式の石室に粘土槨や礫槨《れきかく》を設けて安置して埋葬したが、後期には山腹に横穴式の石室を設けて、数次にわたって埋葬する形をとるものが多くなっている。

前方後円墳の副葬品には埴輪《はにわ》、鏡、玉、石製の腕輪、金銅や石製の装身具、服飾品、祭器具などがある。埴輪は前期のものは円筒で封土の土留めとして用いられた。ただし、中期以降になるとこれに加えて人物、動物、家具、武具などの死者の他界での生活の必需品と思われるものが納められている。横穴式石室の壁面には、死者の霊の他界への旅の乗物を示す鳥、馬、舟などが描かれた。鳥や馬の埴輪や、船や鳥舟型の木棺も他界への旅を示している。ちなみに『古事記』にあげられている歴代の天皇陵には、山上、尾上、坂上、岡上などの接尾語が付され、いずれも山陵《さんりょう》と通称されている。上記の前方後円墳やこの山陵の呼称はすでにこの頃から山中他界観がみられたことを示しているのである。

古墳時代には、山上、山麓、峠などの岩石の下に、模造品の祭器、玉、馬具、鏡、武具などが埋められている。特に大和の石上神宮《いそのかみじんぐう》、三輪山、日光男体山、長野県の神坂峠の遺跡は有名である。また山麓の山を望見しうる岩や木の下にも祭祀遺跡が発見されている。なお、前方後円墳では、円墳部に遺骸を埋葬して、前方部に祭壇が設けられていた。しかも初期のものは円墳部が高く山のようになっていた。この形態は山に埋葬された死者を里で祀る形を思わせ、山に鎮座する神を山麓の神社で祀る神まつりの古型を示すとも思われるのである。

前方後円墳（垂仁天皇陵）（末永雅雄『古墳の航空大観』より）

このほか山の信仰とのかかわりを直接感じさせる興味深いものに、水源をなす山の頂の巨大な露岩を磐座として祀ったと見られる静岡県の天白磐座遺跡(古墳前期中葉)、房総半島の野島崎からはるか彼方に望見される三宅島の火山の神を火を焚いて祭ったと思われる小滝涼源寺遺跡などがある。

2　古代の山岳信仰

飛鳥時代（五九二―七一〇）の山岳信仰

四世紀中頃に成立した大和朝廷の主要な拠点とされた大和平野は、東は三輪山、西は生駒から葛城山系、北から東にかけては笠置山系、南は吉野の山々に取り囲まれていた。このうち三輪山の社は崇神《すじん》天皇が三輪の神の大物主神がもたらした疫病の祟りを鎮めるために子孫の大田田根子《おおたたねこ》に祀らせ、以後その子孫の三輪氏の氏神とされた。葛城山は渡来人の蘇我氏の本貫《ほんがん》の地とされた。その北端の二上山には、天武天皇の死後の皇位継承の争いから自殺した大津皇子が祀られた。吉野には山人の国栖《くず》が居住していたが、吉野川の畔の宮滝には朝廷の離宮が設けられた。またその西北の山中の龍門寺は仙人の住処とされた。その一人の久米の仙人が飛行して向かったのが、生駒山とされている。また大和平野の南部の飛鳥には、中国の三神山（蓬萊、方丈、瀛洲）にちなむとされた畝傍《うねび》山、香具《かぐ》山、耳成《みみなし》山の大和三山があった。

時代は下るが『延喜式』神名帳には、笠置山系の都祁《つげ》水分《みくまり》神社・都祁山口神社・宇太水分神社・長谷山口神社・忍坂《おしさか》山口坐神社、生駒から葛城山系にかけての伊古麻・

巨勢・鴨・当麻《たいま》・大坂の山口神社と葛木水分神社、吉野山の吉野水分・吉野山口神社、大和三山の飛鳥山口坐神社・畝火山口坐神社・石寸《いわれ》山口神社・耳成山口神社・天《あめの》香山坐櫛真命《かこやまのくしまのみこと》神社というようにそれぞれの霊山の神社があげられている。その祭神は山口神社は大山祇命《おおやまつみのみこと》（伊古麻のみ大山咋《おおやまくい》神）、水分社は水分神で、吉野の金峰《きんぷ》山《せん》は金山彦・金山姫命、香久山は櫛真知命である。このように大和ではその周囲および中心の霊山のほとんどに山の神か水分神が祀られていたのである。また『延喜式』神名帳には各国に一～三社の霊山にかかわる神社があげられているが、そのほとんどは大山祇神を祭神としている。なお、和銅六年（七一三）に編纂を命ぜられた『風土記』には出雲十、播磨八、肥前四、常陸三の霊山があげられている。また『風土記』逸文では摂津二、伊勢・陸奥・丹後・筑前各一の霊山がある。ただしここでは祭祀される神名は祈雨（竜神）、稲・富（豊穂命）、石神など多様である（村山修一『山伏の歴史』塙書房）。当初の霊山の神はこうした性格のものだったのである。

　ところで『万葉集』には「カンナビ」を付した山（十三―歌の数・以下同様）、「ミモロ」を付した山（八）、さらには「ミモロのカンナビ」と付した山にかかわる歌が詠まれている。そしてこの多くが三輪山に関するものである。こうしたことから三輪山のように里に近く、鬱蒼とした円錐形の美しい山を神奈備《かんなび》型の霊山と捉えて、火山、死霊の籠る山、水分の山と並べて霊山の類型の一つとされている。けれどもカンナビは本来、神が隠れ籠る意味で、万葉集にも山のほかに杜（二）、川・崎・淵・原・里・神依坂・御田屋（各一）が末尾に付されている。また、みもろは御室すなわち神座をさしている。それゆえこの二つの語のいずれか、または両者が山に付された場合は、むしろ神が天降りする山を意味し、その代表的なものが三輪山とされていたと考えられる。ちなみに『万葉集』では、大和三山（十三）、二上山（九）、三輪山（六）が好んで歌われている。そしてこうした霊山の山口社などで、木綿《ゆう》（木綿のたすき）をかけて、手向け（幣を奉る）して祭りをしたことが詠まれている（佐佐木信綱・今井福治郎『万葉集　神事語彙解』有精堂）。

宣化三年（五三八）に百済の聖明王が仏像と経論を天皇に献上した。けれども天皇はこれを蘇我稲目《そがのいなめ》に託し、彼はこれを葛城で蕃神として祀っている。ところで吉野には僧侶が山居して修行した吉野寺（比曽寺《ひそでら》）があったが、この寺は欽明天皇一四年（五五三）に溝辺直《みぞべのあたい》が河内の海で発見した光を放った樟で仏像を造って祀ったのに始まるとしている。なお、天智天皇が六六八年（天智七年）に大津宮の北西に建立した崇福寺は志賀山寺と通称される山寺である。その後七世紀後半から八世紀前半には、高市郡の壺坂寺、葛城の高宮山寺、城上郡の長谷山寺（泊瀬《はつせ》上山寺）、八世紀後半には法器山寺、奥山久米寺、生駒山の生馬山寺、吉野近くの岡寺などの山寺が造られている。また『続日本紀』の文武天皇三年（六九九）の条によると、葛城山で修行した役小角《えんのおづぬ》が呪禁師《じゆごんし》の韓国連《からくにのむらじ》広足《ひろたり》の讒言《ざんげん》によって、妖惑《ようわく》の罪で伊豆に配流されている。

奈良時代（七一〇—七九四）の山岳信仰

大宝二年（七〇二）二月に制定された『大宝律令』には、山岳で修行を志す官僧に所属寺院の三綱（上座《じようざ》、寺主《じしゆ》、都維那《ついな》）の連署の上で政府に届け出て許可を得るよう命じている。そしてこの手続きを経ないで山で修行したり、山林修行者が巫術《ふじゆつ》によって吉凶を論ずることを禁じている。特に天平元年（七二九）に藤原氏に対抗した天武天皇の孫の長屋王が自殺においやられた時、天平宝字八年（七六四）に道鏡《どうきよう》を除こうとして藤原仲麻呂が反乱した時、延暦四年（七八五）の桓武天皇の信任が厚かった藤原種継《たねつぐ》暗殺の疑いをうけて憤死した早良《さわら》親王の事件後は、勅許を得ないで山林修行することをきびしく禁じている。これは山の民や山林修行者が政争に敗れた失意の人に同情することが多かったからである。けれども朝廷では、山林修行者を自己の管轄下においてその呪力を利用することは積極的に進め、神亀五年（七二八）一一月には智行僧九人を選んで山房に住まわせている。当時は官僧になるためには、まず優婆塞《うばそく》・

優婆夷《うばい》となって山林で陀羅尼《だらに》を唱え、金光明最勝王経、法華経を読誦《どくじゅ》して修行し、さらに沙弥《しゃみ》・沙弥尼として数年にわたって山林で沙弥行をした上で、得度して政府から度牒《どちょう》（証明書）を受けねばならなかった。このために山中には公認の山沙弥所が設けられていた。もっとも天平宝字二年（七五八）には、諸国の山林で十年以上にわたって修行した清行逸士には得度を許している。

こうしたこともあって、奈良時代には、東大寺初代別当となった良弁《ろうべん》が天平五年（七三三）に開き、のちにその寺地がそのまま東大寺となった金鐘寺《こんしゅじ》をはじめ、添下郡の瑜伽《ゆが》山寺・阿弥陀山寺・馬庭山寺、奈良東山の河内山寺、西山の万葉寺、竹渓山寺（すべて奈良近く）などの山寺が造られた。宇陀郡の室生山寺、真木原山寺もこの頃に開かれたものである。また葛城山で修行し、多くの民衆の帰依をあつめて、東大寺の勧進に携わった行基（六六八―七四九）、同じく葛城で修行して称徳天皇の寵を受けて法王となった道鏡（―七七二）、熊野で修行し、呪力で病気を治し、十禅師に選ばれた永興《えいこう》、吉野の金峰山で修行し、やはり十禅師になった広達《こうたつ》などのように政府に重用された山林修行者も現れた。

都の官寺の僧も山寺に籠って修行した。特に唐から渡来した元興寺の神叡《しんえい》（？―七三七）、勝悟《しょうご》（七三二―八一一）、護命《ごみょう》（七五〇―八三四）は吉野の比曾寺で虚空蔵求聞持法《もんじほう》を修して記憶力の増進を得る自然智宗《じねんちしゅう》という独自のあつまりを形成した。その後大安寺の道璿《どうせん》、その弟子の行表《ぎょうひょう》もこの比曾寺で修禅している。一方宝亀年間（七七〇—七八一）に室生山の竜穴で修行した興福寺の賢璟《けんきょう》（七〇五—七九三）は東宮の不予を延寿法を修して快癒させ、この地に室生寺を開基している。山寺居住の僧尼は読経、持戒、打鐘、写経、仏像・仏画や印仏《いんぶつ》の製作などの修行生活をおくっている。このほか、養老元年（七一七）には泰澄《たいちょう》が加賀の白山を開き、天平九年（七三七）には白山の本地仏の十一面観音の修法によって疱瘡の流行を鎮めている。また八世紀初頭には彦山で修行したとされる法蓮《ほうれん》が呪術で人々の病気を治し、養老五年（七二一）に朝廷から宇佐君の姓を賜っている。また鹿島の神宮寺を建立した万巻《まんがん》が天平宝字元年（七五七）から三年間にわたって箱根で修行し、延暦元年（七八二）には勝道《しょうどう》が日光二荒山《ふたらさん》に登り、同三年には山麓に中禅寺を開基している。このように地方の霊山でも山林修行が行なわれたのである。

平安時代（七九四—一一八五）の山岳信仰

平安時代に入ると、最澄（七六七—八二二）が比叡山で天台宗を、空海（七七四—八三五）が高野山を修行道場として真言宗を樹立した。近江の帰化人を祖とする最澄は吉野の比曾寺に籠って修禅した行表を師として得度し、その後比叡山に入った。延暦二三年（八〇四）還学生として遣唐使船で入唐し、天台山で天台の付法を受けて帰国して天台宗を開いた。そして比叡山に大乗戒の戒壇を設けて、受戒者は以後十二年間比叡山に籠居して修行することなどを定めた「山家《さんげ》学生式《がくしょうしき》」を朝廷に提出した。ただ、この戒壇設立や籠山制度は彼の死後勅許された。一方讃岐出身の空海は上京して官吏養成の大学に入ったが、仏道を志して退学し、私度僧として吉野の金峰山、伊予の石鎚、阿波の大龍岳、土佐の室戸岬などで修行した。その後密教に関心を持ち、最澄と同じ遣唐使の一行に加わって渡唐し、長安の青龍寺《しょうりゅうじ》の恵果《けいか》から灌頂《かんじょう》・秘法を授かって帰国した。その後、弘仁七年（八一六）に高野山を開いて修行道場とした。また同一四年（八二三）には勅賜された都の東寺を根本道場として真言宗を開いた。このように両者とも奈良時代以降の山岳修行の影響をもとに霊山を道場とする仏教を樹立しているが、その開教に至る経緯をみると、最澄は官僧、空海は私度僧的な修行をし、入唐中は最澄は天台山、空海は都の長安の青龍寺で受法している点が大きく異なっている。

その後天台宗では円仁（七九四―八六四）、円珍（八一四―八九一）が入唐して密教の伝授を受け、比叡山に密教を導入した。この天台宗の密教は台密と呼ばれ、東寺を拠点とした真言宗の東密と区別されている。なお、比叡山では円仁の弟子の相応《そうおう》（八三一—九一八）が、比良山《ひらさん》の葛川の滝で霊木のうちに不動明王を感得し、貞観七年（八六五）この木で刻んだ不動明王を本尊とする無動寺を開基し、後には回峰行の始祖とされた。彼は金峰山でも修行したとされ、その霊験が広く知られている。円珍は貞観八年（八六六）には近江の園城寺《おんじょうじ》を天台別院とした。その後正暦四年（九九三）円珍門徒は円仁門徒との比叡山上での争いをさけて、園城寺に移って寺門派と称した。これに対して比叡山は山門と通称している。一方真言宗では聖宝《しょうぼう》（八三二—九〇九）が東密二法流の一つ小野流（今一つは益信《やくしん》を祖とする広沢流）を開くとともに、山科に醍醐寺を開基した。ちなみに聖宝は金峰山で修行し、役行者以来途絶えていた峰入《みねいり》を中興させたとして、中世後期になる真言系の修験の当山正大先達衆《とうざんしょうだいせんだつしゅう》（近世に当山派となる）の祖として崇められた。なお時代はさかのぼるが、承和三年（八三六）朝廷では大和の金峰山・葛城山、近江の比叡山・比良山・伊吹山、山城の愛宕山、摂津の神峰山《かぶさん》を七高山に指定して、阿闍梨《あじゃり》に四十九日の薬師悔過《けか》を修させている。

　平安時代初期には遷都のことなどもあって政争があいついだ。また疫病が蔓延すると共に旱魃、地震、噴火、洪水、火災などの災害が絶えなかった。こうした状況にあって、世間では政争の犠牲になった人々への同情もあってか、災害は非業の死をとげた人たちの怨霊の祟りであるとした。

朝廷では怨霊の祟りを鎮めるための法会を、山岳で修行し霊験に秀でた密教僧（験《げん》者《ざ》と呼ばれる）に依頼した。その最初のものは、疫病の流行を早良親王など六人の怨霊の祟りとして、貞観五年（八六三）五月二〇日に京都の神泉苑で、比良山で修行した慧達《えたつ》（七九六―八七八）に行なわせた御霊会《ごりようえ》である。また菅原道真（八四五―九〇三）は藤原時平（八七一―九〇九）の謀略によって、大宰権帥《だざいのごんのそち》に左遷されて、この地で憤死した。その後時平らの病死、清涼殿への落雷などの災害があい続いた。その折、道真の霊が京都の右京七条に住む多治比の文子や近江比良宮の禰宜《ねぎ》神良種《みわのよしたね》の子太郎丸に憑いて、自分の怨霊が災因であることを告げた。また金峰山の笙《しよう》の岩屋で修行中の日蔵《にちぞう》（九〇五？―九八五）が金剛蔵王の導きで金峰山浄土に赴き、そこで太政威徳天となった菅原道真から自己の怨念が災因となっていることを教えられ、さらに地獄で苦しむ醍醐天皇に会って蘇生した。これらの託宣や他界での道真の怨霊の指示によって都に北野天満宮が祀られたのである。そして、その後寛和元年（九八五）には源信《げんしん》が『往生要集』を著し、阿弥陀の浄土への往生の希求がたかまった。

あいつぐ災害に加えて、承平から天慶（九三一―九四七）には平将門や藤原純友の乱がおこり、人々は現世よりも来世の極楽往生を願ったことから浄土信仰が盛んとなった。比叡山ではつとに円仁が五台山の引声《いんぜい》念仏を取りいれた常行三昧《じょうぎょうざんまい》の制度を設けていた。また釈迦の教えのみが残る末法の到来と、その最後に弥勒が出現して人々を救済するという末法思想にもとづいて、永承七年（一〇五二）から末法に入るとされた。そして吉野の金峰山が弥勒下生《げしょう》の地と信じられた。こうしたことから藤原道長は寛弘四年（一〇〇七）金峰山に詣で、自ら写経した法華経・阿弥陀経・弥勒経などを山上の経塚に納めて、釈尊の恩に報い極楽に往生して弥勒の下生にまみえることを祈念した。この後長和四年（一〇一五）には藤原頼通、寛治二年（一〇八八）と同四年に藤原師通《もろみち》、同六年には白河上皇が金峰山に詣でる御嶽詣を行なっている。これらはいずれも極楽往生し、弥勒下生にまみえることを願った道長と同様の信仰にもとづくと考えられるものである。

蔵王の導きで金峰山の他界に赴く日蔵上人　「北野天神縁起」断簡一幅

　院政期に入ると熊野が中央に知られるようになった。熊野は家津御子《けつみこ》神（本地阿弥陀）を主神とする本宮、速玉神《はやたま》（本地薬師）をまつる新宮、結神《むすび》（本地千手観音）をまつる那智の三山からなったが、やがて三山すべてにこの三神、さらに五所王子、四所明神もあわせた十二所権現がまつられ、別当が全体を支配していた。特に本宮は阿弥陀の浄土とされていた。寛治四年（一〇九〇）白河上皇は園城寺の増誉を先達（案内の宗教者）にして熊野に詣でられた。この時上皇は増誉を熊野三山検校《けんぎょう》に、熊野別当の長快を法橋《ほっきょう》に叙した。以来、熊野三山検校は園城寺高僧の重代職となり、熊野別当は中央の僧綱制《そうごうせい》につらなることになった。その後白河上皇は九回、鳥羽上皇二十一回、崇徳上皇一回、後白河上皇三十五回、後鳥羽上皇二十八回、土御門上皇二回というように、園城寺の高僧を先達とした歴代上皇の熊野詣が続き、それにあやかって貴族・武将、さらには土豪の多くも熊野に参詣した。こうしたことから金峰山と熊野が山岳修行の拠点となり、その間の大峰山系を抖擻《とそう》する修験道が育まれた。

3　中世の山岳信仰

鎌倉時代（一一八五―一三三三）の山岳信仰

鎌倉幕府が鎮守とした鶴岡八幡宮は、中世期は熊野三山検校を重代職とした寺門派の園城寺の末寺だった。そしてその別当は伊豆走湯山《そうとうざん》、京都の月輪寺、下野の鑁阿寺《ばんなじ》、安房の清澄寺《せいちょうじ》、箱根山、白山越前馬場の平泉寺《へいせんじ》、越後国分寺の別当を兼任した。また源義朝の菩提をとむらうために源頼朝が建立した鎌倉の勝長寿院《しょうちょうじゅいん》別当は日光中禅寺の別当を兼ねていた。そして日光山は源実朝の護持僧で寛喜四年（一二三二）大峰山の笙の窟に不動明王を安置した熊野修験の弁覚《べんかく》によって中興された。なお承元二年（一二〇八）には北条政子が熊野に参詣している。もっとも後鳥羽上皇は熊野詣を二十八回もしており、これに応えてか、上皇が反幕の兵をあげた承久の乱には熊野別当は上皇方についた。けれども敗戦の結果、熊野一山は幕府から多くの荘園を没収された。こうした状況においこまれた熊野では、山内の衆徒が、先達が導いてくる檀那（参詣宿泊者）に対して祈禱、宿泊、山内の案内をする御師《おし》（御祈禱師の略）となって、檀那の布施をもとに各自のまた一山の財政基盤の確立をはかった。その後、檀那を熊野に導いた在地の先達は、自己と彼らの住所氏名を記した願文《がんもん》を御師に提出し、それ以後の御師と檀那の関係（師檀関係）は恒常的なものとなった。こうしたことから御師にとっては檀那は一種の財産とみなされ、御師相互の間で、檀那が売買、譲渡、質入の対象となった。一方在地の先達はそれぞれの土地で檀那たちの加持祈禱、配札、近くの霊山の案内を勤めてその宗教的要請に応えていた。

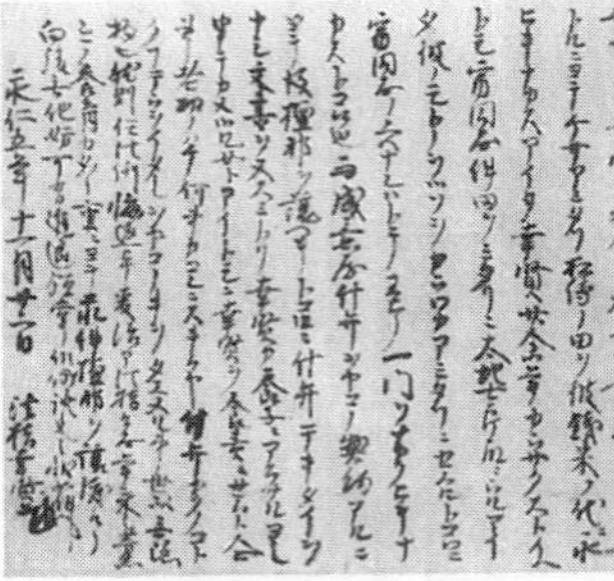
「法橋幸賢檀那譲状」　熊野那智大社蔵

峰入の拠点とされた熊野や金峰山では、山岳修行によって験力を修めた修験者——山伏——の集団が成立した。彼らは葛城山の役小角を理想的な行者（役行者）として崇め、役行者の金峰山での守護神の金剛蔵王権現感得譚や大峰山や熊野での修行の伝説が創られた。鎌倉初期には熊野から金峰に至る大峰山系、紀州の加太から二上山に至る葛城山系、笠置山系の霊地や大峰と熊野での役行者の伝説を記した『諸山縁起』が編まれている。

　これらの霊山の衆徒は大きな武力を持っていた。後醍醐天皇が護良《もりよし》親王を天台座主（法名は尊雲）としたのも、比叡山の衆徒を味方にするためである。また親王が吉野で討伐の兵をあげ、落城したものの建武三年（一三三六）後醍醐天皇が吉野で南朝を樹立したのも吉野の修験の武力を頼ってのことなのである。時代は前後するが、承元三年（一二〇九）には羽黒山衆徒が地頭大泉二郎の非を幕府にうったえ、嘉禄二年（一二二六）には白山衆徒、天福元年（一二三三）には金峰山衆徒がいずれも神輿を奉じて強訴している。また正慶二年（一三三三）には豊前の豪族宇都宮信勝が後伏見天皇第六皇子の助有法親王を彦山座主に迎えているのも、彦山衆徒の武力を掌握することをはかってのことなのである。

南北朝・室町時代（一三三三―一五七三）の山岳信仰

吉野で南朝を樹立した後醍醐天皇は、学頭坊の吉水院《きつすいいん》を皇居に定められた。天皇の帰依が厚かった東寺長者の弘真《こうしん》（文観《もんかん》）も吉野に移り、小野流の密教を金峰山にもたらした。そして金剛蔵王権現をはじめとする金峰山の諸仏や諸神の縁由をまとめた『金峰山秘密伝』を著した。この頃『金峰山雑記』『金峰山創草記』など金峰山一山の記録や行事をまとめた書物も作られている。室町期の金峰山は興福寺一乗院が検校を兼ねて、吉野では吉水院と新熊野《いまくまの》院が学頭を務めていた。一山には山下・安禅・山上の蔵王堂や石蔵寺を中心とした堂社が設けられ、これらの諸堂社で法要にあたる寺僧と堂社の維持に携わる堂衆、持経者・山伏・聖などから構成されていた。なお山上蔵王堂では堂衆や山伏によって峰入の儀式がなされていた。

室町期には興福寺・三輪山の平等寺・内山永久寺・高野山・法隆寺・正暦寺・霊山寺・松尾寺・吉野桜本坊など大和の諸大寺、近江の飯道寺《はんどうじ》、伊勢の世義寺《せぎでら》などに依拠した修験者は、聖宝を始祖に仮託して、当山正大先達衆と呼ばれる結社を形成した。そして全国各地を遊行して弟子を作り、峰入期間中に彼らが峰中の拠点とした大峰山中の小篠《おざさ》で集会して、大宿・二宿などの代表を決め、この代表が連署した補任状をそれぞれの配下の弟子に与えていた。

一方、二十代の熊野三山検校で園城寺長吏でもあった良瑜《りょうゆ》（一三三〇―一三九七）は文和三年（一三五四）大峰山の深仙《じんぜん》で修験独自の深仙灌頂を開壇した。これは大峰山系で修行するとともに、各地から檀那を熊野に導く熊野先達を掌握することを考慮してのことと思われる。なお、熊野三山検校職は次の二十一代の道意《どうい》以降は聖護院《しょうごいん》門跡の重代職となっていった。そして聖護院門跡は京都東山の若王子乗々院《にゃくおうじじょうじょういん》を熊野三山奉行にして熊野先達を掌握させた。ただ、応仁の乱以後は戦乱が続いたこともあって、熊野先達が檀那を熊野に導くことが困難になってきた。そこで二十三代熊野三山検校の道興《どうこう》（一四三〇―一五〇一）は積極的に全国を遊行して、各地の守護などに呼びかけて、熊野先達に一定の地域（霞《かすみ》と通称される）の檀那に対する祈禱、配札、身近な霊山登拝の先達を認可する補任を与えて、その活動を安堵した。こうした聖護院門跡や若王子乗々院によって統括された熊野系の修験は本山派と呼ばれる教派を形成した。

室町後期には、日光の出身で、彦山で修行した即伝《そくでん》の『修験修要秘決集』『修験頓覚速証集』『三峰相承法則密記』、熊野修験の『修験指南鈔』と永正（一五〇四―一五一一）頃になる『両峰問答秘鈔』などの修験道の儀軌や教義書が編まれている。

4　近世の山岳信仰

修験の動き

戦国時代には大きな武力を有する霊山の去就が戦国大名や武将の戦いを左右したことも少なくなかった。そうしたことから織田信長の意に反した比叡山が焼き討ちにあい、豊臣秀吉は根来寺《ねごろじ》を焼き討ちにした。ただ高野山は信長の高野攻めの失敗もあってか、秀吉が高野山の木食応其《おうご》（一五三七―一六〇八）を通して降伏させ、一山は戦火をまぬがれた。吉野山は天文三年（一五三四）に吉野飯貝の本善寺の一向宗門徒の焼き討ちにあった上に信長に寺領を没収されたが、秀吉の外護と木食応其の働きもあって復興した。地方では羽黒山は上杉氏と最上氏、富士山の村山修験は今川氏と北条氏、彦山は大友・龍造寺・毛利・島津らの争いに巻き込まれて荒廃した。ちなみに霊山を巡歴して神出鬼没の活動をする山伏は、戦国武将に間諜として利用されることが多く、忍者の源流をなすともいわれている。

こうしたことから徳川家康は慶長六年（一六〇一）五月二一日に高野山の学侶と行人の争いを禁じた『寺中法度』を定めた。そして江戸幕府は同一三年（一六〇八）八月八日に比叡山に対して衆徒が徒党を組むことなく学道に努めることを命じた『比叡山法度』、同一四年八月二八日の『相模大山寺《おおやまでら》法度』、同一七年五月朔日の『戸隠山法度』、同一九年三月一三日の『伯耆大山寺《だいせんじ》法度』、同年九月五日の『榛名山法度』、寛永一一年（一六三四）五月二日の『日光山法度』など諸霊山に対して一連の法度を出して、衆徒の不穏な動きや山内での争いを禁じ、学問に専念すること、坊舎、竹木などの勝手な処分を禁じている。

修験道に関しては、幕府は全国各地の配下を個別に掌握する袈裟筋支配を行なっていた当山正大先達衆を、聖宝が開基した醍醐三宝院に統括させて当山派と呼ばれる教派を結成させた。すなわち慶長八年（一六〇三）には本山派と当山派を各別（従属関係がない）とし、両者の間に混乱をおこさせないように命じた。そしてそれまでの本山派の霞内一円支配にもとづく、その地域内の当山派修験に対する入峰役銭や注連祓《しめばらい》役銭の徴収を禁止して、両者を競合させた。さらに慶長一八年（一六一三）には本山・当山両派に峰入諸役などを犯しあわぬように定めた修験道法度を出した。また延宝四年（一六七六）六月には羽黒山の山伏が本山派の霞内に居住することや、本山派と同様の金襴《きんらん》の結袈裟《ゆいげさ》を着用することを禁じている。

徳川家康は死後、朝廷から東照大権現の神号を受け、天海（一五三六―一六四三）が主張した山王神道の法式に従って日光山内の東照社に祀られた。幕府は上野に東叡山寛永寺を創設し、明暦元年（一六五五）同寺住職を天台座主、日光山主を兼任する輪王寺門跡とした。同門跡は日光の東照宮（一六四五改称）を管轄し、宗教界に君臨した。こうしたことから吉野金峰山・羽黒山・戸隠山など古来の修験霊山は本山派や当山派に入ることを快しとせず、輪王寺末となった。また江戸時代初頭は本山派に属した彦山も元禄元年（一六八八）二月一四日に輪王寺から別山の儀が認められて独立し、享保一四年（一七二九）には霊元法皇の意向で表記を「英彦《ひこ》山」とした。

江戸時代中期以降になると、本山派・当山派・羽黒・英彦山などに所属した修験者は地域社会に定住して、加持祈禱、配札、地域の霊山や身近な巡礼の先達、氏神や小祀の祭祀などに従事した。特に巫女を憑坐《よりまし》にして災因を明らかにする憑祈禱《よりぎとう》をしたうえで、憑《つ》きものおとしや調伏《ちょうぶく》の修法を行なった。当時の村落民は、豊穣や地域の守護は氏神、葬儀や追善供養は檀那寺、現世利益の希求は山伏に依頼していた。ただ氏神や小祀の祭り、葬儀のあと祓いを山伏に依頼することも多かった。こうした地域社会の人々の宗教生活に密着した活動をする修験者は里修験と呼ばれている。彼らは村落のみならず江戸や大坂などの都市に、町屋を借りて、託宣や祈禱をしたり、町々を徘徊することが多かった。これに対して、幕府では天保一三年（一八四二）に、出家、社人、山伏などが町屋に居を定めて新規に神事や仏事を行なうことを禁止している。

霊山登拝の盛行

近世中期以降になると民衆が積極的に霊山に登拝するようになった。大峰山では山上ヶ岳に大坂や堺の在俗者が講を組織して登拝し、元禄四年（一六九一）には山上蔵王堂の改築に貢献している。富士山や木曾御嶽でも講による登拝が盛行した。富士山ではすでに近世初頭に長崎出身の角行《かくぎょう》（一五四一―一六四八）が富士山の西南の山麓の人穴《ひとあな》に籠って修行して験力をおさめ、元和六年（一六二〇）には江戸市民に護符を授けて流行病を防いでいる。彼は正保三年（一六四六）富士の人穴で入定し、富士講の始祖と崇められた。その後伊勢国志摩郡出身の身禄《みろく》（一六七一―一七三三）は江戸で油の行商をしながら、富士の仙元《せんげん》大菩薩を信じ、富士行者月行《げつぎょう》の弟子となり、富士講の六世となった。そして享保一八年（一七三三）富士山八合目の烏帽子岩で弥勒の世の到来を祈念して入定した。同じ頃江戸で葛籠《つづら》屋をいとなむ富士行者の子として生まれた村上光清《こうせい》（一六八二―一七五九）は富士登拝をくり返し、富士吉田の浅間《せんげん》神社の改築に貢献した。当時江戸からの富士道者の多くが登拝口とした富士吉田では御師が彼らの宿泊、案内の便をはかった。この吉田御師の積極的な働きかけもあって、関東には数多くの富士講が結成され、富士山を模した富士塚が造られた。けれども民衆の動きをおそれた幕府は安永四年（一七七五）に富士講の呪文、奉加、焚きあげ（富士講独自の線香護摩）を禁止した。なお、富士講では身禄のあと七世を娘のハナが継承した。このこともあってか、女性の穢れを強調することも少なく、富士山出現の年にちなむ寛政一二年（一八〇〇）の庚申縁年には吉田口では四合四勺の御座石仙元社までの女性の登拝を認めている。

木曾御嶽では古来木曾山伏が七十五日の重精進の上で登拝していた。これに対して天明二年（一七八二）尾張国春日井の農民の覚明《かくめい》（一七一八―一七八六）は水行だけの軽精進で黒沢口から登拝した。その後寛政四年（一七九二）には秩父出身の本山派修験の普寛《ふかん》（一七三一―一八〇一）が、軽精進で王滝口から登拝した。彼は寛政六年（一七九四）には越後の八海山の登拝を地元の行者泰賢《たいけん》と共に再興し、その翌年には上野の武尊山《ほたかやま》を開いている。普寛は享和元年（一八〇一）武蔵の本庄で死亡し、同地に普寛霊神《れいじん》として祀られた。以後中部から関東にかけて数多くの御嶽講が結成された。これらの御嶽講は講祖に霊神号をつけ、御嶽山中にその遺徳をたたえる霊神碑を建立した。御嶽講ではそれぞれの教会の神殿や木曾御嶽の霊神碑の前で、前座が霊神碑や神壇を背にして座った中座に御嶽大神や霊神の霊を憑依させて吉凶や災因を聞く御座《おざ》が開かれている。

近世期には大峰・富士・木曾御嶽に限らず、全国の主要な霊山では山麓の登拝口の御師が、それぞれに有縁の先達が導いてきた道者に宿泊、祈禱、山内案内の便をはかっている。さらに御師は冬から春にかけては、先達の所に配札に訪れてその掌握をはかっている。ちなみに天理教の中山みきは長男が病気になったときに、祈禱に訪れた当山正大先達衆の内山永久寺配下の山伏の市兵衛の憑坐になったことを契機に天理王命を感得して開教した。また金光教《こんこうきよう》の教祖の川手文治郎は、石鎚行者から災因とされた方位神の艮《うしとら》（鬼門）の金神《こんじん》を天地金乃神と崇めて、これに全面的に帰依する金光教を開教している。このように幕末期の主要な新宗教には里修験や山岳登拝の先達の影響が認められるのである。

5　近・現代の山岳信仰

神仏分離・修験道廃止と霊山

明治政府は神仏を分離し、神祇官を中心とする神道国教化をはたすために慶応四年（一八六八）四月三日、別当あるいは社僧と称して神勤している僧侶を還俗させ、神勤する場合には神主・社人になることを命じた。そしてさらに権現、牛頭天王など仏語の神号を改めさせ、神社にある仏像、鰐口《わにぐち》、鐘、仏具の類を取り除くことを布達した。この神仏分離令の結果、霊山の神社では、中央から派遣された神道国教化の理念に燃えた宮司や、古来一山で僧侶に支配されていた神職による廃仏毀釈《はいぶつきしやく》が頻発した。そこで以下主要な霊山の神仏分離の状況を紹介しておきたい。

比叡山では山麓の坂本の日吉山王社《ひえさんのう》は座主宮のもとの三執行代によって管理されていた。これに対して神仏分離の布達を聞いた日吉山王社の社司樹下茂国《じゆげしげくに》の率いた神威隊が三執行代に神社本殿の鍵の引き渡しを求めたが、拒否された。そこで一行は鍵をこじあけて、社内の仏像、仏具、経巻のほとんどを取り出して焼き捨て、金属製の真榊を御神体として同社を延暦寺の支配から切り離した。日光山では東叡山寛永寺門主で天台座主、日光山主を兼務していた輪王寺門跡が還俗した。そこで栃木県庁では明治四年（一八七一）に二荒山《ふたらさん》神社と東照宮に各五百石を与えて、旧社家が神勤する形で独立させた。一方、満願寺《まんがんじ》と改称した輪王寺にも百石を与えて、二荒山神社・東照宮さらに中禅寺の二荒山神社中宮社の境内にある仏教施設を破壊するか、引き取るよう命令した。満願寺では明治七年（一八七四）に本坊を再興し、翌八年には二荒山神社境内にあった相輪橖《そうりんとう》を移築し、同一二年（一八七九）には三仏堂《さんぶつどう》を落成した。また中禅寺では立木観音堂を対岸に移転した。なお、明治一八年（一八八五）満願寺は輪王寺に復称することを許可された。

高野山では山麓の丹生都比売《にうつひめ》神社が独立した。また山上では明治二年（一八六九）に一山の学僧・行人・非事吏《ひじり》（聖）の三方の別を廃し、金剛峯寺《こんごうぶじ》の総号のもとに一体化した。修験道の中心道場の吉野一山では学頭の下に寺僧、満堂、聖・山伏などがいて、山上・安禅・山下の蔵王堂をはじめとする堂社の祭祀や維持にかかわっていた。そして山内の金峰・水分・勝手などの諸社は、社僧と禰宜《ねぎ》が祀っていた。これに対して、慶応四年（一八六八）の神仏分離令後、一部の禰宜が吉野一山の寺院の支配から独立する運動をしたが、成功しなかった。けれども明治七年奈良県社寺方が金峰神社を本社とし、山下の蔵王堂を口の宮、山上のそれを奥の宮とし、一山の葬式寺以外のものは復飾してこれらに奉仕するように命令した。この時近世以来大峰山中の小篠を管理していた吉野郡天川村洞川《どろがわ》では、小篠の堂を山上ヶ岳に移して山上蔵王堂の秘密の役行者像を祀った。ところが登拝者は山上の金峰神社奥の宮にほとんど参らず、この行者堂のみに参詣した。こうしたことから吉野一山の修験寺院は仏寺復興を願い出て許可され、明治一九年（一八八六）には山上・山下の蔵王堂も仏寺となった。けれども山上蔵王堂は秘密の行者像も旧に復して同堂に祀ったこともあって、吉野山と洞川の共同管理となり、名称も大峯山寺《おおみねさんじ》と改められた。

熊野三山は近世期には本宮、新宮、那智も神社が中心となっていた。ただし、那智は西国三十三観音巡礼第一番札所の如意輪堂を擁していた。こうしたことから那智では如意輪堂が天台宗に属し、青岸渡寺《せいがんとじ》と名称をかえて独立した。出羽三山では明治六年（一八七三）旧神祇官の西川須賀雄が宮司となり、山内で廃仏毀釈をするとともに、羽黒・月山・湯殿山をあわせて出羽三山神社とし、山麓の手向《とうげ》の妻帯修験を神社が組織した赤心報国教会という講社に加入させた。けれども一部の修験は羽黒山本坊の荒沢寺のもとにまとまり、現在も旧来の修験の伝統を保持している。一方湯殿山でも真言宗寺院がミイラ信仰などをもとに仏寺として活動した。また英彦山は、幕末期に尊皇《そんのう》の山伏が活動したこともあって、英彦山神宮にほぼ一本化された。

神仏分離は各地の霊山や里修験を統括してきた本・当両派の総本山にも大きな影響を及ぼした。すなわち本山派では明治元年（一八六八）聖護院門跡雄仁《ゆうにん》法親王が還俗した。また当山派の三宝院でも同四年、童形門跡の易宮が還俗して閑院宮載仁《かんいんのみやことひと》親王と

聖護院を出る修験者　提供：聖護院

醍醐寺総門　提供：総本山醍醐寺

なった。地方の里修験の中にも還俗したり、復飾して神勤するものが多かった。こうしたことから聖護院と三宝院の修験本山では明治三年（一八七〇）九月一五日の修験者は仏徒とみなすとの通達にもとづいて、地方の修験に対して、復飾は神社へ僧形で奉仕する修験者に対するもので、仏式の儀礼を行なうことはかまわないと通達している。けれども明治政府は明治五年（一八七二）太政官布告により、修験宗を廃止して、修験者は本寺所轄のまま天台・真言の仏教教派に帰入するように命じた。

なおこの修験宗廃止令が出された背景には典型的な神仏習合形態の修験を仏教化するとともに、無檀、無住の修験者が憑祈禱、うらない、まじないなどの呪術的活動をすることを防ぐ意図もあったと考えられる。

仏教教団内の修験と霊山信仰

修験宗廃止令により仏教教団に所属するように命じられた修験は、聖護院を本寺とした旧本山派・吉野修験・羽黒修験は天台宗に、三宝院に統括されていた当山派は真言宗に所属した。その後明治七年（一八七四）五月に天台宗から寺門派が独立した際に、旧本山派の修験は寺門派に所属した。また旧当山派は明治二八年（一八九五）の真言宗分裂の際に真言宗醍醐派に所属した。そしてそれぞれの教団内で修験の活動を行なった。その主要なものをあげると、聖護院では明治一九年（一八八六）の大峰山の深仙での深仙灌頂の開壇、大正一二年（一九二三）の機関誌『修験』の刊行、昭和九年（一九三四）の京都の講社を結集した平安聯合会の結成が注目される。また三宝院の活動には明治四一年（一九〇八）の聖宝（理源《りげん》大師）の一千年忌、明治四二年の機関誌『神変』の刊行、明治四三年の当山派修験独自の恵印《えいん》灌頂の開壇などがある。明治四三年には洞川の龍泉寺《りゅうせんじ》が三宝院末となっている。三宝院ではその後昭和三年（一九二八）に京阪醍醐講社を結成している。

江戸時代中期に成立した富士や木曾御嶽の講社は明治期になると教派神道に展開した。まず富士講関係では明治一五年（一八八二）に角行の流れをくむ富士道の柴田花《はな》守《もり》（一八〇九―一九〇〇）が実行教を結成した。一方明治六年（一八七三）に富士山麓の富士宮・上吉田・川口・村山・須走《すばしり》の五つの浅間神社宮司を兼任した宍野半《ししのなかば》（一八四四―一八八四）は、当時最大の勢力をもった丸山講、村上光清の流れをくむ村上講などを含む富士講を大同団結して明治一五年（一八八二）に扶桑《ふそう》教を設立した。一方、木曾御嶽の講社は下山応助《おうすけ》によって結集されて明治六年（一八七三）に御嶽教会となり、平山省斎《ひらやませいさい》（一八一五―一八九〇）が組織した大成教に加わった。そして明治二五年（一八九二）に御嶽教として独立したが、その直前に下山が出奔し、御嶽教は大成教の平山が初代管長を兼任し、その後も外部から管長を迎えた。けれども、昭和一二年（一九三七）生粋の御嶽行者渡辺銀次郎が八代目の管長になって教団体制を確立した。なお明治末から昭和初期にはこのほかでも在俗者が講を結成して大峰山、岩木山、出羽三山、日光二荒山、高尾山、武州御岳、相模大山、白山、立山、石鎚山、英彦山などの霊山に登拝することが盛んに行なわれた。また昭和戦中期には皇民練成の一環として山岳登拝がすすめられた。

現代の山岳信仰

太平洋戦争の敗戦後、昭和二〇年（一九四五）一二月一五日には連合国軍総司令部

（ＧＨＱ）から神道指令が出され、国家神道が廃止され、同一二月二八日には宗教法人令が公布され、政教分離、信教の自由、宗教法人の登記による成立などが定められた。この宗教法人令の施行にともなって、明治政府によって廃止されて仏教教団に属した修験教団が相次いで独立した。その主なものには旧本山派では聖護院の修験宗（昭和五五年〈一九八〇〉に本山修験宗と改称）・岡山の児島五流の「修験道」、旧当山派の真言宗醍醐派、吉野修験の大峯修験宗（昭和二七年に金峯山修験本宗と改称）、羽黒山の羽黒山修験本宗、湯殿山の新義真言宗湯殿山派などがある。これらの教団では古来の峰入などの修験道儀礼を復活すると共に、包摂した霊山の御師・先達、寺院・教会を掌握して教勢をのばしていった。教派神道系では扶桑教と実行教のほかに丸山教が設立登記し、木曾御嶽では御嶽教のほかに黒沢口の御嶽神社宮司武居誠が氏子や関係講社を結集して御嶽本教を設立した。なお、御嶽教からは十五近くの教団が分派独立している。そのほかの霊山では相模大山の大山阿夫利《あふり》神社本庁、鞍馬山の鞍馬弘教、石鎚山の石鎚本教（石鎚神社）・真言宗石鉄派（前神寺）・石鎚山真言宗（極楽寺）・石土宗（石中寺）などがある。また真言宗醍醐派からは、解脱《げだつ》会《かい》・真《しん》如苑《にょえん》などの修験系新宗教が分離独立している。

戦後、国・市町村などからの財政支援を絶たれ、農地改革によって土地も失って財政基盤が崩壊した神社は、直接民衆に働きかけて信者をふやす必要に迫られた。その際、明治政府の神仏分離政策によって神社が主体となった旧修験霊山では、山岳を神霊の居所としてそこに斎場を設けたり、修験道場とすることによって登拝者の心をつかまねばならなかった。こうしたことから山岳神社では、山開き、山閉いの行事を盛大に行ない、山麓の御師や各地の先達に働きかけて登拝を呼びかけた。そしてかつて修験が行なった行事を復活させたり、近世末の登拝講の組織を強化した。主なものには、出羽三山神社の峰入や松例祭《しょうれいさい》、二荒山神社の湖上祭・灯籠流し、富士吉田の浅間神社の火祭、大神《おおみわ》神社の御灯祭、熊野那智大社の扇祭、新宮の神倉《かんのくら》神社の御灯祭、英彦山神宮の御田祭、阿蘇神社の火振《ひぶり》神事などがある。また、熊野などでは権現の通称を復活させている。そのほか信者の要望に応えて、霊山に祖霊社を建立した（出羽神社、大山阿夫利神社、石鎚神社）。さらに地元の観光協会の支援のもとに霊山の風光・名勝、さらには特殊神事を一般の人々に宣伝することを試みている。これは何も山岳神社に限らず、山岳寺院、教派神道系の霊山でもこうした試みを積極的に行なっているのである。

山岳信仰の歴史年表

西暦	和暦	事項
五三八	宣化　三	仏教公伝（百済の聖明王仏像と経論を朝廷へ贈る）。
六六八	天智　七	天智天皇、大津宮に志賀山寺（崇福寺）建立。
六七一	天智一〇	大海人皇子、吉野に入る（翌年、壬申の乱）。
六九九	文武　三	役小角、呪術による妖惑の罪で、伊豆配流。
七〇二	大宝　二	山岳修行の官僧に届け出を命じる。
七一〇	和銅　三	平城京（奈良）に遷都。
七一七	養老　元	行基の活動を禁圧。この年、泰澄、白山を開山と伝える。
七二一	〃　五	法蓮の禅行と医術を賞でて、三等以上の親族に宇佐君姓を賜る。
七二八	神亀　五	朝廷智行僧九人を山房に住まわす。
七二九	天平　元	山林で修行することを禁ずる。
七三三	〃　五	良弁金鐘寺を開く。
七四五	〃一七	行基を大僧正に任命。
七五七	天平宝字元	この年より三年間、万巻上人が箱根山で修行と伝える。
七五八	〃　二	山林で十年以上修行した者に得度を許す。
七六二	〃　六	道鏡、宿曜秘法により孝謙上皇の病を療する。
七七〇	宝亀　元	山林修行を許す。
七八二	延暦　元	勝道が二荒山初登頂と伝える。
七九四	〃一三	平安京（京都）に遷都。
八〇五	〃二四	最澄、天台宗を伝える。
八一六	弘仁　七	空海、高野山に道場を開く。
八一八	〃　九	最澄、山家学生式の裁可を請う。

西暦	和暦	事項
八三六	承和　三	金峰・葛城・比叡・比良・伊吹・愛宕・神峰の諸山を七高山に指定し、阿闍梨に四十九日の薬師悔過を修させる。
八五一	仁寿　元	円仁、唐の五台山の念仏三昧の法を模し、比叡山で常行三昧を修す。
八五八	天安　二	円珍、園城寺（三井寺）に新羅明神を祀り、仏教鎮護の神とする。この年、比叡山に白山比咩神を遷座し、客人権現と称すと伝える。
八六三	貞観　五	神泉苑で御霊会を修し、崇道天皇・伊予親王・藤原薬子・藤原仲成・橘逸勢・文室宮田麻呂らの霊を祀る。
八六五	〃　七	相応、比叡山に無動寺を建立する。
八六六	〃　八	園城寺、天台別院となる。
八六八	〃一〇	円珍、第五世天台座主となる。
八七四	〃一六	聖宝、醍醐寺を創建という。
九〇〇	昌泰　三	宇多法皇、金峰山に御幸し、助憲を金峰山検校に任ずる。
九〇九	延喜　九	藤原時平の病に際し、浄蔵が加持をすると、道真の怨霊が出現。
九三五	承平　五	承平・天慶の乱始まる。
九八五	寛和　元	源信『往生要集』を著す。
一〇〇七	寛弘　四	藤原道長、金峰山に参詣。
一〇五二	永承　七	この年より末法に入るとされ、末法思想・浄土思想流行する。
一〇八八	寛治　二	藤原師通、金峰山に参詣。
一〇九〇	〃　四	白河上皇、熊野御幸の先達を勤めた園城寺の増誉を熊野三山検校に補し、聖護院を賜わる。
一〇九四	嘉保　元	大宰大弐藤原長房、彦山僧徒の強訴を怖れて京都に帰る。

一一〇〇	康和　二	増誉、園城寺長吏となる。
一一〇九	天仁　二	藤原宗忠熊野詣にあたり、新宮師房を御師とする（御師の初見）。宗忠、湯の峰で熊野の客僧（山伏）に僧供を授ける（客僧の初見）。
一一九二	建久　三	頼朝、鎌倉幕府を開く。慈円、天台座主になる。
一一九八	〃　九	後鳥羽上皇熊野御幸（以後二十七回）。
一二〇九	承元　三	羽黒山衆徒、地頭大泉二郎の押領を訴える。
一二一九	承久　元	熊野那智の長済檀那を譲渡（檀那文書初見）。
一二二一	〃　三	承久の乱。この時、熊野別当朝廷側につく。
一二二六	嘉禄　二	白山神輿振り。
一二三二	貞永　元	熊野修験弁覚大峰笙の岩屋に不動明王像を安置。

一二三三	天福　元	智定房、熊野那智の浦から補陀落渡海。金峰山衆徒、神輿を奉じて強訴。
一二七四	文永一一	一遍、熊野で念仏賦算の神示を受ける（時宗の成立）。
一三三三	元弘三 正慶二	鎌倉幕府滅、助有法親王、彦山座主になるという。
一三三六	延元元 建武三	後醍醐天皇、吉野へ移る（南北朝分立）。
一三三七	延元二 建武四	『金峰山秘密伝』成立。この頃『金峰山雑記』、『金峰山創草記』が編まれる。
一三五四	正平九 文和三	聖護院の良瑜、大峰山で深仙灌頂を開壇。
一三九二	元中九 明徳三	南北朝の合一なる。
一四六七	応仁　元	応仁の乱起こる。
一四八六	文明一八	道興、北陸・関東を廻国。
一五二五	大永　五	この頃、即伝『三峰相承法則密記』を著す。

西暦	和暦	事　項
一五三四	天文　三	吉野山上、一向宗門徒に焼き討ちされる。
一六〇二	慶長　七	三宝院門跡義演、佐渡大行院に金襴地袈裟を許す（本山・当山の争い激化）。
一六〇三	〃　八	家康、江戸幕府を開く。本山・当山各別とする。
一六〇七	〃一二	関東の本山派山伏、真言宗の諸寺からの入峰役銭徴収を禁止される。
一六一三	〃一八	家康、天海を日光山別当に補す。修験道法度を定める。
一六一四	〃一九	吉野一山へ禁制が出される。この頃、天海、吉野学頭となる。
一六一六	元和　二	高野山行人の木食応其、吉野山上蔵王堂再興。
一六二五	寛永　二	東叡山寛永寺創建。三宝院門跡が当山派正大先達に、三宝院の修験正統を告げる。聖護院門跡道晃、峰入。
一六四一	〃一八	天宥、羽黒山一山を東叡山末とする。
一六四六	正保　三	角行（富士講の始祖）、富士の人穴で入定。
一六五五	明暦　元	東叡山住職を天台座主、輪王寺門跡とする。
一六七六	延宝　四	羽黒山御条目、制定。
一六八八	元禄　元	彦山、「天台修験別本山」の地位を確立し、聖護院から離れる。
一六九一	〃　四	吉野山山上蔵王堂造替。
一六九三	〃　六	聖護院門跡道尊、大峰山へ峰入。
一七〇〇	〃一三	三宝院門跡高賢、大峰山へ峰入。高賢、江戸戒定院を鳳閣寺と改称し、当山派諸国総袈裟頭とする。
一七〇七	宝永　四	聖宝に理源大師の諡号が授けられる。富士山噴火。

一七三三	享保一八	食行身禄、富士山烏帽子岩で入定。
一七七五	安永　四	幕府、富士講の呪文・奉加・焚きあげを禁止。
一七八二	天明　二	覚明、軽精進で木曾御嶽山に登る。
一七九二	寛政　四	江戸の修験者普寛、木曾御嶽王滝口を開く。
一七九九	〃一一	役行者一千百年遠忌。役行者に神変大菩薩の諡号が授けられる。
一八〇〇	〃一二	庚申縁年に富士四合四勺まで女性の登拝を認める。
一八〇四	文化　元	三宝院門跡高演大峰山へ峰入。
一八三二	天保　三	当山派の行智、『木葉衣』を著す。
一八四二	〃一三	俗人が山伏・修験になることを禁ずる。出家・社人・山伏の町方居住禁止。

一八六八	明治　元	明治維新。神仏分離令出される。聖護院門跡還俗。熊野三山、神社となる。
一八七〇	〃　三	神祇官、修験者を仏徒となす旨の通達を出す。
一八七一	〃　四	日光山を二荒山神社、東照宮と満願寺に分離。吉野蔵王堂金峰神社となる。
一八七二	〃　五	修験宗を廃して天台・真言両宗へ帰入させる。
一八七四	〃　七	天台宗、山門派と天台寺門派とに分裂。
一八八二	〃一五	神道扶桑教設立。
一八八六	〃一九	金峯山寺の山上山下蔵王堂・喜蔵院、仏寺に復帰。聖護院、大峰山にて深仙灌頂会施行。
一八九二	〃二五	御嶽教設立。
一九〇三	〃三六	真言宗醍醐派恵印部（修験）を設立。

西暦	和暦	事　項
一九〇八	〃四一	三宝院、理源大師一千年忌を行なう。
一九〇九	〃四二	三宝院、機関誌『神変』を発刊。
一九一〇	〃四三	大逆事件。洞川龍泉寺、三宝院末となる。
一九二三	大正一二	聖護院、機関誌『修験』を発刊。
一九二八	昭和　三	三宝院、京阪醍醐講社をつくる。
一九三四	〃　九	聖護院、平安聯合会を組織する。聖護院、神変大菩薩降誕千三百年記念願経埋納入峰を行なう。
一九三九	〃一四	宗教団体法公布。
一九四五	〃二〇	敗戦。宗教団体法廃止、宗教法人令公布。
一九四六	〃二一	聖護院、天台寺門宗から独立し、修験宗を設立。
一九四八	〃二三	金峯山寺、大峯修験宗（現金峯山修験本宗）を設立。
一九五一	〃二六	宗教法人法公布（宗教法人令廃止）。
一九八五	〃六〇	大峯山寺解体修理（金の仏像発掘）。
二〇〇〇	平成一二	役行者一千三百遠忌。

第五章　各地の主要霊山

1　近畿の霊山

霊山の取り上げ方

日本ではほとんどの山岳が何らかの形で信仰の対象となっている。こうしたこともあって、これまで全国各地の霊山の個別研究は数多くなされている。また『山岳宗教史研究叢書』（名著出版）のように、各巻を地域ごとの主要霊山にあてた叢書も刊行されている。けれどもそれぞれの地域における霊山の相互関係は必ずしも充分に言及されていない。それに加えて、特に主要霊山は前章でも見たように、自然宗教的な山の信仰に淵源を持ちながらも、その後、霊山の宗教の主体が古代には仏教、中世には修験道、近世には民衆の山岳登拝、近代の神仏分離以降は神社というように展開したが、信者の側では、これらを習合した形で受けとめている。

そこで、本章ではこうしたことを考慮に入れて、各地の主要霊山を開山伝承、その歴史に見られる重要な展開、現在の組織と儀礼に焦点をあてて紹介することにしたい（一六〇―一六二頁の「霊山の分布」参照）。その際に個々の霊山のその地域、さらには中央の霊山とのかかわりにも目をくばることにする。こうしたことから、まず中央の近畿地方の霊山、ついで北から順に各地方を取り上げる。ただし、特に前章など本書のほかの部分でふれた事項は割愛した。また頁数の関係もあるので、必ずしもすべての霊山について上記の三項目についてふれていないことをあらかじめおことわりしておきたい。

奈良と和歌山の霊山――吉野と熊野ほか

現在吉野山では、山内の東南院・桜本坊・龍王院などが金峯山寺《きんぷせんじ》（蔵王堂）を総本山として、それぞれの全国各地の配下の修験者を結集して金峯山修験本宗を結成している。けれども山内の喜蔵院《きぞういん》は本山修験宗、大日坊は真言宗醍醐派に所属し、竹林院《ちくりんいん》は単立寺院となっている。一方、神社には古来の勝手神社、吉野水分《みくまり》神社、金峰神社とかつて学頭寺だった吉水《よしみず》神社（旧吉水院《きっすいい》）がある。ただ、前章でも述べたように山上ヶ岳（一七一九メートル）の大峯山寺（旧山上蔵王堂）は、吉野山と天川村洞川《どろがわ》に共属している。そして、洞川にある真言宗醍醐派の龍泉寺が、吉野側の東南院・桜本望・喜蔵院・竹林院と共に大峯山寺の護持院となっている。ちなみにこの五院はいずれも山上ヶ岳で宿坊を経営している。なお、大峯山寺は金峯山修験本宗・本山修験宗・真言宗醍醐派の三本山に共属し、吉野山と洞川各三人（区長一人を含む）の地元信徒総代と近世以来大峯山寺を支えてきた大阪と堺各四の八嶋役講《やしまやっこう》選出の特別信徒総代（各講一人計八人）によって支えられている。そして当番の護持院（洞川側は龍泉寺、吉野側は四院が二年ごとにかわる）の納所《なっしょ》と、入札で決定される吉野山側・洞川側各一人の世話人が大峯山寺の五月三日の戸開けから九月二三日の戸閉めまでの間、同寺の具体的な運営にたずさわっている。なお吉野から山上ヶ岳・弥山・釈迦ヶ岳をへて熊野に至る大峰山系は、古来修験道の道場として知られている。

熊野は本宮、新宮、那智の三山からなっている。このうち本宮には熊野本宮大社がある。同社は、熊野川と音無川の合流点の中洲にあったが、明治二二年（一八八九）に洪水で流され、現在は近くの丘の上に移転している。新宮には、熊野川の傍らに熊野速玉大社が鎮座する。なお同社の背後の権現山の西端にはゴトビキ岩と呼ばれる巨岩を御神体とする神倉神社がある。那智では、那智大滝の信仰に淵源を持つ熊野那智大社と、西国巡礼第一番の札所である青岸渡寺が甍《いらか》を並べている。この両者の背後の

現在の熊野三山（上から熊野本宮大社・熊野速玉大社・熊野那智大社） 提供：各社

妙法山（一七七六メートル）は死霊のあつまる山とされ、阿弥陀寺がある。また山麓のかつて補陀落《ふだらく》渡海がなされた那智の浜には浜宮と補陀洛山寺がある。

奈良県の大和平野の東には三輪山、西には大津皇子をまつった二上山《にじようさん》（五一七メートル）がある。二上山から南に金剛山、そこから西に和泉葛城をへて和歌山市の友ヶ島に至る葛城山系では、現在も部分的に峰入修行がなされ、金剛山転法輪寺《てんぽうりんじ》・中津川高祖堂・犬鳴山七宝滝寺《しっぽうりゅうじ》などの修験寺院が点在する。また大和の北の笠置山《かさぎやま》（二八八メートル）は金峰山と共に弥勒の浄土とされ、この笠置山系に属する奈良の三笠山（二八三メートル）には春日大社の本宮社がある。一方、大阪と奈良との境をなす生駒山系には元山上《もとさんじよう》の千光寺、聖天を祀る生駒山宝山寺、毘沙門天を祀る信貴山朝護孫《ちようごそん》子寺《しじ》などがある。このうち元山上は山上ヶ岳にちなむ山で近世期に女性の登拝を認めていたことから女人山上とも呼ばれていた。和歌山県には空海が開いた高野山がある。この山は真言密教の道場として知られるが、空海の入定信仰や高野聖の活動もあって、奥院を中心とした霊地の納骨が現在も盛んに行なわれている。

京都・滋賀・大阪・兵庫ほかの霊山

京都には西北に祈雨と止雨の神とされる高龗《たかお》神《かみ》を祀る貴船《きぶね》山（七〇〇メートル）の

貴船神社、毘沙門天を祀り、竹伐会《たけきりえ》で知られる鞍馬山（五八〇メートル・鞍馬弘教総本山鞍馬寺）がある。市内に入ると、上賀茂神社の神山、糺森《ただすのもり》の下鴨神社がある。西方には平安遷都に際して王城鎮護の神として、唐の五台山から勧請され、中世以降は天狗と火災除けで知られる愛宕山（九二四メートル）がある。東南には聖宝が如意輪観音を祀った上醍醐の笠取山（三七一メートル）がある。なおこの山麓の下醍醐の三宝院は当山派修験の総本山である。南には、稲荷行者が修行する万余の「お塚」を擁する伏見稲荷の稲荷山（二三九メートル）、南西の木津川と桂川の淀川への合流点を見下ろす男山《おとこやま》（一四三メートル）には、宇佐八幡から宗廟の神として勧請された石清水八幡が鎮座している。

滋賀県の比叡山（八四八メートル）は最澄の開山以前は日枝山と呼ばれ山の神がまつられていた。そして最澄が延暦寺を開基してからは日吉山王社と称して、同寺の鎮守となっている。比良山（一一〇〇メートル）は貞観五年（八六三）に神泉苑で早良親王など六人の怨霊を鎮める御霊会を行なった慧達《えたつ》が修行した霊山である。また、比叡山回峰行の祖とされる相応（八三一—九一八）が、比良山系の葛川の滝で不動明王を感得し、そこに建立した葛川明王院は現在も回峰行の重要な行場となっている。なお、甲賀の飯道山《はんどうさん》（六六四メートル）の修験は当山正大先達として活躍し、甲賀忍者はその流れをくむともされている。このほかでは岐阜県との県境の伊吹山（一三七七メートル）が、日本武尊《やまとたけるのみこと》が大蛇と化した山の神の祟りで死亡した霊山として知られている。この山には元慶二年（八七八）、三修《さんしゅう》が薬師如来を本尊とする護国寺を開き、中世後期は修験の道場として繁栄した。

三重県では伊勢神宮の奥院ともいわれた虚空蔵菩薩を祀る朝熊《あさま》ヶ岳（五五五メートル）が注目される。この山は伊勢平野を潤す水分の山であると同時に死霊のいる山として知られている。山頂には臨済宗の金剛証寺《こんごうしょうじ》があり、盆、彼岸、故人の年忌ごとに塔婆供養に登拝する人でにぎわっている。なお伊勢では当山正大先達衆の重鎮だった世義寺が現在も活発な活動を行なっている。

大阪では箕面山《みのおさん》（三五五メートル）が、役行者がその東側の滝で竜樹《りゅうじゅ》から受法し、最後は母を鉢に乗せて一緒に渡唐したとの伝説で知られている。現在は本山修験宗の滝安寺《りゅうあんじ》がある。兵庫県では淡路島の論鶴羽山《ゆづるは》（六〇八メートル）が、『熊野権現御垂迹縁起』に中国天台山の地主神の王子信《おうじしん》が熊野権現として本宮に鎮座するに先立って彦山、石鎚についで立ち寄った霊山とされている。神戸市北部の六甲山系の摩耶山《まやさん》（六九九メートル）には、法道《ほうどう》仙人の開基と伝える天上寺がある。摩耶の名は釈迦の母の名にちなんでいる。姫路市の郊外には康保三年（九六六）に法華持経者の性空《しょうくう》

（九一〇—一〇〇七）が開いた書写山《しょしゃざん》（三六三メートル）がある。彼は不動・毘沙門の化身とされる乙丸、若丸の護法を使役したとされる。現在は天台宗円教寺があり、西国巡礼第二十七番の札所となっている。一月一八日には乙丸、若丸の鬼踊りがある。

2　東北の霊山

出羽三山と出羽国の霊山

山形県の西北部に位置する羽黒山（四一九メートル）、月山（一九八四メートル）、湯殿山（一五〇〇メートル）は出羽三山と総称されている。その中心をなすのは月山で、羽黒山は月山の端山《はやま》ともいえるもの、湯殿山は月山の奥院とされ湯を出す岩を御神体としている。永治元年（一一四一）になる『羽黒山縁起』によると崇峻《すしゅん》天皇の第三王子参弗理《さぶり》の大臣が諸国遍歴の折、烏の導きで羽黒山の杉の大木の下に観音を発見して祀り、さらに月山で阿弥陀如来、湯殿山で大日如来を感得したという。中世・近世を通して、修験道場として盛行した。もっとも中世期には羽黒・月山・葉山（もしくは鳥海山）を出羽三山と称した。その後近世初頭の別当・天宥《てんゆう》が羽黒山を日光山輪王寺門跡末とし、三山すべてを天台宗にしようとしたが、湯殿山はこれに反対して真言宗として存続した。ただ現在は出羽神社（羽黒）・月山神社・湯殿神社の三社をあわせて出羽三山神社と総称し、羽黒山上に三山合祭殿が設けられている。このほか羽黒山では荒沢寺《こうたくじ》を本山とする羽黒山修験本宗が古来の修験の峰入を伝え、湯殿山の注《ちゅう》連寺《れんじ》は新義真言宗湯殿山派を形成し、行人のミイラを祀って独自の信者を集めている。

湯殿山の行人のミイラ

葉山（一四六二メートル）は山形県寒河江《さがえ》市の慈恩宗総本山瑞宝山慈恩寺《じおんじ》の奥院とされている。山上には古来白磐神・葉山権現が祀られ、近世期には大円院を中心とする十二坊が葉山派の修験を標榜した。福島県に広く見られたハヤマと呼ばれる里山で作神《さくがみ》を憑坐《よりまし》に憑依して託宣を得るハヤマ祭りは、彼らによってもたらされたとも考えられる。

鳥海山（二二三六メートル）は山形と秋田の県境にあるコニーデ型の火山で、山頂の山形県側に鎮座する大物忌《おおものいみ》神社は出羽国一宮《いちのみや》とされている。山麓の吹浦では筒粥《つつかゆ》神事、蕨岡《わらびおか》では種蒔神事がなされている。また杉沢や蕨岡では番楽《ばんがく》と呼ばれる独自の山伏神楽を伝えている。

山形市東北の山寺《やまでら》（九〇六メートル）は円仁が東北巡錫《じゅんしゃく》の際マタギの磐司《ばんじ》・磐三郎からこの山を譲られて、比叡山延暦寺別院として薬師如来を祀る根本中堂を中心とする立石寺を開いたとされている。全山が岩山で洞窟や岩陰には歯骨などが納められ、供養碑が立てられている。江戸期には裏の高野と呼ばれた。同市の東南の蔵王山《ざおうさん》（刈田嶺《かったみね》とも一八四一メートル）は刈田嶺神を祀っていたが、平安末頃に蔵王権現が勧請されたことから蔵王山と呼ばれるようになった。山形県上山市金屋と宮城県刈田郡宮村の両所に里宮の刈田嶺神社がある。このうち宮村の里宮では四月八日に山の神が里に下り、一〇月八日に山に帰るとしてこの両日を祭日としている。また、山形県西置賜郡と新潟県東蒲原郡の境に位置する五所権現（本地五大虚空蔵菩薩）を祀る飯豊山《いいでさん》（二一〇五メートル）では、十三歳の少年が先達に導かれて登拝する十三詣がなされている。

秋田市の東方に秀麗な姿を見せる太平山《たいへいざん》（一一七〇メートル）は太平山権現・薬師如来・三吉《みよし》明神を祀る修験の霊山である。三吉明神は神通力を持つ出没自在の大男で、山鬼《さんき》が訛ったものとされている。なお現在秋田市赤沼の太平山を遥拝できる場所に太平山三吉神社があるが、この神社では一月一七日に信者が大きな梵天を納める梵天祭りが行なわれる。男鹿《おが》半島の本山《ほんざん》（七一五メートル）と真山《しんざん》（五六七メートル）はともに五社堂（赤神権現）、薬師堂を祀る熊野本宮・新宮にちなむ霊山である。この五社堂は大峰や熊野で祀る役行者の弟子の五鬼や太平山の山鬼を思わせるもので、この信仰が小正月に里を訪れるナマハゲの信仰と結びつくと考えられる。また太平山の里宮の梵天納めの祭りは、岩木山（一六二五メートル）の旧七月末日から八月一日にかけて近隣の集落の若者たちが岩木山三所大権現と記した梵天をもって登拝する「山かけ」の影響を受けたものとも考えられる。ちなみに伝承では岩木山の山の神は山椒大夫《さんしょうだゆう》に売られた安寿姫《あんじゆ》とされている。岩木山の南側山麓の百沢《ひやくさわ》には岩木山神社がある。神仏分離以前は岩木山の三つの峰には、国常立神《くにのとこたちのかみ》（本地阿弥陀）、多都比姫《たつびひめ》神（十一面観音）、大己貴神《おおなむち》（薬師）が祀られていたが、この本地は熊野三所権現と同じである。一方北麓の赤倉はゴミソと通称される巫者の修行場として知られている。

陸奥国の霊山

青森県下北半島の恐山（八七九メートル）には現在むつ市田名部の曹洞宗円通寺の上寺（本尊地蔵菩薩）、その向かって左手の常に硫黄を吹き出す賽の河原を中心とした砂礫の原や池が地獄、左手前の宇曾利山《うそりやま》湖から釜臥山《かまぶせやま》（八七九メートル）をのぞむ美しい風景が浄土とされている。そして七月二〇日から二四日の地蔵盆には数多くのイタコが上寺に集まって死霊の口寄せを行なっている。岩手県では盛岡市西方の岩手《いわて》山《さん》（二〇三八メートル）が岩鷲山《がんじゅさん》大権現（本地阿弥陀・薬師・観音）を祀る霊山として知られていた。江戸時代には南部藩の修験を統轄した盛岡の自光坊や山麓の雫石の円蔵院がかかわっていた。けれども本山派に対抗した羽黒派の修験によって岩鷲山大勝寺が創建された。現在は両者ともに廃絶して、郷社岩手山神社が祀られている。岩手県の北上山系の主峰早池峰《はやちね》山（一九一七メートル）は正安二年（一三〇〇）越後の僧円性が南側の大迫《おおはざま》から登って山頂の霊池で早池峰権現（本地十一面観音）を感得して祀り、大迫村岳《だけ》に新山宮と別当妙泉寺を開基した。このほか西の遠野の大出、北の川井村門馬《かどま》、東の同村江繋《えつなぎ》の各登山口にも新山宮と妙泉寺があったが、現在はいずれの妙泉寺も廃絶し、新山宮は早池峰神社と改称している。この大迫口の岳と少し下った大償《おおつぐない》の集落には、山伏神楽が伝わっていて、それぞれの神社の祭りで舞を奉納するほか、県内各地を巡行している。

宮城県には牡鹿《おじか》半島先端の島に金華《きんか》山《さん》（四四五メートル）がある。この島には式内社の黄金山《こがねやま》神社（祭神金山毘古神・金山毘売神）がある。ただ近世期には真言宗の大金寺があり、龍蔵権現（本地弁才天）を祀っていた。また山内には胎内潜り、座禅石などの行場が設けられていた。

福島県では福島市の信夫山《しのぶやま》（二七三メートル）に『延喜式』神名帳所掲の黒沼神社が鎮座していた。その後中世中期頃に羽黒権現が勧請され、寂光寺が別当を勤めていた。現在は山上に羽黒神社、山麓に湯殿神社・月山神社と式内社の黒沼神社がある。また伊達市霊山町の霊山《りようぜん》（八二一メートル）は霊鷲山《りようじゆせん》にちなむ山名で、霊山寺と山王二十一社があり、山全体が岩山で中世期には修験の行場となっていた。福島・栃木・茨城の三県にまたがる八溝山《やみぞさん》（一〇二二メートル）には、古代には山頂に八溝嶺神社と十一面観音を本尊とする日輪寺があり、水分と共に産金の山として知られていた。中世以降は、八溝山は熊野系の白河八槻《やつき》の奥州一宮都々古別《つつこわけ》神社（近津宮）別当の大善院が支配する近津修験の行場として繁栄した。現在は都々古別神社のみが残り、陸奥・常陸・下野の四百六十六箇村の総鎮守と称している。会津では磐梯山《ばんだい》（一八一九メートル）の山の神が天に通じる「磐の梯子《いわのはしご》」の神として崇められ、南麓の猪苗代に式内社の磐梯神社があった。平安初期に徳一《とくいつ》が磐梯山の噴火から住民を守るために山麓に恵日寺《えにちじ》を開基した。民間では磐梯山は作神として崇められ、農民は残雪の形で種蒔の時期を決めたり、旧暦の六月一五日の磐梯明神の祭りに登拝して豊作を祈っている。

3 関東・甲信越の霊山

日光と関東の霊山

栃木県の日光では現在二荒山（男体山とも 二四八六メートル）の山上に二荒山神社奥社、山麓の中禅寺湖の北岸に同中社、南岸に立木観音をまつる中禅寺（輪王寺塔《たっ》頭《ちゅう》）、日光の山内に二荒山神社本社と東照宮、輪王寺の二社一寺がある。この中心をなす二荒山神社は天応二年（七八二）に下野国芳賀郡の僧勝道《しょうどう》（七三五―八一七）が開山した。その後鎌倉時代初期に源実朝の護持僧だった弁覚が中興して以来、関東の中心的修験道場となった。そして勝道が二荒山神社登拝に先だって修行した大剣ヶ峰、灌頂《かんじょう》道場の巴《ともえ》の宿、登山口の古峰《こぶ》ヶ原が日光修験の峰入の拠点とされた。このうちの古峰ヶ原の古峰神社は近世後期以降、嵐除け、雷除け、盗難・火難除けの天狗信仰を唱導して多くの信者を集めている。

群馬県では赤城《あかぎ》山（一八二八メートル）、榛名《はるな》山（一四四九メートル）、妙義《みょうぎ》山（一〇四メートル）の上毛三山が広く知られている。赤城山は山頂には大沼《おの》や古鏡が発見された小沼《この》があり、南麓の赤城神社の裏には祭祀遺跡を思わせる櫃石《ひついし》がある。榛名山は山上の榛名湖に竜神の信仰があり、山中の榛名神社の背後には御姿石と呼ばれる磐座、その奥には行場がある。妙義山は岩石が累々とした行場を持った諸々の現世利益に応じる霊山とされた。この三山は総じて作神や雨乞いで知られている。

茨城県では男体と女体の二峰からなる筑波山（八七六メートル）が、『常陸国風土記』所掲の親神の宿を断った富士山がその罰で雪におおわれて寒いのに対して、歓迎したことから年中暖かく、男女の嬥歌《かがい》の場所として栄えたとの話で知られている。平安初期に徳一が知足院中禅寺を建立し、江戸幕府が鬼門鎮護の神として崇拝した。明治以降は筑波山神社となっている。なお、四月一日と一一月一日の御座替《おざかえ》神事は山の神、田の神の交代神話を示すとされている。筑波山の北方にある加波山《かばさん》（七〇九メートル）には近世期には本宮（別当正幢院）、新宮（別当円鏡寺）、中宮（別当文殊院）の三社からなる加波山神社があった。山中には奇石、岩窟が多く、岩屋禅定と呼ばれる修行が行なわれていた。

埼玉県の三峰山（一一〇二メートル）は日本武尊が、伊弉諾・伊弉冉の二神を祀って開山したとされている。その後文亀二年（一五〇二）に道満《どうまん》が観音院を建立して中興した。近世期には、眷属のお犬様（狼）が豊穣をもたらすとともに、盗難・火難除けにもなる守護神として広く信じられ、関東の本山派修験の先達として活躍した。現在は三峯神社となっている。県北の御室岳《みむろだけ》には日本武尊が東征にあたって倭姫命から授かり賊を打ち払うのに用いた火鑽金《ひきりがね》を鎮めて、天照大神と素戔嗚尊を祀った金鑽《かなさな》神社がある。この神社には本殿はなく禁足地の御室岳を拝殿から直接拝している。一一月二三日夜、火鑽金で神火を鑽《き》り出して疫病除けをする火鑽神事がある。

千葉県の外房には清澄山《きよすみやま》（三七七メートル）がある。不思議法師が虚空蔵菩薩を安置し、円仁が中興して不動明王を祀り、日蓮が修行した。また内房の鋸山《のこぎりやま》（三三〇メートル）は鋸状をした岩山で山中には数多くの奇岩や滝があるが、特に安永年間（一七七二―一七八一）愚伝が発願して作った五百羅漢の石仏が注目される。山腹には曹洞宗日本寺がある。この山は東京湾に入る船の山あてになっている。

東京には行基が開基したとされる武州御岳《みたけ》（九二九メートル）がある。この山は中世期は御嶽蔵王権現、武州金峰山とも呼ばれた修験道場であった。近世期には世尊寺を中心に僧侶・神主・御師が運営にあたり、三峰山と同様に眷属の狼の信仰をもとに関東近辺に檀那をふやしていった。明治の神仏分離以降は武蔵御嶽神社となっている。同じく行基開山の伝承を持つものに高尾山（五九九メートル）の薬王院（本尊薬師如来）がある。この山には永和年間（一三七五―一三七九）に醍醐三宝院の僧俊源が不動明王の化身の飯縄《いづな》権現を感得して祀って、戦国武将の帰依をあつめた。近世期には江戸からの富士登拝の通路にあたったことから、浅間神社が勧請されていた。明治の神仏分離後も新義真言寺院として存続し、火渡り、滝祭りなど修験的な祭りを行なっている。

神奈川県には、良弁《ろうべん》が山頂で不動明王を感得して祀ったと伝える丹沢山系の大山《おおやま》（一二五二メートル）がある。近世期には山頂に石尊社《せきそん》、山腹に鉄の不動明王を祀る雨降山《あぶりさん》不動寺があった。現在は山頂に大山阿夫利《あふり》神社奥社、中腹に不動寺、山麓に大山阿夫利神社がある。大山は雨降山との山名が示すように雨乞いの信仰で知られた。なお、大山山系の一つ八菅山《はすげさん》は本山派の八菅修験の集落である。箱根と伊豆山は古来二所権現と呼ばれていた。箱根山は天平宝字元年（七五七）万巻《まんがん》が駒ヶ岳（一三五〇メートル）山上で箱根三所権現を感得して開山した。現在芦ノ湖の湖畔に箱根神社がある。芦ノ湖は九頭竜明神《くずりゅう》が住むとされる一方、観音の補陀落浄土ともされた。また大涌谷は地獄とされ、地蔵菩薩が祀られている。伊豆山は静岡県熱海市の北

眷属の狼の護符　武蔵御嶽神社

の走湯《そうとう》権現（現・伊豆山神社）と奥院の日金山《ひがねやま》（十国峠）からなっていた。日金山は死霊のあつまる山として知られ、彼岸には数多くの人々が地蔵堂に参詣している。

甲信越の霊山

山梨県の南の富士山北麓の富士吉田、河口湖などには富士浅間《せんげん》神社と御師集落がある。さらに南に行くと、日蓮宗の総本山身延山の背後に七面山《しちめんざん》（一九八九メートル）がある。この山には日蓮の弟子日朗が、七面天女（本地吉祥天）に姿をかえて日蓮を守護した山頂近くの七つの池の竜神を祀ったとされる七面社本社と別当の敬慎院《けいしんいん》がある。身延山に参詣した日蓮宗の行者は本社で唱題し、登り口の白糸の滝などで滝行をして御来光を拝している。一方甲府の景勝地昇仙峡の北には甲斐金峰山（二五九九メートル）がある。この山頂には蔵王権現の本宮とされる巨大な御影石と甲斐派美と呼ばれる池があり、中世期には大峰に擬して峰入が行なわれていた。そして四方の山麓の山口に里宮の金桜《かなさくら》神社があった。特に南口の甲府市御岳町の金桜神社、北口にある長野県佐久郡の金桜神社が繁栄した。

長野県では大国主神の子建御名方《たけみなかた》神とその妃の八坂刀売《やさかとめ》神を祀る諏訪大社の上社が御射山《みさやま》を神霊の籠るところとして崇めている。また七年に一度行なわれる御柱祭には、八ヶ岳から樅の大木を二ヵ月かけて引き出し神社の四方に立てている。民間では諏訪大社の祭神は竜で、猟師の殺生や肉食を許し、風をおこすとされていた。戸隠山（一九〇四メートル）は嘉祥三年（八五〇）学問行者が飯縄山（一九一七メートル）で七日間にわたって祈念して大嶌《おおたけ》（戸隠山）に向かって独鈷《どっこ》を投げ、それが落ちた戸隠の洞窟で地主神の九頭竜権現を祀って開山した。その後一一世紀後半には山腹に宝光院と中院が成立した。中世期には修験道場として栄えたが、戦国時代の上杉、武田の戦いの際には戸隠山の衆徒は越後の妙高山の関山に難をさけている。ちなみに飯縄山には白狐に乗った烏天狗の姿をした飯縄大権現（本地は不動明王か荼吉尼天《だきにてん》）が祀られている。また妙高山（二四五四メートル）はインドの須弥山の別称で関山三所権現を祀っている。山麓には現在関山神社があり、七月一七日の火祭りには二人の仮山伏が柱松《はしらまつ》への点火を競う神事がなされている。木曾御嶽（三〇六四メートル）は、前章で述べたように木曾山伏の修行道場だったが、江戸時代後期以降は覚明と普寛により民衆登拝の山となっていった。

越後では古来八海山《はっかいざん》（一七七八メートル）が山上に大日如来や作神の八海大明神（本地薬師如来）を祀り、八つの鋸状の峰や池を行場とする修験道場として知られていた。その後寛政六年（一七九四）に山麓の大崎出身の泰賢《たいけん》が普寛とともに登拝し、以来大崎の八海神社を中心として御嶽講系統の霊山として栄えている。普寛と泰賢は群馬県の武尊山《ほたかやま》（二一五八メートル）も中興している。なお八海山近くの作神を祀る苗場山《なえば》（二一四五メートル）、機織の守護神とされる巻機山《まきはた》（一九六七メートル）も修験霊山として知られている。こうしたこともあって、この地域では現在も里修験が活発に活動している。日本海側には新潟市西南の越後一宮弥彦《やひこ》神社が鎮座する弥彦山（六三四メートル）が山中に雨を司る竜が住む山、さらには作神として信仰を集めている。また柏崎の南方の米山《よねやま》（九九三メートル）は山頂に薬師堂があることから米山薬師と呼ばれている。米山薬師は治病のみでなく、豊穣をもたらす作神として崇められている。またかつては常に灯明がともされ、舟乗りや漁師の山あてとされていた。

4　中部の霊山

立山・白山と北陸の霊山

富山県の立山（大汝山　三〇一五メートル）について、鎌倉時代末の『類聚既験抄《るいじゅうきけんしょう》』神祇三―上では、大宝元年（七〇一）に猟師が立山山中で追いつめて射とめた熊が金色の阿弥陀如来となったので恐れおののいて立山権現として祀り、さらに立山地獄を発見したとしている。この立山地獄は近世後期には立山曼荼羅を用いた聖や山伏の唱導もあって全国に広く知られていた。また立山権現が雄山山頂の上宮、常願寺川沿いの御師集落の芦峅《あしくら》寺の中宮、岩峅寺の外宮に祀られていた。一方、剣岳や大日岳に通じる大岩山の日石寺には、不動・阿弥陀などの巨大な磨崖《まがい》仏がある。なお、芦峅寺では閻魔堂《えんまどう》で往生を祈願した女性がそこから白布の上を進んで常願寺川の布橋《ぬのはし》を渡り、姥堂《うばどう》で授法して成仏を保証されるという布橋灌頂が行なわれた。また富山の置薬の起源は立山御師の檀那回りに淵源があるとされている。

　白山（御前峰《ごぜんがみね》　二七〇二メートル）では手取川（加賀）、九頭竜川（越前）、長良川（美濃）の水源をなす御前峰、大汝峰《おおなんじ》、別《べっ》山《さん》の三峰に権現が祀られている。そして天徳二年（九五八）になる『泰澄和尚伝』に

稲沢家本立山曼荼羅（富山県 立山博物館 開館10周年記念資料集『地獄遊覧』より）

よると、開山の泰澄《たいちょう》（六八二―七六七）が越前の越智山《おちざん》（六一三メートル）で十一面観音を祀って修行中に、日夜白山を眺めて登拝を決意し、林泉（現在の平泉寺）で貴女の姿をした妙理菩薩にあい、その導きで御前峰に登り、御前峰の緑碧池《みどりがいけ》で九頭竜王（本地十一面観音）、別山で弓矢を持った宰官（本地聖観音）、大汝峰で奇服の老翁（本地阿弥陀）を感得して、これらを白山三所権現として祀ったとしている。白山登拝口は越前馬場の平泉寺（現在の白山神社）、加賀馬場の白山比咩《しらやまひめ》神社、美濃馬場の長滝寺《ちょうりゅうじ》（現在の長滝白山神社）の三方にある。なお、泰澄が開山したとされる能登の石動山《せきどうざん》（五六五メートル）では中世前期には虚空蔵菩薩を崇める修験者が修行したが、中世後期には石動山五所権現と天平寺を中心とする観音霊場として栄え、修験者も峰入修行を行なった。現在は伊須流岐比古《いするぎひこ》神社と高野山真言宗天平寺がある。

富士と東海の霊山

富士山（三七七六メートル）の開山については平安末成立の『本朝世紀《ほんちょうせいき》』の久安五年（一一四九）四月一六日の条に、末代が平安後期に富士山に数百度登り、山頂に大日寺、山麓の村山に伽藍を建て、ここで入定して大棟梁《だいとうりよう》権現として祀られたと記されている。中世期は富士宮の大宮浅間社と村山の修験が富士信仰の唱導の中心をなしていた。しかし、近世期に富士講の登拝が盛んになると、山梨県の富士吉田の御師集落と浅間神社が繁栄した。現在は富士山頂には本宮浅間大社奥社、山麓の静岡県側には富士宮市の富士山本宮浅間大社と山宮・村山口の村山浅間神社・静岡市の浅間神社（新宮）・富士市須山の浅間神社・小山町須走《すばしり》の浅間神社・御殿場市の御殿場浅間神社、山梨県側には上吉田・下吉田・河口湖の浅間神社、東八代郡一宮の浅間神社がある。なお、山梨県側ではさらに、登山道にそって二合目に御室《おむろ》浅間神社（河口湖南岸に里宮の富士浅間明神）、五合目に小御嶽《こみたけ》浅間神社がある。なお静岡県側の富士宮市人穴と須山、山梨県側の船津には胎内窟がある。近世期には登拝、月拝み、お焚きあげをする富士講が栄えたが、現在は少なくなり、宿坊を営む御師は吉田に数軒あるのみである。ただ扶桑教、実行教、丸山教などでは教団行事として富士登拝を行なっている。

富士曼荼羅図　富士山本宮浅間大社蔵

静岡県周智郡には火防《ひぶ》せの信仰で

知られる秋葉山（八六六メートル）の山上に現在火之迦具土《かぐつち》大神を祀る秋葉山本宮秋《あきはさんほんぐうあき》葉《は》神社と秋葉寺がある。寺伝によると、秋葉山では中世期から別当秋葉寺が聖観音、十一面観音、勝軍地蔵を祀り、修験者がその信仰を広めていった。ちなみに勝軍地蔵はやはり火防せの信仰で知られる京都の愛宕山でも祀られていた。その後戦国期に越後長岡の蔵王堂にいた修験の三尺坊が顔が鳥で背に両翼を持ち、剣と索を持った迦楼《かる》羅《ら》（金翅鳥《こんじちょう》）の姿をして白狐に乗って秋葉山に来て、秋葉権現の脇に祀られた。近世期にはこの三尺坊が多くの人々に信じられ、美濃や三河から鳳来寺《ほうらいじ》をへる内陸からの、また信州の飯田からの秋葉街道がにぎわった。なお、明治政府の神仏分離政策により、秋葉権現は秋葉神社となり、三尺坊の御神体をはじめ仏教関係のものは山麓の曹洞宗寺院可睡斎《かすいさい》に移された。けれども近年、秋葉山上に可睡斎の分院の形で秋葉寺が再建された。

愛知県の鳳来寺山（六九五メートル）は、享和元年（一八〇一）の『鳳来寺由来』では、斉明天皇（六五五―六六一）の時に、利修《りしゅう》仙人が百済から帰朝後、鳳に乗ってこの山に来て鳳来寺を開基したとしている。本尊は薬師如来である。なお徳川家康はこの鳳来寺薬師の申し子とされ、それにちなんで家光がこの山に東照宮を勧請した。山頂近くには神木の六本椙や鏡岩と呼ばれる絶壁がある。この鏡岩の下から平安末から鎌倉初期の経筒・鏡・骨壺など、鏡岩の数多くの小洞穴から人骨が発見された。それゆえ鳳来寺には死霊の山の信仰もあったと思われる。現在は鳳来寺は真言宗五智教団の総本山で毎年一月三日の鳳来寺田楽が広く知られている。ちなみに奥三河には花祭をはじめとする熊野や白山の修験の影響を思わせる種々の芸能が伝わっている。

5　中国・四国・九州の霊山

伯耆大山と中国の霊山

鎌倉時代末になる『大山寺縁起』によると、伯耆《ほうき》大山《だいせん》（剣ヶ峰　一七二九メートル）は兜率天《とそつてん》の巽の角の岩が日本に飛来して三つに分かれて熊野、金峰山とこの山になったのに始まる。その後出雲国の猟師の依道《よりみち》が狼に化した都藍尼《とらんに》に導かれて山中の洞で地蔵菩薩にまみえ、智明《ちみよう》権現として祀ったとしている。室町期にはこれに加えてお先神の下山《しもやま》明神が祀られた。なお『太平記』では役行者が金峰山上で守護仏を希求したところ、地蔵菩薩が現れたので退けたら伯耆大山の智明権現になったとしている。これらの話は伯耆大山が室町期に中央の修験霊山と密接な関係を有していたことを示している。特に大山は死霊の集まる霊山とされ、山内には阿弥陀堂や賽の河原な

伯耆大山の賽の河原

どがある。なお、近世以降は天台宗の大山寺が智明権現を祀っていたが、明治政府の神仏分離政策により、智明権現は米子市尾高の伯耆国二宮の大神《おおみわ》神社奥宮となり、山頂も同社が管理した。ただ大山寺は天台宗寺院として存続し、集落の中央には一山の十二院で管理する本堂がある。なお、伯耆の三朝《みささ》町にある三徳山《みとくさん》（八九九メートル）には子守、勝手、蔵王の三所権現を祀るかつて大山寺末だった三仏寺《さんぶつじ》がある。同寺の投入堂《なげいれどう》には平安時代末の蔵王権現が祀られている。このほか出雲の鰐淵寺《がくえんじ》など、この地域には蔵王権現を祀る寺院が散見する。

鎌倉から江戸にかけての中国や四国の修験は、熊野系の倉敷市林の児島五流が支配していた。室町期の児島には熊野三山になぞらえて、蟻峰山麓の林に本宮（現尊瀧《そんりゅう》院《いん》、熊野神社）、木見に新宮、由加《ゆが》に那智が設けられていたが、江戸時代以降は新宮は毘沙門堂のみを残して退転し、由加は由加山蓮台寺として独立した。現在児島五流は五流尊瀧院を総本山とする「修験道」と称する教団を形成している。この五流尊瀧院の境内にも智明権現が勧請されている。岡山県北東部の兵庫県との県境には現在も女人禁制の後山《うしろやま》（一三四五メートル）がある。この山は戦国時代末までは児島五流に属し、西の大峰と呼ばれて、山上ヶ岳に準じた行場が設けられていた。その後真言宗に転じ、現在は醍醐三宝院に所属している。なお岡山県久米郡中央町の二上山（三三〇メートル）八合目にある両山寺《りょうざんじ》などの修験寺院では、旧盆の頃に修験者が護法善神《ごぼうぜんしん》を護法実《ごぼうざね》（憑坐）に憑けて飛びまわらせる護法祭りがなされている。

広島湾に浮かぶ宮島には平安時代初期に伊都岐《いつき》島神が祀られていた。そして末期には平家一門の帰依もあって安芸国一宮となった。当時は同社の背後に聳える弥山《みせん》（五三〇メートル）には伊都岐島弥山水精寺があった。現在弥山の山頂には山麓の大聖院に属する奥院、虚空蔵求聞持堂、不消《きえず》の霊火堂、山の神の三鬼を祀る三鬼堂などがある。そして四月一五日と一一月一五日には求聞持堂前で、不消霊火堂から点火して柴灯護摩供が施行されている。ちなみに広島の原爆ドームの脇で燃え続ける平和の灯火はこの弥山の霊火堂の火を移したものである。なお、山陰の出雲と石見《いわみ》の国境にある三瓶山《さんべさん》（一一二六メートル）の主峰も弥山と呼ばれたが、この山上には池があり、農耕を守護する佐比売《さひめ》神（八面大明神）が祀られている。

石鎚山と四国の霊山

石鎚山（天狗岳　一九八二メートル）に関しては『日本霊異記』下の三十九話に、この山で清浄な行をした寂仙《じゃくせん》菩薩が天平宝字二年（七五八）に二十八年たつと国王の子に生まれて神野と名付けられるだろうと予言して死亡した。その二十年後に桓武天皇に皇子が生まれ、神野親王（のちの嵯峨天皇）と名付けられたので、人々は寂仙の生まれかわりと噂したとの話があげられている。石鎚山には絶壁をよじ登る西側の男性的な弥山（一九七四メートル）と、東側の熊笹の茂る女性的な笹ヶ峰（一八六〇メートル）・瓶ヶ森・子持権現が並びたっている。古代には正法寺（現・新居浜市）などが登拝した笹ヶ峰や瓶ヶ森が栄えていた。寂仙の再生譚もその山容とかかわるとも思われる。中世期に入ると弥山の側に蔵王権現の信仰が伝わり、山腹の常住《じょうじゅう》の前神寺《まえがみじ》と里前神寺、横峰寺《よこみねじ》を拠点に修験者がその山頂に登るようになった。そして近世期には常住から弥山の間の三つの絶壁に大鎖をかけ、これを登る鎖禅定《くさりぜんじょう》が行なわれた。その後、明治政府の神仏分離政策により、石鎚神社が誕生した。現在

鎖禅定　撮影：高橋毅

は石鎚神社と同社が結成した石鎚本教、明治後期に再興した前神寺（真言宗石鉄派）と横峰寺（真言宗御室派）、極楽寺（石鎚山真言宗）と笹ヶ森を修行道場とする今治市の石中寺（石土宗）があり、特に弥山側では七月一日から一〇日の山開き大祭（お山市ともいう）を中心に数多くの登拝者が訪れている。

香川県の金毘羅山《こんぴら》（象頭山《ぞうずさん》とも　五二一メートル）はインドの摩掲陀国《まがだこく》の王舎城にある毗富羅山《びふらせん》（漢訳は象頭山）に祀られていた鰐魚《がくぎよ》（または鬼神）を神格化した金毘羅神にちなんでいる。中世末期に讃岐の松尾寺の伽藍神として勧請され、海上守護の金毘羅権現として崇められた。その後近世初頭には金毘羅権現の別当金光院宥盛《ゆうせい》が土佐の当山派修験多聞院の助力のもとに唱導につとめ、以来、航海、漁業の守護神さらには雷神、水神、農耕神として広い帰依をあつめていった。けれども修験道廃止にともない現在は大物主命を祭神とし、崇徳上皇を相殿にまつる金刀比羅宮となっている。

徳島県の剣山《つるぎさん》（一九五五メートル）には頂上に剣のような磐座の宝蔵石があり、ここで弘法大師が秘法を修したところ倶利迦羅《くりから》不動が出現したとか、安徳天皇の剣を納めたという伝説があり、宝蔵石神社と大剣神社が祀られている。剣山の東側山麓の藤の池には四国八十八箇所の総奥院とされる剣山龍光寺と素戔嗚尊と安徳天皇を祀る剣山本宮がある。なお七月一五日の龍光寺の夏祭りでは修験者が柴灯護摩を施行している。また西側の見越峠には安徳天皇、素戔嗚尊、大山祇比古命《おおやまつみひこのみこと》を祀る大剣神社の里宮と円福寺がある。高知県と愛媛県の境にある篠山《ささやま》（一〇六五メートル）には篠山権現（本地十一面観音）が祀られ、現在も高知や宇和地方の人々がお山詣りをしており、近年まで山麓の御在所の蔵本集落では山伏が活躍していた。

英彦山と九州の霊山

建保元年（一二一三）になる『彦山流記《るき》』には、彦山権現はインド、中国の天台山をへて彦山（南岳　一二〇〇メートル）の般若窟に居を定めて、そこに宝珠を納めた。その後宇佐の法蓮が般若窟で修行して倶利迦羅竜王から宝珠を得た。けれども宇佐八幡の神がこの宝珠をほしがり、法蓮に宇佐八幡の神宮寺の弥勒寺を与えて宝珠を得たとの話をあげている。なお彦山にはこの般若窟、新熊野窟などの四十九の窟があったが、これは弥勒の兜率天の内院を示しているとの話があげられている。一方、『彦山縁起』には継体天皇二五年（五三一）猟師の藤原恒雄《こうゆう》が出家して忍辱《にんにく》比丘と名乗り、藤衣を着て鹿の肉を食して山頂をきわめた。中世期の彦山は南俗体岳（伊弉諾《いざなぎの》尊《みこと》、本地釈迦）、北法体岳（天忍穂耳尊《あめのおしほみみのみこと》、本地阿弥陀）、中央女体岳（伊弉冉尊《いざなみのみこと》、本地千手観音）の三所権現と山腹の霊山寺を中核とし山内の四つの谷に十ヵ寺の別院と二百の禅庵を持つ天台系修験の霊山だった。そして近世になると世襲の座主のもとに、修験・天台兼帯の衆徒《しゅと》方《がた》、峰入を主とする行者方、神事にあずかる惣方《そうがた》が、九州全土に及ぶ四十二万戸の檀那に支えられて、峰入や松会《まつえ》（御神幸・御田祭・柱松《はしらまつ》などからなる一山の祭礼）を実施していた。明治の神仏分離後は英彦山神宮となったが、現在も御田祭《おんだまつり》などの修験的な行事を行なっている。

彦山四十九窟の一つに数えられた求菩提山《くぼてさん》（七八二メートル）は伝承では継体天皇二〇年（五二六）に猛覚魔卜仙《もうかくまぼくせん》が開山したという。その後養老四年（七二〇）行善が白山権現を勧請して、護国寺を建立した。康治元年（一一四二）には頼厳《らいごん》が銅板法華経を埋納している。求菩提山は江戸時代には本山派の聖護院に属したが、神仏分離後は国玉《くにたま》神社となっている。

彦山開山伝説絵図　英彦山神宮蔵

英彦山全景

宇佐八幡宮は宇佐平野の南の御許山《おもとさん》（六四七メートル）に天降《あも》りした神を宇佐氏が祀ったのにはじまる。その後、伝承では既述のように彦山の法蓮が神宮寺の住職として招かれたとするが、史実では弥勒寺は神護景雲元年（七六七）に建立されている（『続日本紀』）。この弥勒寺僧の山林修行の行場とされたのが、国東《くにさき》半島の六郷満山である。なお中世期には、弥勒寺は京都の石清水八幡の護国寺に属し、六郷満山の諸寺は比叡山無動寺に所属した。現在六郷満山では独自の峰入や修正鬼会が行なわれている。

宝満山《ほうまんざん》（八二九メートル）は磐座を思わせる山頂の鼎立《ていりつ》した三つの巨岩にちなんで竈門山《かまどやま》とも呼ばれ、山頂に竈門《かまど》神社上宮、山麓に下宮、八合目に修験の行場があり、近世期には英彦山修験の春の胎蔵界の峰入の行場とされていた。

宝満山は近世期は本山派修験に属したが、現在は竈門神社となっている。なお久留米の高良山（三一二メートル）は神霊を祀った列石の神籠石で知られている。

阿蘇山（高岳　一五九二メートル）では中岳の噴火口（神霊池と呼ぶ）を健磐竜《たけいわたつの》命《みこと》として崇めて、山上の阿蘇神社に祀り、国造《くにのみやつこ》の阿蘇氏が奉仕した。その後平安時代には阿蘇神社のもとに天台系の西巌殿寺《せいがんでんじ》が開かれた。中世期には同寺を中心に多くの院坊が造られ、阿蘇修験が活躍した。けれども天正年間（一五七三―一五九二）の大友・島津の争いで山上の坊中（現・古坊中）は離散した。その後加藤清正は阿蘇山の北麓に西巌殿寺をはじめとする坊中を再興した。これが現在の阿蘇町の坊中である。一方、山麓の一宮に阿蘇神社、山上にその上宮が祀られている。なお中・近世の阿蘇修験は護法神の乙護《おとご》を崇めるとともにこれを使役して祈禱した。この乙護は佐賀と福岡の県境の宗像《むなかた》三女神を祀った背振《せふり》山（一〇五五メートル）を再興した性空《しょうくう》（九一〇―一〇〇七）によってもたらされた信仰である。性空は、天暦年間（九四七―九五七）に日向の霧島山で修行後、背振山に来て山上に弁才天と乙護法の道場を開いたとされている。

霧島山（韓国《からくに》岳　一七〇〇メートル）は天孫降臨の神話で知られる高千穂の峰を含む山塊である。『続日本後紀』の承和四年（八三七）の条の日向国諸県郡霧島岑《みね》神が

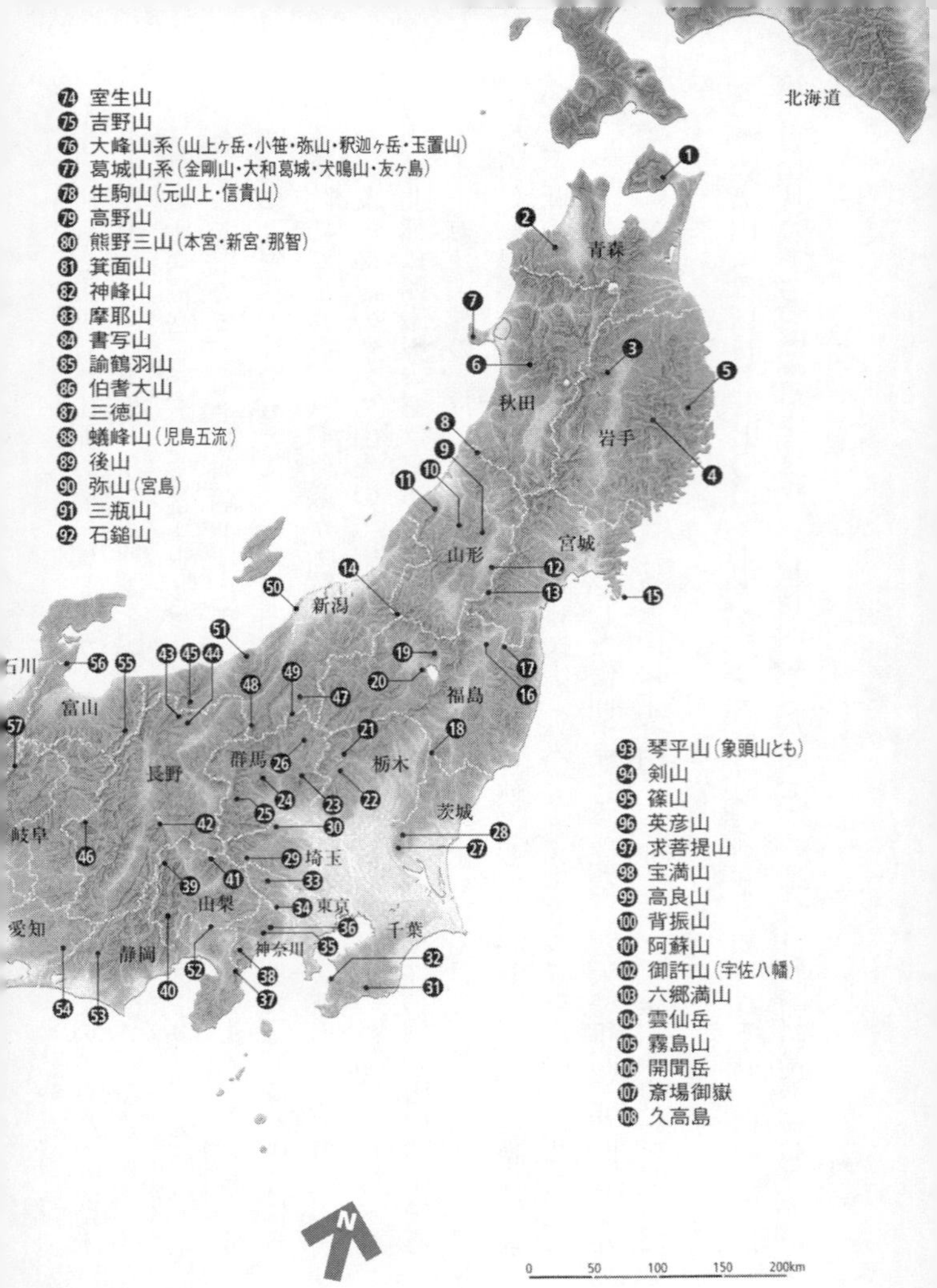

74 室生山
75 吉野山
76 大峰山系（山上ヶ岳・小笹・弥山・釈迦ヶ岳・玉置山）
77 葛城山系（金剛山・大和葛城・犬鳴山・友ヶ島）
78 生駒山（元山上・信貴山）
79 高野山
80 熊野三山（本宮・新宮・那智）
81 箕面山
82 神峰山
83 摩耶山
84 書写山
85 諭鶴羽山
86 伯耆大山
87 三徳山
88 蟻峰山（児島五流）
89 後山
90 弥山（宮島）
91 三瓶山
92 石鎚山
北海道
青森
秋田
岩手
山形
宮城
新潟
福島
石川
富山
群馬
栃木
長野
茨城
岐阜
埼玉
山梨
東京
愛知
静岡
神奈川
千葉
93 琴平山（象頭山とも）
94 剣山
95 篠山
96 英彦山
97 求菩提山
98 宝満山
99 高良山
100 背振山
101 阿蘇山
102 御許山（宇佐八幡）
103 六郷満山
104 雲仙岳
105 霧島山
106 開聞岳
107 斎場御嶽
108 久高島
N
0 50 100 150 200km

地図製作 ジェイ・マップ

図4　霊山の分布

1 恐山
2 岩木山
3 岩手山
4 早池峰山
5 黒森山
6 太平山
7 本山・真山
8 鳥海山
9 葉山
10 出羽三山（羽黒山・月山・湯殿山）
11 清水の森
12 山寺
13 蔵王山（刈田嶺とも）
14 飯豊山
15 金華山
16 信夫山
17 霊山
18 八溝山
19 磐梯山
20 飯盛山
21 二荒山（日光）
22 古峰ヶ原
23 赤城山
24 榛名山
25 妙義山
26 武尊山
27 筑波山
28 加波山
29 三峰山
30 御堂岳（金鑽神社）
31 清澄山
32 鋸山
33 武州御岳
34 高尾山
35 相模大山
36 八菅山
37 伊豆山（走湯山・日金山）
38 箱根山（駒ヶ岳）
39 甲斐駒ヶ岳
40 身延・七面山
41 甲斐金峰山
42 御射山（諏訪上社）
43 戸隠山
44 飯縄山
45 妙高山
46 木曾御嶽
47 八海山
48 苗場山
49 巻機山
50 弥彦山
51 米山
52 富士山
53 秋葉山
54 鳳来寺山
55 立山
56 石動山
57 白山
58 ニソの森（若狭）
59 比叡山
60 比良山
61 飯道山
62 伊吹山
63 朝熊ヶ岳
64 貴船山
65 鞍馬山
66 愛宕山
67 笠取山（上醍醐）
68 稲荷山（伏見稲荷）
69 男山（石清水八幡）
70 笠置山
71 三輪山
72 二上山
73 大和三山（畝傍山・香具山・耳成山）

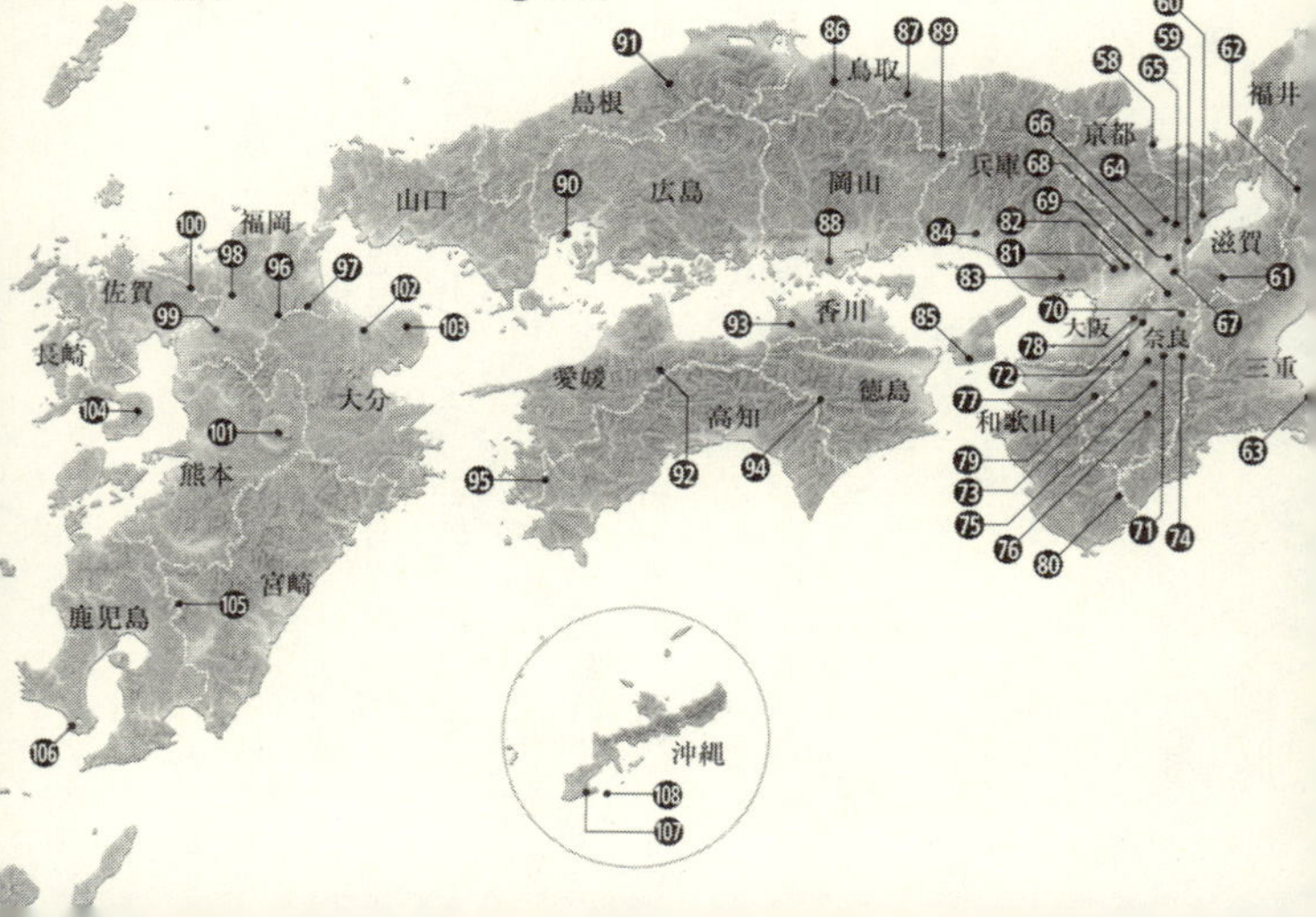

官社とされたとの記載が初出である。応和年間（九六一—九六四）には性空が来て六所権現と別当の華林寺を建立した。その後修験の道場として栄え、彦山の修験も修行に訪れた。また南の麓には薩摩藩で禁じられた浄土真宗と霧島の修験が集合したカヤカベという独自の宗教があらわれている。なお、薩摩半島南部に秀麗な山容を見せる開聞岳《かいもんだけ》（九二二メートル）は航海者の山あての目標で知られている。この山には山幸彦、海幸彦の伝説もあり、その山の神は北麓の薩摩一宮の枚聞《ひらきき》神社に祀られている。

長崎県の雲仙岳（普賢岳　一三五九メートル）には九世紀中頃に温泉神が祀られていた。その後この神は温泉四面社と呼ばれ、山麓の山田・有家・千々石・諫早に末社が造られた。中世から近世にかけては、この四面社は真言宗の満明寺一乗院が奉祀し、同寺に属する雲仙修験が活躍した。現在も雲仙にはこれらの社寺が存続しているが、修験的な活動は見られない。

第六章　聖地としての山岳

1　山名とその由来

山・岳・森・峰

これまで山岳信仰の歴史的な展開と全国各地の主要霊山とその相互関係について記してきた。そこで次には山岳信仰の対象となる山岳や山内の霊地の特徴を山名や山内の地名、これらの由来をもとに検討することにしたい。その際、まず山岳全体についてその山名の接尾語、霊山の形・色・動植物にちなむ山名の命名、宗教的理由にもとづく命名とその実数を検討することにしたい。

鏡味完二は主として旧陸地測量部の五万分の一、ならびに二万五千分の一の地形図をもとに、北海道と沖縄を除く一万八六七の山と峰を取り上げ、これらを接尾語別に分類し、それぞれの分布を明らかにした（鏡味完二・鏡味明克『日本地名学』日本地名学研究所)。それによると語尾に「山」を付すものは、八二四五(七五・八パーセント—全体との比率、以下同様)で、ほぼ全国にわたって分布している。語尾が「岳(嶽)」のものは一四七七(一三・五パーセント)で、中国・四国地方をのぞいてほぼ全国にわたっている。語尾「森」は五四七(五・三パーセント)で、東北・四国西部・紀伊・甲信地方に分布、語尾「峰(峯)」は三一七(二・八パーセント)で近畿地方に分布している。ほかには塚—五三、岡(丘)—五二、仙(山)—三七、台(平)—二九、富士—二四、峠(嶺)—二二、辻—一四、城—一二、丸—一一、頭—一一、鼻—八、壇(段)—五、倉—四、石—四、神—三、もっこ—二、などがある。

そこでこの主要な山・岳・森・峰の四種の用字を比較すると、「山」は近代以降の山岳の語尾として広く用いられており、実数も多い。ちなみに高橋文太郎は西国の修験の影響の強い地域では伯耆大山《だいせん》のように語尾の山をセンと呼んでいるが、これは仙に通じるとしている(高橋『山と人と生活』金星堂)。大峰山系の「五岳山」・「行仙」・「法師山」・「霊鷲山」、安芸の宮島の「弥山《みせん》」がこれにあたるといえよう。「岳」を語尾とする山や峰は、概して頽岩や崩土を大規模にもつ雄大な山である。そして、小丘でこの部類に属するものには、御嶽社《みたけしゃ》が祀られたものが少なくない。けれどもこの場合も低山ではあるが、やはり傾斜が大きくかつ露岩の多い山である場合が多い。

岳をこのように捉えることは、一つの大きい山体のなかでも認められ、頂上またはその付近の露岩の屹立《きつりつ》した部分が岳と呼ばれている。例えば金峰山は「金《かね》の御岳《みたけ》」と呼ばれている。なお、沖縄では聖地の岩を祀ったものをウタキ（御嶽）と呼んでいる。信仰面から考えると、これも上記の御岳につらなるものと考えられる。

「森」は一般には第三章「森の信仰」で取り上げた鎮守の森のように、樹木がこんもりと茂って神霊が寄りつくとされる所である。語尾に森がつく山や峰も、立面形で均整がとれた穏やかな山容のものである。山形県の庄内で死霊がこもる所とされるモリの山、大和に多い神奈備《かんなび》型の山がこれに属するといえよう。ただし「峰」は分水嶺をなす山頂の呼称で、大峰のような連峰の総称と「青根ヶ峰」・「阿弥陀ヶ峰」（以上大峰山中）や「塔の峰」・「高千穂《たかちほ》の峰」などのように単峰をさすものがある。

形・色・動植物などにちなむ山名

個々の山名の由来は多様である。徳久球雄は山名の由来を地形（丸山・岩倉山など）、方向（東山・西山など）、位置（三国岳など）、残雪の形（駒ヶ岳など）、歴史的事柄（戸隠山など）、信仰（明神岳など）、そのほか（鳥越山など）に分けている（徳久『山を読む事典』東京堂）。そこでこれを参考にして霊山の山名の分類を試みることにしたい。

第一は山の形にもとづくもので、丸い形の飯盛《いいもり》山・空鉢ヶ岳《そらはちがたけ》、岩が屹立する形の立山・宝塔ヶ岳・剣山（山頂に剣をおさめる）・鞍掛《くらかけ》山・神倉山（クラは磐座の意味）・烏帽子山などがある。飯盛山は稲の神を祀る信仰、空鉢は鉢を飛ばして米を得る伝承、そのほかは神霊が籠るとされた岩の信仰にもとづく命名である。

第二は山の色による赤城山・赤倉山（赤は火の信仰に由来するとされる）、黒山・黒森山（黒は死霊を象徴すると考えられる）、白山（シラは再生と結びつく）である。

第三は山の位置によるもので、東北に多い奥山に対する端山（葉山・麓山《はやま》・羽山・早馬・飛山《はやま》）、御岳山に対する御前山（秩父）などがある。なお山形県の羽黒山（月山に対する端黒山）はこの第三と第二が結び付いたものと考えられよう。

第四は動植物にちなむ命名である。動物では駒ヶ岳（山梨県）、白馬岳（長野県）、鹿野山《かのうざん》（千葉県）、犬鳴山（和歌山県）、牛尾山（京都府）、竜王山（滋賀県）、九頭竜《くずりゆう》山・飯縄山（長野県）、鳥海山（秋田県）、農鳥山（山梨県）、蝶ヶ岳（長野県）などがある。また大峰山系の鸚鵡《おうむ》岳のように岩壁にこだまする山彦にもとづくものもある。木や草にちなむものには、大峰の石南花《しやくなげ》岳・千草岳・薊《あざみ》岳・稲村ヶ岳・熊野の樒《しきみ》山などがある。

山岳信仰にちなむ命名

次に山岳信仰にちなむ命名には次のものがある。

（1）インドの須弥山信仰に見られる霊山を宇宙山・宇宙軸・世界の中心と捉える思想にもとづく弥山・国軸《こくじく》山（吉野金峰山の別称）・妙高山などの山名。金の御岳・金華山（宮城県）などの命名も宇宙山が金であることを反映している。なお山を宇宙全体とする曼荼羅山・両界山（長野県の高妻山の別称）などの命名もこれにつらなるものである。

（2）釈迦が法華経を説いたとされる霊鷲山にちなむ霊山（福島県）、鷲峰山《しゆうふうさん》（京都府・鳥取県）、鷲羽《わしゆう》山（岡山県）などの山名。大峰山を霊鷲山の坤《ひつじさる》の角の一部が飛来したものとする伝承も認められる。

（3）道教の不老長生の仙境にちなむ、熊野新宮の蓬莱山、不死の山（不二・富士）、姑射《こや》山（仙人の居所・高野山の別称）、深仙、行仙岳、仙ヶ岳など。

（4）天界と結びつけられた命名で、天山（愛媛県）・天上（井）山（広島県・山口県・吉野）・高千穂峰（宮崎県）・戸隠山（天岩戸の飛来）、日・月・星の崇拝とかかわる朝日山・旭山・日暮山（和歌山県）・日子《ひこ》山（福岡県の彦山の古名）、月山、妙見山、明星ヶ岳などがある。また各地に見られる雨乞山もこれに類するものである。

（５）仏菩薩や神格にちなむもの。仏教や修験などに関するものには、大峰山系の釈迦・羅漢・大日・千手・孔雀明王・大黒・倶利迦羅・阿弥陀・五大尊・普賢の諸岳を始め、不動山、薬師岳、虚空蔵山、権現山、蔵王山、妙見山など種々のものがある。神名には八幡山、明神山、天神山、金毘羅山などがある。

（６）修行にちなむもの。大峰山系の岳の中の仏生ヶ岳、経ヶ岳、転法輪《てんぽうりん》岳、涅槃《ねはん》岳、證誠無漏《しょうじょうむろ》岳など。

（７）修行者にちなむもので、そこで修行した仙人にちなむ大峰山の石仙岳、仙人の舞を意味する蘇莫者《そばくしゃ》岳、僧侶にちなむ大禅師岳、法師岳、役行者伝承を思わせる行者山、具体的に修行者をあげた常念岳（長野県）などがある。

このほかには信仰のうえでかかわりがある複数の霊山を一つの山名にまとめたものがある。これには筑波山・二上山（奈良県）など男・女の山が対をなすもの、天香具山・耳成山・畝傍山の大和三山、羽黒・月山・湯殿の出羽三山、本宮・新宮・那智の熊野三山、御前峰・大汝峰・剣峰からなる白山など三山をまとめたものがある。なお俗体岳・女体岳・法体《ほったい》岳からなる英彦山、男体・女峰・太郎山からなる日光山は夫婦と子供というように三山が家族を構成している。ちなみに日光に関しては、中禅寺湖畔に比定された観音の浄土・補陀落《ふだらく》が二荒《ふたら》と当て字され、これをニッコウと音訓みしたものに日光の漢字をあてたという伝承も認められる。

地方には中央の霊山にちなんだ命名をしたものが少なからず認められる。主なものには、熊野三山にかかわる熊野・本宮・新宮・那智などの山、吉野の御岳（金峰山）にちなむ各地の金峰山・御岳・三岳・蔵王山（金峰山の蔵王権現にちなむ）、大峰山や山上ヶ岳と関連づけた北大峰（京都府）・西山上（徳島県）、各地の富士・白山などがある。なお富士山は浅間《せんげん》山とも呼ばれ、その分布は当初は富士が望見される地域に限られたが、近世以降は富士に似た山容の山を所在地の地名に富士を付して呼ぶようになり（例えば、津軽富士・岩木山）その数は全国にわたって二一六に及んでいる。

山岳信仰に関する霊山名の実数

ここで霊山の山名の実数を、長野覺の研究にもとづいて紹介しておきたい（日本宗教学会第五九回学術大会「山岳信仰の視点から考察する日韓両国の山岳名称資料」）。

まず神格名にちなむものを多い順にあげると、竜（竜王など竜を付す山・森・岳――一〇以下崇拝対象名のみをあげる）――一二七、愛宕――一一五、権現――一〇七、天狗――一〇

一、明神―六七、観音―五七、妙見―五七、鬼―五〇、天神―四九、薬師―四七、金毘羅―四四、八幡―三九、神―三七、虚空蔵―三四、稲荷―二六、大日―二六、地蔵―二四、秋葉―二二、大黒―二一、不動―二〇、金剛―一八、山王―一八、弁才天―一八、荒神―一六、釈迦―一六、伊勢―一四、牛頭―一二、大師―一一、文殊―一一、阿弥陀―九、明星―八、帝釈《たいしゃく》―七、仏生《ぶっしょう》―七、蔵王―五、祇園―五、毘沙門―五、普賢―四となっている。

次に神格名以外のものも含めて、神道、仏教、修験、俗信に分類すると、「霊山名の宗教別比較」(表1)のようになる。

これを見ると、仏教系が五五八と最も多く、修験系―四七三、神道系―四五九がこれに続いている。なお仏教系には霊山の修行にかかわるものが多く、修験系では御岳・白山など主要な霊山名が多く、それぞれの信仰のひろがりを示している。

次に信仰内容をみると、

水の信仰　一四五(竜―一二七、弁才天―一八)
火の信仰　一三七(愛宕―一一五、秋葉―二二)
来世の信仰　六七(虚空蔵―三四、地蔵―二四、阿弥陀―九)
現世利益　七八(観音―五七、大黒―二一)

宗教名	霊　山　名	小計	総計
神　道	愛宕115、明神67、天神49、金毘羅44、八幡39、稲荷26、山王18、伊勢14、牛頭12、祇園5	389	459
	神37、宮33	70	
仏　教	観音57、妙見57、薬師47、虚空蔵34、大日26、地蔵24、大黒21、不動20、金剛18、弁財天18、釈迦16、文殊11、阿弥陀9、明星8、帝釈7、毘沙門5、普賢4	382	558
	寺山86、経55、大師11、弥山7、仏（仏生）7、妙法5、天竺5	176	
修　験	権現107、御岳96、白山95、大峰88、秋葉22、熊野10、金峰10、蔵王5、葛城3	436	473
	行者（行人）17、聖9、仙人6、山伏5	37	
俗　信	竜127、天狗101、鬼50、荒神16、庚申4	298	298

表1　霊山名の宗教別比較

除魔　四一（不動—二〇、荒神—一六、毘沙門—五）

御霊神　六六（天神—四九、牛頭—一二、祇園—五）

修行者の感得　一七九（権現—一〇七、明神—六七、蔵王—五）

に分けることができる。これを見ると竜神とかかわる水の信仰、愛宕や秋葉の火の信仰、御霊神的な神と除魔の神仏が多くなっている。このようにこれまでその歴史や各地の霊山について記してきた日本の山岳信仰の特徴が、霊山名にも認められるのである。

2　山中の霊地

峰中の宿名に見られる霊地

全国各地の修験系の霊山の霊地は修験道の根本道場ともいえる大峰山中の霊地にならって設けられることが多かった。そこで教派として修験が確立した一八世紀初頭に園城寺の慶恩院志晃（一六六二―一七二〇）が編纂した『寺門伝記補録』の「峰中宿次第」にあげられている熊野から吉野に至る大峰山系の霊地の特徴を検討することにしたい。その宿名は次の通りである（括弧内は同書の付記）。

熊野宿、西方宿、備《そなえ》宿（備宿一本無）、栗（栗一本作栗）谷宿、備別宿、八重宿、吹越宿、相西《そうせい》宿、黒坂宿、烏摩馬《うまま》宿、垂子宿、金剛多輪宿、般若宿、安日宿、水呑宿、湯田（田一本作甲）井、玉置宿、宇河宿、道気宿、古屋宿、恩智宿、林宿、星宿、霧宿、高座宿、東屋宿、苫蔔輪《せんふくりん》宿（今蛇宿、仙洞粟）、瑠璃宿、覚輪宿、奇宿、五胋《ごこ》宿、塔院宿、智恵宿（今言㆓怒多㆒）、平地宿、多宝宿（持経者也）、箱宿、朴宿（今言㆓如来㆒）、篠宿、池宿（除多輪）、仙行者宿、戒清宿（又神仙宿）、空鉢宿、劔嶽宿（十徳仙也）、経教宿（又錫杖宿）、禅師還宿、験法宿（又言㆓大行者㆒）、車路宿、教法宿、吉野熊野、皮走《かわはせ》宿、小池宿、横尻宿、千種宿（又言二小行者一）、剱御山児宿（又言二屏風一）、七池宿、小宿（又言二脇宿一）、大篠宿、小篠宿、行仙宿、神福宿、仙宿、涌宿、鎰懸宿、石林宿（鞍懸宿）、智有宿（寺祇園也）、老仙宿（今祇園地）、観音宿（七高也）、犬久宿（聖尾也）、法師山（青篠也）、富熟仙、戒経仙（祭野也）、王熟仙（丹治故坂本也）。

小篠の宿　『大峯峯中秘密絵巻』、桜本坊蔵

なお、最後に現在は以上七二だが、本来は七七で五箇所が闕《か》けたと付記している。ちなみに同書にはこのほかに『大峰縁起』にのせる諸岳として、釈迦岳、神仙岳、涅槃岳、羅漢岳、大日岳、千手岳、鸚鵡岳、深山岳、宝塔岳（又名二五胋岳一）、経岳、孔雀明王岳、空鉢岳、大黒天神岳、倶利伽羅岳、東屋岳、證誠無漏岳、転法輪岳、石南草岳、石仙岳、蘇莫者岳、阿弥陀岳、大禅師岳、一千草岳、五大尊岳、普賢岳、明星岳と、峰中の霊窟の名として不動・聖天・吒天・十一面・月見・慈童子・土曜・馬頭・笙の各岩屋をあげている（『寺門伝記補録』巻

十七　大日本仏教全書)。

この「峰中宿次第」所掲の上記の宿や窟の名称は、熊野から吉野にと抖擻《とそう》した修験者がその地形を修験道の思想、儀礼などにちなんで命名したと思われるものである。以下命名の基をなしたと推測される事項ごとに、具体例をあげ、難字には括弧内にその意味を付しておいた。

(1) **天界・気象**　星宿（以下宿を略す）・霧・吹越（風）・土曜岩屋・月見岩屋

(2) **方角・場所**　西方・相西・脇

(3) **地形**　怒多《ぬた》（尾根筋近くの湿った平地）・黒坂・聖尾（尾根）・道気（峠か）・金剛多輪（峠）・除多輪（峠）・祭野・坂本（山麓）

(4) **水場**　粟谷・水呑・湯田井・池・小池・涌・七池・垂子（雨時に滝を生じる）

(5) **岩場・石**　玉置・高座・瑠璃・鎰懸・石林（鞍懸とも）・屏風（絶壁）・塔印（岩柱）

(6) **草木**　林・篠・大篠・小篠・青篠・朴（モクレン科の落葉樹）・千種（草か）

(7) **動物**　蛇・犬久（犬か）

(8) **建造物など**　古屋（古家）・東屋（四方に軒をおろした小屋）・仙洞・苫葡輪（苫屋）

(9)**神格**　如来・観音・多宝（多宝如来）・不動・聖天・吒天・十一面・慈童子・宇河（宇賀神か）・神福・寺祇園・今祇園・馬頭の岩屋

(10)**思想**　御山（弥山《みせん》か）・経教・教法・般若・恩智（恵み）・覚輪（悟か）・智恵・智有・八重（八葉か）

(11)**儀礼**　備・備別（供物を備える）・祭野・験法・七高（七高山での除災の祭りにちなむか）・戒清（戒律）

(12)**法具**　剣・五貼・錫杖・空鉢・箱（経箱か）

(13)**仙人**　仙行者・神仙・十徳仙・行仙・仙・老仙・富熟仙・戒経仙・王熟仙

(14)**僧侶・持経者**　大行者・禅師還・小行者・法師山

これを見ると地形の上では岩場や水場、草木では篠、神格では不動・聖天・観音・祇園など、修行者では特に仙人が多く、彼らがこうした霊地で神仏に供物を供えて戒を守って修行して験をおさめようとしていたことが推測される。

峰入修行の霊地

江戸時代になると各地の霊山で大峰山にならって峰入修行がなされるようになった。それにともなって大峰山の霊地名が地方霊山でも用いられるようになる。また地方霊山独自の霊地名も現れた。そこで次には近世期の大峰山とあわせて各地の霊山の霊地名を主として地形と関係づけて検討することにしたい。その際、大峰山系以外のものは、括弧内にその霊地所在の山名などを付記しておいた。

まず、霊山には川を渡って入ることが多いが、この川には大峰の「六田《むた》渡」・「桜の渡」（吉野川）・「御前津渡」（熊野川）のように渡が設けられている。ここで垢離《こり》をとり、「紙手《しで》掛《かけ》」（吉野）・「七五三《しめ》掛《かけ》」（出羽三山）などの地名の所で、首に袈裟をかける。なおほとんどの霊山は明治までは女人禁制とされていた。現在も奈良県の山上ヶ岳、岡山県の後山はその伝統を継承している。こうしたことから山麓には「結界石」・「女人堂」、女人禁制を破った巫女などが化した「姥石《うばいし》」・「婆石」・「美女岩（杉）」などがある。高野山には弘法大師の母が結界を越そうとしたら大岩が落ちてきたので大師が押し上げて止めた「押上岩」、ねじふせた「ねじ石」などがある。役行者の母が峰入を止められ、足摺《あしずり》をして残念がった「足摺」、遠く山岳の霊地を拝した「伏拝み」（吉野・熊野）などの地名もある。大峰には抖擻をおえた修行者が霊山を拝み返すことにちなむ「拝み返し」などの地名もある。

山内の霊地では、まず岩が累々としている行場が注目される。こうした岩場では、岩をのぼる「登石」、崖《がけ》地を登る「小鐘掛《かねかけ》」（「油掛坂」とも）、岩壁を鎖をつかって登

（左）蟻の戸渡り　（右）覗き　撮影：矢野建彦

る「鐘掛」などがある。四国の石鎚山などでは「一の鎖」・「二の鎖」・「三の鎖」の絶壁を登って山頂に達している。逆に絶壁からさかさづりにされる所が「覗き」である。覗きは山上ヶ岳のほかにも葛城山系の犬鳴山、京都市左京区花脊《はなせ》原地《はらち》町の大悲山、谷川岳、滋賀高原など多くの霊山で認められる。この覗きの岩を「釣船岩」（霊山・金華山・栗駒山）・「捨身《しゃしん》岩」・「覗き岩」と呼ぶ所もある。両側が深い絶壁をなす岩の峰は「蟻の戸渡り」・「剣の刃わたり」・「馬の背」・「牛の背」と呼ばれる。また懸崖の途中に岩をけずるようにして作られた小路は「屏風の横駈」と呼んでいる。この別称には、身につけた法具などを岩にすりつけて通ることにちなむ「笈《おい》ずり」（立山、大日ヶ岳）・「貝すり」（同前）・「小尻と、鐺《こじり》返し」、そこから転落した者にちなむ「薩摩ころがし」・「内侍おとし」・「稚児おとし」（英彦山）、恐ろしさを表す「キンヒヤシ」（白山）などがある。

絶壁から突出したり、屹立した岩の周囲をまわる行もあるが、こうした岩は「平等岩」・「行道岩」（伊吹山）・「巡り岩」（香川県我拝師山）・「椽《えん》の鼻」と呼ばれる。また石と石の間を飛びこす「飛石」・「両童子岩」などもある。大峰山系のほぼ中央にある大きなクレバスは吉野側の金剛界と熊野側の胎蔵界の境とされ、「両峰分け」と呼ばれている。こうしたクレバスにかかる橋を「念仏橋」、そこで杖を捨てることから「杖捨て」とも呼んでいる。またクレバスの間を通り抜ける修行があることから、その両側の岩を「押分岩」、その時クレバスが悪事をした人には針の穴のようにせまくなり、善根を積んだ人には象の耳のように大きくなることから「針の耳」・「象の耳」と呼んでいる（英彦山の鷹巣原）。また洞窟や岩の間をくぐりぬける行場を、「胎内くぐり」・「胎内のいわや」と呼んでいる。

行場内の異様な形をしたり、奇瑞を示す岩石にはそれにちなんだ名前がつけられている。大峰山の「雀石」・「大黒石」・「お亀石」・「羅漢岩」・「四天岩」（「深仙灌頂」に用いる香精水《こうじょうすい》が流れおちる）、立山の「御光石」（光を発する）、玉置山の「玉石」、英彦山の「材木石」・「白蛇石」・「千仙岩」・「梵字岩」・「わくど岩」（蟇蛙に似た岩）・

「雨坊主」(雨乞)・「花月の座岩」(稚児の花月が天狗に攫われる前に座っていた岩などがこれである。またそこで坐禅をした「坐禅岩」、法螺を吹いた「貝吹岩」などもある。

3　山中の霊地の由来と意味

霊地名の由来

大峰山の峰入では奥駈《おくがけ》が中心をなしている。また各地の霊山でも登拝や峰をめぐる抖擻行が主要なものとなっている。そこで次にこうした登拝や抖擻の際に出会う霊地名の由来をもとにそこに見られる信仰を検討することにしたい。まず岩が多く急な坂では、役行者すら引き返したとの伝承が作られ、「行 者還《ぎようじやかえり》」の名が付されている。羽黒では役行者が山の神から修行して出なおすように命じられたとの伝承が付されている。山上ヶ岳への吉野道の鞍掛山の坂は「蛇腹」とか「飢坂《かつえざか》」と呼ばれている。山中の石が累々とした原は「賽の河原」・「地獄原」、牛などの動物に似た石があることから「畜生原」（立山）といわれ、石の地蔵などがおかれている。こうした場所は死霊がいる所とされ、その供養のために小石が積まれている。そしてこれにちなんで、

「クョーシミズ」(白山麓白峰)、「イシヅカ」(富士山麓上井手)、「テンノカワラ」(南会津）、「オサメゴト」（宮崎県の椎葉）、「ゴオリンサン」（五輪塔を意味する。兵庫県美方郡）とも呼ばれている。

霊山の岩場には滝があり、それを中心に行場が設けられていることも少なくない。鏡味完二によると、地理調査所の五万分の一の地形図には八五三の滝名があげられている。特に滝の多い山は、日光、八ヶ岳、木曾御嶽、鳥海山、阿蘇山、熊野である。滝名では「不動滝」七八（九パーセント）、「大滝」六〇（七パーセント）が多い。そのほかでは色にちなむ「白滝」一七・「黒滝」七・「赤滝」四、神格にちなむ「観音滝」九・「地蔵滝」三・「毘沙門滝」二・「明神滝」一・「権現滝」一などがある。また滝に、第一、第二、第三と数字を冠したり（熊野那智、前鬼）、「四十八滝」（那智、三重県の赤目）と総称するものなどがある（鏡味完二　上掲書）。これらのことから霊山の滝が行場となっていることが推測される。

なお谷が行きづまり、水もない所を吉野の北山では「カマ」・「タワ」と呼んでいる。また立山では「アシクラ」（芦峅の字をあてる。クラは岩の意）、山上ヶ岳や羽黒では「アコヤ」と名付けられた谷がある。こうした場所の多くは死者の霊魂の留まる所とされている。なお山上ヶ岳では阿古という童子が捨身して八体の竜となった所とされている。これに対して天にも達するように大岩が屹立している所は「大天井」・「小天井」・「天柱峰」（石鎚）・「白雲峰」（犬鳴）、「ホコタテ」（鳥海山）と呼んでいる。

山中の美しい草原や、花畑は浄土になぞらえて「浄土原」・「蓮台野」・「弥陀ヶ原」、天上の他界に比せられて「高天原」（戸隠山）と呼ばれている。また美しい苔の生地や砂地は「ヤマノカミノアソビバ」（茨城県高岡郡・滋賀県犬上郡）、「テングノスモウバ」（月山・朝日岳）、「天狗の庭」（飯豊山・妙高山）、「雷様の年取り場」（蓼科高原）と呼ばれている。こうした草原や山頂にある池も霊地とされている。奥駈道には「七つ池」・「御手洗池」・「水の本」・「御池」・「水飲場」などがある。また山頂の池の名称には、阿蘇の噴火口の「お池」、別当寺の名称にもなった早池峰《はやちね》山の「妙泉」がある。火山などの赤い池は、血の穢れがある女性の霊が死後に赴く「血の池」とされている。また湧き水は「籠り水」（英彦山）・「越水」（戸隠）・「鬼の泉水」（霧ヶ峰）・「御泉水」（蓼科山）などと名付けられている。

富士・立山・木曾御嶽・男体山・浅間山・羽黒山・月山・鳥海山・岩木山・八海山など多くの霊山では道者が白衣に身をかためて登拝することを禅定《ぜんじょう》と呼んでいる。これが転じて山頂を「禅定」と呼びもした。近世期には富士・立山・白山をめぐる三禅定が行なわれた。また山頂から望見できる範囲に応じて「国見岳」・「三国岳」・「八方睨み」・「十国峠」(箱根)などの呼称もある。山頂から四方に道がのびている所は、「辻」(飛騨の双六谷)・「天辻」とも呼ばれている。福岡県の宝満山は山頂に竈石《かまいし》と呼ばれる三つの巨岩が立っていることから竈《かま》門《ど》山ともいわれる。また越後の北魚沼郡では霊山の山頂を「ボンテン」と呼んでいる。火山の噴火口は「オハチ」、その内側は「内院」(富士・那須岳)・「ミハチ」(霧島)・「ホド」(三宅島)・「カナド」(八丈島)・「オカマ」(大島)・「シンダケ」(妙高)・「ジゴク」(白山)、火山湖は「イケ」と呼ばれている。そして富士山などでは噴火口を神の居所としてこのオハチをまわる修行をお鉢まわりと呼んでいる。

大峰の奥駈や葛城山の峰入では、山系を構成する山々の頂上をへて尾根づたいに抖擻する。その際山と山の間の鞍部のことを「タワ」・「タア」・「タヲ」と呼び、多輪の字をあてている。ここは里人が山越えして、他村にいく時に越える峠になっている。同じ場所を山人はタワ、里人はトウゲと呼んでいるのである。なお山中で修行する場合には当初は洞窟を居所とした。大峰山中には、「笙岩屋」・「鷲の岩屋」、前鬼の「両界窟」など数多くの洞窟がある。これらの岩屋の総称には、弥勒の内院の四十九院になぞらえた英彦山の「四十九窟」、観音の三十三身にちなむ戸隠の「三十三窟」などがある。その後、宿泊のための小屋が造られたが、その多くは石を積んで造った石室で「オムロ」（岩手山）・「室堂」（立山）などと呼ばれた。これらに泊まって抖擻するのである。

山岳霊地の宗教的意味

これまでの大峰山や各地の霊山名、山内の霊地名の検討をもとに、地名に見られる山岳信仰の世界観と人々の生活とのかかわりを全体的に考察して本章の結びとすることにしたい。すでに最初に述べたように山岳は里人にとっては他界とされている。それゆえ山岳の入口の川で垢離をとり、川を渡り、結袈裟《ゆいげさ》をつけて山に入っていくことが、「六田渡」・「垢離取り」・「紙手掛」などの地名に示されている。また霊山が女人禁制とされていたことから、「結界石」・「女人堂」（母子堂）、禁制を破って石や木に化した比丘尼などにちなむ名が認められる。

大峰山の奥駈や諸霊山の抖擻では尾根道を縦走するが、この道に「大天井」・「小天井」・「天の二十八宿」と命名された場所があるのは、ここが天界と人間界の境、さらには天界そのものとされたことを示している。「天上山」、日・月・星にちなむ山名もこうした信仰を物語っている。また「国軸山」・「天柱石」など山岳を人間界と天界を結ぶ軸とする命名も認められる。山中他界観は山中の浄土や地獄にちなむ「浄土原」・「弥陀ヶ原」・「補陀落」・「霊山」（法華経にとく浄土）・「地獄谷（池・原・穴）」・「むくろ谷」・「阿古屋」・「賽の河原」・「血の池」・「餓鬼山」・「餓鬼田」などの地名、地蔵・虚空蔵・阿弥陀を冠した山名にリアルに示されている。さらに「曼荼羅山」や「両界山」（長野県の高妻山）の山名、大峰の「両峰分け」などの地名は山岳を金剛界、胎蔵界の曼荼羅で示される宇宙そのものとする思想を示している。また大峰山系の中央に「弥山」を位置付け、ここを吉野熊野の宿と名付けていることは、大峰山系全体を須弥山世界とする信仰にもとづくとも考えられよう。こうした須弥山にちなんだ弥山や妙高の山名は全国各地に認められる。

先に見たように山名に大日ヶ岳、不動山、薬師岳、観音山、権現山、稲荷山、明神山、八幡山、天神山など具体的な神仏名をあげる例は全国に見られるが、これは山岳を神仏の在所とする信仰にもとづいている。また山岳や山内の霊地に天狗や鬼の名を付すことは、天狗（山・岳・森・鼻・棚・塚・平・岩）、天狗の相撲取場、鬼が城、鬼が岳、鬼面山、鬼首山など数多く認められる。さらに天狗が榛名山を富士山より高くしようと夜もっこで土をはこんだが、最後の一もっこの時、鶏が鳴いたのでもっこの土をすてたのが「一もっこ山」だというように、天狗伝承にもとづく山名もある。

また大峰山や葛城山などには役行者に仕えた前鬼の子孫が住む「前鬼」という集落があり、灌頂道場の深仙を守っている。さらに戸隠の「鬼無里」、英彦山の「岳滅鬼《がくめき》山《さん》」のように鬼が退治されていなくなったことを示す地名もある。これらの天狗や鬼は山の魔物ひいては山伏そのものとされたのである。このほか、蛇、竜、熊、鳥、鷲、鳥、馬、鹿、犬、獅子などにちなむ山名や山内の霊地名があるが、これらの動物は山の神そのもの、あるいは山の神の使いと信じられていたのである。

山岳は古来仙人が不老長生を求めたり、密教の験者や修験が成仏や験力を求めて修行した道場である。こうしたことから特にきびしい山岳修行がなされた中世期の「峰中宿次第」には、仙人や行者にちなんだ山名や宿の名、修行の内容を示す戒・験法・経教・教法、悟りを示す転法輪・覚輪・智などを付した宿が設けられていた。山中には三途川になぞらえた川で象徴的に死んで他界である山に入り、地獄谷などの地獄、餓鬼を示す飢坂、畜生のいる畜生原などで修行し、のぞきなどで懺悔して弥陀の浄土に入り、成仏の過程に充当された十界修行をし、胎内くぐりをして仏として再生するという峰入の思想を示す地名が断片的に残っている。

ちなみに虚空蔵菩薩の名を付けた霊山が全国に数多くあり、羽黒山では秋の峰の最後の行は虚空蔵小屋で行なっている。虚空蔵は弔いあげの三十三年忌にまつる十三仏の最後の仏ゆえ、この命名は山岳修行者が生前に成仏の保証を得る逆修のために修行していることを示すと思われるのである。

近世になって農民などの民衆の登拝が盛んになると、山中の湿原を田になぞらえて田代、御田原《みたがはら》と名付けたり、雨乞山に雨を祈ったり、山中の雨乞池から水をもらってきて雨乞をするなどのことが行なわれた。稲村岳、飯盛（森）山、飯豊山、飯山《いいやま》などの山名は農民の豊穣の願いを物語っている。また子守岳、子安社などは水分がなまって子授けの信仰となったことを示す命名である。今一つ興味をそそられるのは山の残雪にもとづいて、種蒔などの時期を決めたり、豊凶を占ったことを示す山名である。これには白く残った雪の形にもとづく「農鳥岳《のうとりだけ》」（白根三山の一）・「駒ヶ岳」・「駒形山」・「僧ヶ岳」（黒部山系）・「人形山」（岐阜県白川村）と、雪から現れた黒土の形にもとづく「舟」（鳥海山）・「種蒔爺」（後立山の爺岳）・「代馬」（白馬岳）の二種のものがある。

山をめじるしにするという点では、北海道の「灯明岳」・隠岐の「焼火《たくひ》山《さん》」・出雲の「日御《ひのみ》碕《さき》」、各地の「ゴマタキ岩」、「竜灯《りゅうとう》」などの航海の際の山あてにもとづく命名が注目される。このほか、「金《かね》の御《み》岳《たけ》」（金峰山）、「丹生《にう》」（水銀）など鉱山にちなむ山名や霊地も少なくない。また薬草が多いことにちなむ「占治原《しめじがはら》」（伊吹山）、疱瘡を予防する「イモイシ」（八海山）など治病とかかわる命名もある。このように霊山が庶民生活の種々の局面を守護すると信じられていたことが、山名や山中の霊地名によって示されているのである。

第七章　山の神格

1　山の神

山の神と釈尊

私の古い友人のバイロン・エアハートは、シカゴ大学に提出した博士論文『羽黒修験道』の巻頭に、「本書を私の山の神に捧げる」と記している。怪訝《けげん》に思われるかも知れないが、かつては日本では、妻のことを「山の神」と呼び、そのシンボルを杓子としていたのである。これは家族にその働きや状況に応じて杓子でご飯を盛り分ける権限が妻にあったことによっている。このこともあってか、姑から嫁へ主婦権をゆずることを杓子渡しと呼んでいる。ちなみに主婦連合会はかつてはデモのとき大きな杓子を先頭に行進した。また宮島の厳島神社（奥社は弥山にある）など霊山の神社では縁起物として杓子を授けている。一方黒森神楽の権現舞では、杓子が採物《とりもの》に用いられている。

ところで柳田民俗学では、山の神は稲作を守護するために卯月八日に里に下って田の神になるとし、ここに神社の春祭りの淵源があるとしている。一方古来日本の寺院ではこの四月八日を釈尊の誕生日として、花で飾った花御堂《はなみどう》に誕生仏を安置し、甘茶をかけて祝っている。このように日本で最も広く信じられている仏教の開祖の釈尊の誕生日を山の神の降臨日と符合させていることは、山の神が古来日本人の生活にとって最も重要な神格であったことを物語っている。そこで本章ではまず日本の山の神信仰の淵源をなす記紀神話や民間信仰に見られる山の神の信仰を検討した上で、山に祀られている主要な神格を紹介することにしたい。

神話に見られる山の神

『古事記』上巻によると、伊邪那岐命と伊邪那美命の二柱の神が天浮橋《あまのうきはし》の上から天沼矛《あまのぬぼこ》をさしおろして海中をかきまわして持ち上げると、矛の先からしたたり落ちた塩がたまって淤能碁呂島《おのごろじま》ができた。二人の神はこの島に天降りして天の御柱《みはしら》を立てて、その柱をまわって「みとのまぐわい」をして、大八嶋国（日本の国土）を生んだ。ついで数多くの神を生んだが、その中には石や土にかかわる石土毘古神《いわつちびこ》・石巣比売神《いわすびめ》、海神の大綿津見《おおわたつみ》神、木の神の久久能智《くくのち》神、山の神の大山津見《おおやまつみ》神などが含まれていた。そして最後に火の神の迦具土《かぐつち》神を生んだことから伊邪那美命は死んで黄泉国《よみのくに》に行く。そこで伊邪那岐命は妻を連れもどしに行くが、自分を見るなとの伊邪那美命が課した禁忌を破って、蛆虫に囲まれて雷神と化した彼女を見たことから追いかけられる。やっと逃げ遂せてその穢れをさけるために禊ぎ祓いをした際に、種々の神が生まれた。そして最後に洗った左の目から天照大御神、右の目から月読命《つくよみのみこと》、鼻から建速須佐之男命が生まれた。そこで伊邪那岐命は天照大御神に天上の高天原、月読命に夜の世界、建速須佐之男命に海を支配することを命じた。

この天照大御神の子、天之《あめの》忍穂耳命《おしほみみのみこと》は高木神（高御産巣日《たかみむすび》神）の娘万幡豊秋津師比《よろずはたとよあきづしひ》売命《めのみこと》と結婚して、邇邇芸命《ににぎのみこと》をもうけた。邇邇芸命は天照大御神の意を受けて、国神《くにつかみ》の猿田毘古《さるたびこ》神の案内で日向の高千穂峰に天降りした。そして大山津見神の娘の木花佐久《このはなさく》夜毘売《やびめ》を妻として火照命《ほでりのみこと》（海佐知毘古《うみさちびこ》）、火須勢理命《ほすせりのみこと》、火遠理命《ほおりのみこと》（日子穂穂手見命《ひこほほでみのみこと》・山佐知毘古《やまさちびこ》）をもうけた。

海佐知毘古（火照命）は漁猟、山佐知毘古（火遠理命）は狩猟を生業としていたが、山佐知毘古は兄の海佐知毘古にお互いの道具をかえて仕事をすることを三度も懇願して許される。そして兄の魚釣りの道具を借りて海に行くが、何も取れず、おまけに釣針をとられてしまう。怒った兄に十拳剣《とつかのつるぎ》で五百さらに千の釣針を造って渡したが、もとの釣針を返せといって許してくれない。困ってしまって海辺で泣いていると、塩椎神《しおつち》が事情を聞いて、竹籠の小船に乗せて海神の綿津見《わたつみ》神の宮に送り出す。山佐知毘古はその宮の井戸で、綿津見神の娘の豊玉毘売《とよたまびめ》に会う。綿津見神は山佐知毘古が天照大御神の後胤であることを知り、豊玉毘売を嫁がせる。

結婚後三年たつが、豊玉毘売は夫がいつも憂いに沈んでいるので、その理由を尋ねた。そして山佐知毘古が兄の釣針を失って咎められていることを知った。そこで父に相談すると綿津見神は魚たちに聞いて、鯛が釣針をのみこんでいることを知り、取り出して、山佐知毘古に渡した。そしてあわせて海佐知毘古が釣針を使っても魚が逃げて取れない呪文と潮の干満をもたらす塩ふる玉と塩みつ玉を授けて、もし兄がこれを怨んで攻めてきたらこの玉を用いるようにといった。山佐知毘古はこれらの呪文を用いて兄を服従させた。一方すでに妊っていた豊玉毘売は夫を慕って、海を出て浜辺の産屋で本身の八尋《やひろ》の鰐になって出産した。その時産屋の屋根を葺きおえないうちに生まれたので、子供の名は、鵜葺草葺不合命《うがやふきあえずのみこと》と名付けられた。ただ彼女は本身を見られたので恥じて綿津見宮に帰って、妹の玉依毘売《たまよりびめ》に子供の養育をゆだねた。玉依毘売は成長した鵜葺草葺不合命と結婚して、神倭伊波礼毘古命《かむやまといわれびこのみこと》（神武天皇）を生んだ。

以上の話を見ると、天照大御神の子である天之忍穂耳命は高木神の娘と結婚している。また高天原から天降った孫の邇邇芸命は山の神の大山津見神の娘の木花佐久夜毘売と結婚している。その子の山仕事を生業とする山佐知毘古命は海神の娘と結婚し、その子の鵜葺草葺不合命もやはり海神の娘玉依毘売と結婚し、その子が神武天皇となっている。このように『古事記』では、天神の天照大御神の子孫が、いずれも木・山・海という自然神を思わせる神の娘と結婚して、その子を儲けていることが注目される。なお、神道では山の神を祀った神社のほとんどが大山津見神か木花佐久夜毘売神を祭神としている（この項の神名は全て『古事記』〈岩波文庫〉によった）。

山人の崇める山の神

宮崎県の椎葉村のマタギの間では、次の西山猟師の話が伝わっている。山の神が山鳥に姿をかえて、浜辺で磯遊びをしていた竜宮の海竜王の娘の乙姫と交わった。その子を身籠った乙姫は夫を訪ねて山中まできた時に、急に産気づいた。そこでちょうどそこを通りかかった東山小内足と西山小内足の兄弟の猟師に助けを求めた。その折、兄はお産の穢れを恐れてさけたのに対して、弟の西山小内足は積極的に出産の手伝いをした。そしてそのお礼に山の神となった乙姫からその子孫の西山猟師は日本六十余州の山々で獣をとる許しを得たという話である。

青森県三戸郡田子町夏坂のマタギの伝承では、助けを求められた猟師の西山小内足が乙姫のために産屋をつくる。すると乙姫はこの産屋に山の神を招いて、「昨年三月一六日に私が舟遊びをしていると、貴方が鏑矢に姿をかえて舟の傍らに流れ寄った。私が不思議に思って手にとったらそれに感じて子供を宿した。どうか産屋を清めてほしい」といった。そしてそこで西山小内足の助けをうけて十二人の子神を生み、その神々に十二支の名をつけ、全国十二の山々に分けて住まわせた。また西山小内足に日本六十余州の山々で獣をうちとる鉄砲の業を免許されたという話が伝わっている。また秋田県阿仁町のマタギの話は、山の神が兄のエビス神から釣針を借りて漁に行って、釣針を失う。そして針をさがしに竜宮に行って姫と親しくなったが山に帰ってしまう。山の神の子を宿した乙姫は山の神の後を追って山

山の神　十二大明神、新潟県南魚沼、提供：野村伸一

の中にやってくる、というものである。

これらのマタギの伝承はさきの『古事記』の山幸彦、海幸彦の話を取りこむと共に、最後に自分たちは先祖が山の神からお産を助けたお礼に獲物をとる権限を与えられたとしている。こうしたことから山の神は山の主であり、さらに山の神は彼らが狩りにあたって祈願をこめると獣を与えてくれるが、喜怒哀楽の感情が激しい荒ぶる神ゆえ、その機嫌を損じないようにしなければならないとしている。なお、山の神は一時に十二人の子を生んだとの話に見られるようにきわめて多産な神である。そしてこれがさらに展開して数多くの動物を産む、動物の主ともされている。このこともあってか、上信越や佐渡では山の神を十二様、東北では十二山の神とも呼んでいる。また山の神自身が動物の姿をしたり、動物に乗って現れる。さらに特定の動物を使役するとも信じられている。

山の木樵たちは山の神を山中の土地や樹木・草木を所有する神としている。そして山奥の幹が二股か三股にわかれて窓のようになっている樹木を山の神の木としている。長野県伊那市長谷市野瀬では山の神は旧暦一二月八日に樹木を身籠り、翌年二月八日に木産みをするとしてコトの神様とも呼んでいる。そしてこの両日は山に入って木を切ることを禁じている。さらに山の神が秋の決まった日に山に行って各種の木種を集めて、春ふたたび山に行ってこれらの木種を蒔いたり、木の成長を調べたり、木を数えたりするとしている。なお、山陰の鋳物師の間では山の神を金屋子神《かなやこがみ》（フイゴ神）と呼んでいる。

農耕民の山の神信仰

農耕には焼畑農耕と水田稲作がある。このうち焼畑農耕は森の木を焼いて畑を造り、そこにヒエ、アワ、ソバ、サトイモなどを植えて四年前後使用し、その後二十年間くらい休閑《きゆうかん》して、また四年程度使用する形の循環が行なわれている。焼畑農耕民は、耕地の中の最も高い木の「せびの枝」（頂の枝）に、その耕地の作物を守り育てる山の神を観じて守護を祈った。この神は蛇神ともされ、雨をもたらして豊作に導くとされた。焼畑では火入れが重要な仕事で春先や夏に行なわれたが、その折には山の神の現れとされる大蛇に山を焼くことを断る呪文が唱えられた。なお三重県の山村では、春先に山の神の神木からその隣の木に注連縄をわたし、二股の枝でつくった鉤《かぎ》で里の方へひっぱる鉤引きの行事が残っている。滋賀県の朽木《くつき》村ではこの鉤や注連縄を正月のトンド（火焚祭り）の際に焼いている。そしてこの火焚祭をサイノカミ焼き、サイトウ、左義長《さぎちよう》と呼んでいる。なお、山の神は山口神ともいわれて山の入口（山と里の境）に祀られている。こうしたことからするとやはり左義長と呼ばれる村境の道祖神の火まつり、山伏の柴灯護摩《さいとうごま》とのつながりが推測されないでもない。なお、坪井洋文は焼畑の農耕儀礼は正月と盆に行なわれるとしているが、それは焼畑の火入れの時期に対応している。焼畑は山中で営まれることから作物を猪・鹿・猿などに荒らされることが多かった。これを防ぐためにつくられる一本足の案山子《かかし》を山の神に準えたり、害獣を捕食する山犬を山の神として崇める信仰も育まれた。

柳田民俗学では定住して水田稲作を行なうようになった人々の間に、春先に山の神を里に迎えて、田の神として守護を頼み、秋に収穫を終えると収穫物を田の神と共食する感謝の祭りをして山に送って山の神とする、山の神と田の神の交代神話が生まれたとしている。この山の神は水田稲作や生活に必要な水をもたらすことから水分神とも呼ばれた。そして山と里との境界の水辺にあらわれる蛇をその使い、または山の神とし、それを抽象化した大蛇や竜を崇拝した。また、一般には人間は死後子孫にきちんと葬儀をしてもらい、盆・正月や十三回の追善供養の法要を受けると祖神になって山に行って山の神と融合する。この山の神と融合した祖神は春先に山からおりると山麓の神社に氏神として祀られる。この山の神を山からむかえるのが春祭り、秋に山に帰られるのを送り出すのが秋祭りで、これが神社信仰に展開していくのである。

なお、この水田稲作民の山の神信仰は農耕を守護する山の神を鉤にかけてひきこんだり、ともに多産な豊穣の神とするなど、焼畑民の山の神信仰と連続する面がある。しかしながら、山中で行なう焼畑に対して、水田の稲作は山から離れた所で営まれる。こうしたことから山の神が農耕の開始の時に里におりて田の神になるという水田稲作民の信仰に展開したと考えられるのである。

2　霊山の権現

権現とは

日本各地の霊山を見ると、古来その山で祀られていた山の神がその山名などに権現号を付して呼ばれている。例えば熊野権現、蔵王権現、春日権現、白山権現、羽黒権現、彦山権現、箱根権現などがこれである。また東北の山伏神楽などでは山の神の化身とされる獅子面を権現様と呼んでいる。もっとも辻善之助はこの権現の用字の淵源は、『法華経』「如来寿量品第十六」の歴史上の人物である釈迦を、久遠実成《くおんじつじょう》の仏陀（本地）の権現とする思想にもとづくとしている（辻「本地垂迹説の起源について」『日本仏教史之研究』金港堂）。そして我が国では八世紀前半頃から重用された『金光明最勝王経』に、如来の法身は常住で金剛のように不変だが衆生救済のためにかりの姿をあらわすとあることから平安中期（一〇世紀）頃から、僧侶や貴族の間でこの「権現」の語が用いられたとしている。

けれども村山修一は辻があげた『法華経』「寿量品」の説は仏教以前のインドで菩提樹を神霊の宿る所とするリグ＝ヴェーダの思想、火・風・太陽・梵天《ぼんてん》・シヴァ・ヴィシュヌなどの神々を無始無終、常住不変の梵（ブラフマン）の顕現とするウパニシャッドの思想に淵源をもつとしている（村山『本地垂迹』吉川弘文館）。とすると、権現の思想の根底に目に見えない本質的な聖なる存在が具体的な目に見えるものに化身して現れたことを示す、M・エリアーデがヒエロファニー（聖化顕現）と名付けた宗教概念を想定することが可能になると考えられるのである。

金峰山の金剛蔵王権現

こうした霊山の権現の中で最も広く知られているのは、吉野の金峰山の金剛蔵王権現と熊野十二所権現である。吉野の金剛蔵王は大峰山を中興したとされ、のちに当山派の祖とされた聖宝（八三二—九〇九）が、金峰山に堂を建てて、金の如意輪観音と脇士の多聞天王（毘沙門天）・金剛蔵王を祀ったという、承平七年（九三七）になる

蔵王権現立像　奈良・如意輪寺蔵

『醍醐根本僧正略伝』の記事が初出である。また『扶桑《ふそう》略記』には、天慶四年（九四二）金峰山の笙《しょう》の岩屋で修行中の日蔵が執金剛神《しっこんごうしん》の導きで釈迦牟尼の化身蔵王菩薩に会った話があげられている。その後寛弘四年（一〇〇七）に御岳詣をした藤原道長（九六六―一〇二七）は、「南無教主釈迦蔵王権現」と刻んだ経筒に経を納めて埋納しているが、これが蔵王権現の表記の初出である。ちなみに鶴見の総持寺には長保三年（一〇〇一）刻銘の線刻蔵王権現鏡像が所蔵されている。この吉野の金剛蔵王菩薩のことは、中国でも知られていたらしく、一〇世紀の中頃になると『義楚《ぎそ》六帖』に、日本の都の南五百余里の所に金峰山があり、頂上に金剛蔵王菩薩が鎮座している。この菩薩は弥勒の化身で中国の五台山の文殊のようなものだと紹介している。また、ほぼ同じ頃になる醍醐天皇の皇子重明親王の日記『吏部王記《りほうおうき》』には、貞崇《じょうすう》が大和の金峰山は漢土の金剛蔵王菩薩を祀った金峰山が海を渡って日本に来たものだという金峰山の神変について語った話をあげている。ちなみに『諸山縁起』には、大峰山は宣化三年（五三八）八月一九日にインドの霊鷲山の坤《ひつじさる》（西南）の角が飛来したものとしている。

ところで吉野には、欽明天皇一四年（五五三）に河内の茅渟《ちぬ》の海で梵音とともに光を発して現れた樟で造った仏像二躰を祀った吉野寺（比曾寺）があった（『日本書紀』）。そして八世紀の中頃にはこの寺で神叡など南都の僧により虚空蔵菩薩を本尊として、それとの一体化をはかる虚空蔵求聞持法が修されていた。田辺三郎助はこの虚空蔵菩薩が図像的に、如意宝珠を持つ如意輪観音の像容と一致することに注目する。そして、さらに永観二年（九八四）成立の『三宝絵詞《さんぼうえことば》』にあげる、良弁《ろうべん》（六八九—七七三）の説話に着目する。すなわち、彼が東大寺大仏に塗る金を金峰山の金剛蔵王権現に求めたところ、蔵王権現は、金峰山の金は弥勒下生の時に用いるもののゆえ譲ることはできない。その代わり、近江国志賀郡の川のほとりの岩の上に如意輪観音を祀って祈ると金が与えられると話した。そのとおりにしたところ、陸奥国から金が出たとの知らせが入った。そこで彼は、この岩の上に寺を造って如意輪観音を祀り、金剛蔵王権現と執金剛神を脇士にしたという。こうした話などを勘案して、田辺は金峰山の金剛蔵王権現信仰の淵源を奈良時代の吉野の比曾寺の虚空蔵菩薩信仰に求めている。そして、実際に金剛蔵王権現の像容には、虚空蔵菩薩や如意輪観音に通じる柔和な面と忿怒《ふんぬ》尊の両面が認められるという興味深い解釈を試みている（田辺編著『神仏習合と修験』図説日本の仏教六　新潮社）。

鎌倉時代に入ると、修験道が成立宗教化し、役行者が金剛蔵王権現を涌出したとの神話が創り出される。すなわち、『金峰山秘密伝』には、白鳳年間（六四五―七一〇）、大峰を開いた役行者は金峰山上で守護仏を求めて祈念した。すると釈迦・千手千眼観音・弥勒が相次いで現れた。けれども役行者は、このそれぞれをふさわしくないとして退けた。すると最後に磐石の中から青黒の姿をした忿怒身の金剛蔵王権現が現れたので、これを本尊としたとの話をあげている。なお、同書にはこのほかに別伝として、役行者が金峰山上で祈願すると山上の青龍池の八尺の宝石が光を放ち、その北側に釈迦・千手・弥勒、南側上方に金剛蔵王権現と八大金剛童子、西側に胎蔵界の東曼荼羅、東側に金剛界の西曼荼羅が出現した。そこで行者はこのうちの金剛蔵王権現を守護仏、八大金剛童子を眷属として祀ったとの話をあげている。

熊野十二所権現

熊野権現の本地の初出は応徳三年（一〇八六）一一月一三日の「内侍藤原氏施入状案」の「熊野権現は阿弥陀・観音の垂迹《すいじやく》で慈悲をもって法界の衆生を利益すると伝えられている」（『那智大社文書』）との記載である。次いで源師時《もろとき》が長承三年（一一三四）の鳥羽上皇と待賢門院璋子《たいけんもんいんたまこ》の熊野参詣のことを記した『長秋記《ちょうしゅうき》』の二月一日の条には、熊野の神格として丞相《しょうじょう》（家津王子）法形　本地阿弥陀、西宮（結宮）女形　本地千手観音と中宮（早玉明神）俗形　本地薬師如来の両所権現（以上を三所権現）、若宮　女形　本地十一面観音・禅師宮　俗形　本地地蔵菩薩・聖宮　法形　本地龍樹菩薩・児宮　本地如意輪観音・子守　本地正観音の五所王子、一万　本地普賢と十万　本地文殊・勧請十五所　本地釈迦・飛行夜叉　本地不動尊・米持金剛童子　本地毘沙門天の四所明神からなる熊野十二所権現とその本地ならびに礼殿守護金剛童子などがあげられている。

そして長寛元年（一一六三）になる『長寛勘文《ちょうかんのかんもん》』所引の「熊野権現御垂迹縁起」には、熊野権現は唐の天台山の地主神の王子信が甲寅の年に鎮西の彦山に水精の石の形をとって飛来し、そののち伊予国の石鎚山、淡路の諭鶴羽山、紀伊国牟婁郡《むろぐん》切部《きるべ》山の玉那木、熊野新宮神倉《かんのくら》をへて、阿須賀社北の石淵谷に結・早玉と家津美御子の二つの社に祀られ、その十三年後に本宮の大斎原《おおゆのはら》の櫟《いちい》の木に三つの月の姿をして天降った。その八年後、石多河の南河内の住人である熊野部千与定《ちよさだ》という猟師が大猪を追ってここにたどりつき、木の梢に三つの月の姿をした権現を発見して祀った。これが證誠菩薩（家津王子・阿弥陀）と両所権現であるとの話をあげている。

もっとも鎌倉初期になる『熊野権現金剛蔵王宝殿造功日記』には、新宮と那智に関してこれと違った垂迹譚をあげている。それによると、孝昭天皇の辛卯歳（紀元前四五〇）、新宮に大熊が三頭現れた。これを発見した猟師の是与が追っていくと、熊は西北の山の石の上で三枚の鏡となった。その時、裸行《らぎょう》上人が現れて、覆家《おおいや》を造ってこの鏡を祀ったのが新宮である。さらに裸行上人は孝昭天皇戊午歳には、那智滝に千手観音が顕現したのを那智権現として祀ったとしている。

ところで金峰山では、役行者が岩中から金剛蔵王権現を涌出したとされているが、

熊野十二所権現の絵符　倉敷・五流尊瀧院蔵

熊野でも熊野十二所権現のそれぞれの神格を宗教者が修行によって顕したとして、その名をあげている。すなわち、鎌倉初期になる『諸山縁起』では、證誠大菩薩（菩提《ぼだい》僊那《せんな》―顕現させた宗教者名、以下同様）、中宮（最澄）、西宮（空海）、若宮王子（円珍）、礼殿《らいでん》の執金剛神（円珍）、禅師宮（源信）、聖宮（津の国の内供千観）、児宮と子守（静観）、一万・十万（円仁）、勧請十五所と飛行夜叉（菩提僊那）、米持《めじ》金剛（円珍）としている。

さて、以上の熊野十二所権現および主要な眷属を修行によって顕した宗教者を見ると、インドから渡来した菩提僊那（證誠殿、勧請十五所、飛行夜叉―顕現させた神格、以下同様）、円珍（若宮、礼殿執金剛神、米持金剛）、その弟子静観（児宮、子守）が複数の神格を顕している。そして、両所権現の中宮は最澄、西宮は空海が顕したとする。そのほかでは天台座主の円仁（一万・十万）、比叡山の横川《よかわ》の源信（禅師宮）、箕面の千観（聖宮）などの天台の修行僧があげられている。このように熊野では天台宗、特に園城寺系の僧が多くの神格を顕しているのである。

地方霊山の権現

次に地方の主要な霊山の権現に関して、簡単に紹介しておきたい。羽黒山は『羽黒山縁起』（永治元年〈一一四一〉の奥書）によると、崇峻天皇第三皇子参弗理《さぶり》が烏に杉の大木の下に導かれて、そこで三年間修行後、再度烏の指示で杉の下に観世音菩薩を発見し、本尊として祀った。その後、酒田の沖に光を放つ流木が流れ着いたので、参弗理はこの木で軍荼利《ぐんだり》明王と妙見菩薩を刻んで本尊の脇士にしたという。日光山は『補陀洛山建立修行日記』（鎌倉初期成立）によると、勝道が天応二年（七八二）に初登頂した。彼はその後、延暦三年（七八四）春には人頭の白蛇である湖の鎮守と千手観音の示現にまみえ、これを祀る中禅寺を建立した。そして大同二年（八〇七）同寺で十四日間念誦《ねんじゆ》、読経した。すると、三十歳位の天女、十五、六歳の狩衣の青年、五十歳位の束帯の三柱の神が鹿に乗って現れ、自分たちはこの地の山の神だが今後は護法となって人法を守るといったので、これを日光三社権現として祀ったという。

立山は鎌倉末成立の『類聚既験抄』神祇三―上によると、大宝元年（七〇一）に、猟師が立山の山中で追いつめて射とめた熊が、金色の阿弥陀如来となったのに恐れおののいて、立山権現として祀ったことに始まるとされている。白山は泰澄（六八二―七六七）によって開かれたが、天徳二年（九五八）になる『泰澄和尚伝』によると、その経緯は次の通りである。泰澄は霊亀二年（七一六）、三十六歳の時に、夢に現れた貴女の導きで山頂（御前峰）をきわめ、緑碧池の側で祈念をこめると、九頭竜王が現れた。彼が方便の姿でなく真身を示すよう求めると、十一面観音が出現した。次いで左の孤峰（別山）で祈念をこめると、金の矢と銀の弓を持った宰官が出現して、自分は小白山別山大行事で真身は聖観音であると名乗った。そして最後に右の孤峰（大汝峰）に行くと、奇服の老翁が現れて、本地は阿弥陀だが大己貴神《おおなむちのかみ》と現じていると名乗った。このようにして泰澄は白山三所権現を顕したのである。

伯耆大山に関しては、鎌倉時代末になった大山寺塔頭の洞明院所蔵の『大山寺縁起』に出雲国玉造の猟師依道《よりみち》が美保の浦で金色の狼を発見し、それを追っていくと、狼は山の洞に入った。矢をつがえて射落そうとした矢先に、地蔵菩薩が現れ、狼は老尼となった。彼女は自分は都藍尼《とらんに》といい、三世にわたって行人としてこの山で修行して山の神となった。共にこの洞で地蔵を祀ろうといった。そこで依道は発心して金蓮と名乗り、彼女とともに、この地蔵を智明《ちみよう》権現として祀ったとの話を伝えている。石鎚山では『日本霊異記』によると、八世紀中頃寂仙《じやくせん》という禅師が浄行を修し、人々から菩薩と崇められていた。彼は天平宝字二年（七五八）死亡したが、その時予言して桓武天皇の皇子神野親王として再生したという。

彦山権現は、建保元年（一二一三）になる『彦山流記《るき》』によると、インドの摩掲陀《まがだ》国《こく》から中国の天台山の王子信の旧跡をへて、彦山へ飛来して、南岳に俗体で伊弉諾尊

（本地阿弥陀）、中岳に女体で伊弉冉尊（本地釈迦如来）、北岳に法体で天忍穂耳尊（本地千手観音）の三所権現として示現された。そして持参した宝珠を山内の般若窟に納められた。その後これを知った法蓮《ほうれん》は、この宝珠を得ようとして、十八年にわたって般若窟で『金剛般若経』を読誦して修行し、窟の鎮守の倶利迦羅《くりから》竜王から宝珠を獲得した。けれども老翁（宇佐八幡の化身）がこれを欲しがり、宇佐八幡に弥勒寺を作り法蓮を別当にすることを約して宝珠を獲得したという。

以上、金峰・熊野を中心に霊山における権現の成立の経緯を紹介した。その際、権現を聖の顕現、聖の化身の出現というように広く解してみた。そこで最後にこれを全体としてまとめてみると、まず金峰山で役行者が金剛蔵王権現を顕したように、宗教者が山岳の守護神を顕すことをめざして修行の末に顕現させたものと、熊野の千与定が猪を追って山中に入り熊野権現を発見したように、猟師が神使の導きで権現に接して祀るものがある。前者の修行によって権現を顕した宗教者には、役行者のほかに、熊野の裸行、熊野十二所権現の個々の神格を顕した僧侶、羽黒の参弗理、日光の勝道、白山の泰澄、彦山の法蓮などがある。一方、神の使いの動物が狩猟者を権現の所に導いたという伝承を持つ霊山には、熊野本宮・新宮、立山、伯耆大山がある。もっとも、その動物は猪（本宮）、熊（新宮・立山）、狼（伯耆大山）というように多様でである。なお、羽黒では烏、彦山では鷹が修行者を導いている。また、白山・伯耆大山では女性が修行者や猟師を導いている。

次に権現が顕現する場所は、岩（金峰・新宮神倉）、洞窟（立山・伯耆大山）、木（羽黒・熊野）、湖・池（日光・白山）、山頂（白山）、月面（熊野）など多様である。その顕現した姿は、観音（羽黒・白山）・阿弥陀（立山・白山）・地蔵（伯耆大山）などの仏、法体・俗体・女体の三神（白山・彦山・熊野）、金剛蔵王権現（吉野）、童子・王子（熊野・大峰）、九頭竜（白山）などである。このうち法体・俗体・女体の三神は、空海が猟師の狩場（高野）明神の導きで高野山の丹生都比売《にうつひめ》神に会い、その守護のもとに高野山を開いたという伝説に見られるように、山の女神（女体）とその子供の神またはそれを祀る猟師（俗体）、この山を開いた宗教者（法体）を示すと考えられるのである。

3　山岳信仰の神と仏

山岳神社の神

権現はいわば修行者が山中で感得した神格の呼称である。これに対して山岳にある神社は記紀などに記載の神格を祭神としてあげている。今『延喜式』神名帳所載の山の神霊をまつる神社七三社（うち神名の記入がないもの七社）のうちわけを見ると、大山祇《おおやまつみ》命―二六・大山津見神―九・大山咋《おおやまくい》神―八・大山積命―二など大山祇関係が四五、水分神―六、金山彦命―五、天香児《あまのかご》山《やま》神―二、そのほか―五で、大山祇関係のものが四五と圧倒的に多く、水分神と鉱山や鋳物師に関する金山彦命がこれに次いでいる。なお大山祇神は先に述べたように伊弉諾尊・伊弉冉尊の国生みの時に生まれた神である。ただ『日本書紀』の一書では伊弉諾尊が伊弉冉尊の死をもたらした火の神の迦具土神を三段に斬った時に生まれた神としている。なお『風土記』には大山積神と表記されている。大山祇と表記した場合は山を司る神、大山積は山を持ち、そこに座す神の意味である。また大山咋神は『古事記』では大山咋神また山末の大主神となっている。そして同書に「この神は近淡海国の日枝山に坐す」とあるように山の主の意味を持っている。

次に第五章で取り上げた主要な霊山を見ると、吉野には、子守社に水分神、勝手社に大山祇神、金峰社に金山毘古神が祀られており、子守と勝手の神は夫婦とされている。熊野は、本宮の家津美御子は結・速玉の父、新宮の速玉神は伊弉冉尊の夫、那智の結は伊弉諾尊の妻、若宮（天照大神）・児宮・子守宮は結の子、禅師宮と聖宮は速玉の子というように、ここでも家族的構成が認められる。羽黒は伊波《いでは》神・稲倉魂《うかのみたま》神、日光の二荒山神社は大己貴《おおなむち》命・田心姫《たごりひめ》命・味耜高彦根《あじすきたかひこね》命である。駿河の富士本宮浅間大社（大宮）は木花佐久夜毘売命、立山の雄山社は天手力男《あまのたぢからお》命と伊奘諾尊、白山比《しらやまひ》咩《め》神社は菊理媛《くくりひめ》神、伯耆大山（大神山神社）は大山祇神、比叡山の日枝社は大山咋神、高野山の丹生社は丹生都比売神と狩場明神、石鎚山は石土毘古神、英彦山は北岳は法体で天照大神、南岳は俗体で伊弉諾尊、中岳は女体で伊弉冉尊としている。これは英彦山を日子（太陽の子）としたことからの充当である。なおここに見られるように神の姿を法体・女体・俗体で表すことは、高野山で空海（法体）が猟師（俗体、狩場明神）の導きによって山の女神（丹生都比売神）に霊地を与えられたことに見られるように、山の女神（女体）、そこに修行者（法体）を導いた猟師（俗体）の三神を祀ったことを示すともされている。このほか霊山には山の神の荒々しい局面を示す荒《こう》神《じん》、行者が使役するイヅナ（イタチの一種で狐・荼吉尼天《だきにてん》）を神格化した飯縄権現（信州の飯縄山、高尾山の飯縄権現）、蛇を神格化した宇賀神などが祀られている。

霊山の仏菩薩

ほとんどの霊山には寺院があり、仏菩薩が祀られている。それを見るとまず第一に密教の主尊で宇宙の実相を仏格化したもので、すべての仏菩薩をその顕れとする大日如来がある。この仏菩薩には『大日経』にもとづいて理の働きを示すとされる胎蔵界曼荼羅所掲のものと、『金剛頂経《こんごうちょうきょう》』にもとづいて智の働きを示す金剛界曼荼羅所掲のものとがある。そして鎌倉時代初期になる『諸山縁起』には、大峰山系の熊野側の諸峰には胎蔵界曼荼羅の諸仏諸尊、吉野側に金剛界曼荼羅の諸仏諸尊が配されている。現在も大峰山系の吉野と熊野の中間にある岩の裂け目を両峰分けと呼び、ここを金剛界（吉野側）と胎蔵界（熊野側）の境としている。

第二は釈迦と末法の終りに兜率天《とそつてん》から降って人々を救済する当来仏の弥勒菩薩がある。金峰山・笠置山・彦山などはこの弥勒の浄土（兜率天）とされている。

第三は薬師如来、観世音菩薩、不動明王など現世利益と結び付く仏である。薬師如来は比叡山延暦寺根本中堂の本尊（秘仏）とされているほか、峰の薬師として諸霊山に祀られている。観音には基本になる聖観音のほかあらゆる方向に目配りする十一面観音、万人に救済の手をさしのばす千手観音をはじめ、如意輪観音、馬頭観音などがある。不動明王は降魔の仏で特に密教や修験道で護摩の本尊として崇められている。ちなみに不動明王はサンスクリットではアチャラナータと呼ばれるが、これは山岳の主を意味している。その像容は童子形で怨念の姿を示し索と剣を持ち、火炎（迦楼羅《かるら》

倶利迦羅不動（竜王）

炎《えん》を示す）を背にし、矜羯羅《こんがら》・制陀迦《せいたか》の二童子を従えている。この不動明王を中心とする降三世《ごうざんぜ》・軍荼利《ぐんだり》・大威徳・金剛夜叉（または烏枢沙摩《うすさま》）の五大明王も山岳修行をした験者の修法の仏とされた。また忿怒の相の大竜が剣にまつわりつく倶利迦羅《くりから》不動（竜王）、愛染明王、役行者がその呪法を用いたとされる孔雀明王など、明王部の諸尊も崇められている。また、いかめしい武人の姿の毘沙門天（多聞天とも）、男女が抱き合った姿の聖天（歓喜《かんぎ》天）、水と豊穣の女神弁才天も崇拝されている。なお北極星を神格化した妙見菩薩も福をもたらす仏として崇められている。

第四は他界にかかわる仏菩薩で、阿弥陀如来、地下の他界の守り本尊の地蔵菩薩、天上の他界と結び付く虚空蔵菩薩が山岳寺院でまつられている。阿弥陀如来は諸霊山の浄土に比定された霊地に祀られた。また霊山から阿弥陀が出現して死者を浄土に導く阿弥陀来迎図が描かれた。地蔵菩薩も諸霊山の地獄谷などに祀られ、地獄におちた亡者を救済するとされた。虚空蔵菩薩は弔いあげの法要の守護仏（十三仏の最後）とされた。また虚空蔵菩薩を祀った霊山では十三歳になった子供が成人式として登拝する慣行が認められる。

4　王子・童子と護法神

熊野の九十九王子と大峰・葛城の童子

熊野・大峰をはじめ諸霊山では、参詣路や修行道の霊地に山の主尊の眷属が示現して、修行者を守るとの信仰が認められる。こうした神格は童子・王子と呼ばれ、山の主尊の子神的な性格を与えられている。そしてこれらの神格を顕現させた宗教者に関する伝説が作られたり、その本地が定められてもいるのである。

この代表的なものは院政期の熊野詣道に設けられた王子である。鎌倉初期の最盛期には、その数が百近かったことから九十九《つくも》王子と総称された。これらの王子は、熊野十二所権現の若一《にゃくいち》王子や一万眷属・十万金剛童子を参詣路に配したものと説明された。もっとも実際には大坂から田辺をへて熊野に至る参詣路の土地の神などを王子としたものも含まれている。これらの王子の記載が最も詳細にわたる、建仁元年（一二〇一）の後鳥羽上皇の四度目の熊野御幸に供奉した藤原定家の『後鳥羽院熊野御幸記』には、本宮までの参詣路に点在した八十箇所の王子の名が記されている。なお本記には新宮から那智までの間にも多くの王子があったとしているが、その名はあげていない。

この九十九王子のうち、紀伊街道ぞいの藤白《ふじしろ》王子（海南市）、切目《きるめ》王子（日高郡印南町）と田辺から本宮への中辺路《なかへじ》に入って間もなくの稲葉根《いなばね》王子、滝尻王子（中辺路町）、本宮近くの発心門《ほっしんもん》王子は、特に五体王子と呼ばれて崇められた。そして藤白王子は本地は千手観音で円珍、切目王子は本地は十一面観音で初代天台座主義真、発心門王子は本地は大白身菩薩で福嶺（呉の国の僧で我が国に三論宗を伝えた）が顕現させている。ちなみにこれらの王子はいずれも童形で棒や念珠を持ち、異様な姿をしている。また稲葉根王子（本地不詳）は熊野詣に向かう弘法大師の前に老翁の姿で現れて、京都に伏見稲荷として祀られたとされている。

大峰と葛城の童子

大峰山中の主要な霊地には、金剛蔵王権現の眷属の大峰八大金剛童子が配されていて、峰中の修行者を守っているとされている。そこで『諸山縁起』の「大峯の金剛童子の次第、住所の日記、禅洞始めて顕はし給ふ」の項により、童子名（別称）、修行して顕した宗教者、在所、在所の状況（筆者の追記）をあげると次の通りである。

(1)持呪擁護《おうご》閦光《せんこう》童子（検始童子）、禅洞、禅師の宿（森林）
(2)諸教行者守護童子（後世童子）、勤操《ごんぞう》、多輪宿（たまり水あり）
(3)無生遍照愛光童子（虚空童子）、禅洞、笙の岩屋（洞窟、水あり）
(4)持戒護治眼光童子（剣光童子）、禅洞、小篠の宿（当山派の拠点）
(5)障乱諸魔降伏童子（悪除童子）、空海、玉置（熊野本宮の奥院）
(6)虚空遍普当光童子（香正童子）、聖宝、深仙（大峰山の中台、香精水あり）
(7)大乗常護普光童子（慈悲童子）、真済《しんぜい》、水飲宿（水あり）
(8)業障消除自在童子（除魔童子）、良弁、吹越（玉石あり）

これを見ると、これらの童子は、小篠・禅師・多輪・笙の岩屋・玉置山・深仙・水飲・吹越というように、現在も重視されていて、近くに水がある宿に示現している。そして、それを顕した宗教者は、伝説上の初代熊野別当禅洞（禅師・笙の岩屋・小篠）、良弁（吹越）、勤操（多輪）、空海（玉置）、真済（水飲）、聖宝（深仙）である。このうち勤操は石淵で法華八講を始め、良弁は法華会を始めている。また真済は空海の弟子で加持祈禱に失敗して天狗になったといわれている。ここでは法華持経者と験者が童子を顕している。また、童子の名称も、持呪擁護・大乗常護・持戒護治・

行者守護・諸魔降伏・業障消除というように、仏法を護持し、さらには峰中の行者を守る働きを示している。なおこれらの童子の像容はいずれも手に除魔を示す法具を持ち、長髪で異様な顔と服装をしている。

『諸山縁起』には、役行者が修行した葛城山中の霊地を守る、葛城八大金剛童子の名称・在所として、⑴経護童子、一乗山、多輪（峠）⑵福集童子、大福山、千手寺あり⑶常行童子、金剛山、閼伽井《あかい》あり⑷集飯童子、二上峰⑸宿着童子、入江⑹禅前童子、鳴滝、川のそば⑺羅網童子、二の宿、多輪（峠）⑻未出光童子、金剛山、をあげている。ここでも、その童子名から、仏法を守り、行者の修行を助ける童子の働きが推測されるのである。

仏法を守る護法と使役される護法

天台宗の別院として園城寺を再建した円珍は、唐からの帰朝の船中に現れて、彼が受法した仏法を護持することを約束した新羅明神《しんらみょうじん》を園城寺の護法神として勧請した。円仁はまた山東半島の赤山禅院から勧請して、比叡山への京都側からの登り口の東坂本に祀った赤山明神を延暦寺の護法神として勧請したとされている。真言宗では、空海が長安の青龍寺の鎮守の清滝明神を高雄の神護寺の護法神として勧請した。その後醍醐寺を開いた聖宝は、上醍醐の湧き水の醍醐水の脇にこの神を祀って上醍醐の護法神としたとされている。もっとも実際には醍醐寺座主の勝覚《しょうかく》（一〇五七—一一二九）が醍醐寺内に三宝院を創建した時にこの神を護法神として祀ったのにはじまると考えられる。

その後護法は霊山の寺院の本尊の眷属で、霊山で修行してその本尊の力を獲得した修行者に使役されて、その意をうけて治病、飛鉢《ひはつ》（鉢を飛ばして喜捨をうける）、峰入や参詣の案内、託宣などの効験を示すようになった。こうした護法は、平素は姿を隠しているが必要に応じて姿を現す。神通遊戯で飛翔性を持ち、仏法修行者を守護し、穢れをいとわず人々を救済する。もちろん護法の特徴はこれがすべてではない。

新羅明神　滋賀・園城寺蔵

先学のこれまでの研究によると、次のような特徴をあげることができる。

まず護法はただ単に童子の姿をとって現れるのみでなく、日本の神・老人・鬼・動物さらには憑坐《よりまし》や病人につく憑きものとして顕現する。その数は二人が多いが、ほかに一、三、八、十二、三十六などさまざまで、必ずしも一定しない。その形姿を描いたものを見ると、多くは童形か白髪の老人、動物などで表現されている。ちなみに吉野の代表的な護法とされる若宮《わかみや》は降魔成覚の秘仏と捉えられているが、その形姿は馬に乗り刀と弓を持つ武将の姿である。また『信貴山縁起《しぎさんえんぎ》』に描かれた護法は、剣を衣装とし手に剣を持って雲の上を輪宝に乗って走る姿である。総じて護法は、鬼や天邪鬼《あまのじやく》のように醜い忿怒の相をしているといわれている。

護法は自己が所属する主尊や修験者の使役神あるいは使霊として、人々に気づかれることなく空中を飛翔したり、疾駆するなどして迅速に行動した。特にその使い・案内者・小間使い・物知りとして、あるいは降魔の働きを示す武士として、本尊や修験者の命令に従ってその援助をした。こうした護法の活動には、霊山の登拝、入峰修行の行者の守護神霊として働く面と、修行を積んだ修験者の使役霊として、その日常生活や宗教生活を助けたり、修法者の使役に従って憑坐について災因を語る憑祈禱《よりぎとう》や、調伏の際に悪霊をしばったり、切り刻むなど、重要な役割を果たす面が見られるのである。なお陰陽道では護法を式神《しきがみ》と呼んでいる。

姿を見せた神格

山形県の月山、四国の石鎚山などの修験霊山では登拝した修行者が朝日や夕日を拝するとシルエットのように神や仏の姿が出現するとされている。しかもそれは当の修行者の形姿と類似している。科学的にはブロッケン現象と呼ばれる自然現象であるが、篤信者にはその修行や信心に応えて神仏が顕現したと受けとめられている。そしてますます信仰を深めていく。

一般には霊山の山の神や記紀神話に登場し、霊山の神社の祭神とされた神は、本来は姿を見せないものとされている。そして当初は神籬《ひもろぎ》や磐座、のちには神社の鏡や御幣を依代として崇めている。けれども霊山の修行者はブロッケン現象に遭遇したり、山中で洞窟などに住み断食などして厳しい修行をしていると、異様な形をした岩や深い森の巨木などに神格の顕現を観じることもあったと思われるのである。役行者が金剛蔵王権現を岩から涌出させたとの伝承や諸霊山の開山に見られる権現の感得譚《たん》は、こうした信仰にもとづくのである。そして修行や参詣の道筋に祀られた大峰、葛城・熊野などの童子や王子もこうした形で顕現したとされたのかもしれない。『諸山縁起』などで顕した高僧をあげているのは、この信仰の権威付けと考えられる。そして仏教者によって本地垂迹思想が唱えられると、これらの神格に本地仏が充当されたのである。

そこで次にはこうした山の神格を顕した宗教者や、彼らを助けたり、その一面を示すとされる鬼や天狗、彼らを山の神格のところに導いた動物などを取り上げることにしたい。

第八章　山の宗教者と動物・異人

1　山の宗教者と動物

役行者の登場

中世初頭には密教の験者をはじめ数多くの宗教者が霊山に入って修行した。彼らは山の神の使いとされる動物の導きで山に入って洞窟などに籠って修行し、神を感得して権現として祀った。一方、里人は山を神霊の住む霊地または魑魅《ちみ》魍魎《もうりょう》の住まう魔所として恐れていた。そして山岳で修行して超自然的な験力を修めた宗教者が、山の神格の力を感得し、その眷属の童子などを使役して、彼らの宗教的な希求に応えてくれることを期待した。こうした山の宗教者は山に伏して修行したことから山伏、験を修めた者という意味で修験者と呼ばれた。やがて中世中期には大和の葛城、吉野（金峰山）、紀伊の熊野などが修験者の拠点となっていった。

周知のように当時は法然の浄土宗、親鸞の浄土真宗、栄西の臨済宗、道元の曹洞宗、一遍の時宗というように、明白な開祖をもった鎌倉新仏教が成立していた。修験者たちもこうしたことから修行の理想とする山岳修行の先駆者を始祖に仮託する必要にせまられていた。そこで彼らは、『続日本紀』の文武天皇三年（六九九）の条に呪《じゅ》禁師《ごんし》の韓国連広足《からくにのむらじひろたり》の讒言《ざんげん》によって妖惑の罪に問われて伊豆に配流された役小角《えんのおづぬ》を理想上の山林修行者と崇めて役行者と呼んで、修験道の開祖に仮託した。なお『続日本紀』には、人々が小角は鬼神を使役して水を汲み、薪を採らせ、命令に従わない時は呪縛したという噂を伝えている。

この鬼神は役小角の入山以前から山中に住まっていた山人と考えられる。このほか、山中には仙人やそれに仕える童子がいた。また時代は下るが中世以降になると山中で天狗が活躍している。そして山岳を異界として恐れた里人は、仙人、童子、鬼、天狗など山の異人を山伏と結び付けて畏敬するようになったのである。そこで本章ではまず修験者が理想上の山林修行者として崇めた役行者や諸山の開山の伝承、彼らを霊山の神の所に導いた動物を紹介する。そしてその上で、里人から山の異人として畏怖された仙人、童子、鬼、天狗の活動を紹介し、これらと山伏の関係を検討することにしたい。

役行者の伝承

役行者については修験集団の確立にともなって、修験道の始祖とするのにふさわしい開祖伝が編まれていった（宮家準『役行者と修験道の歴史』吉川弘文館、参照）。ただここでは修験道成立期の修験者たちに伝承されていた役行者の活動を、鎌倉初期に成立した『諸山縁起』の記載をもとに紹介することにしたい。

それによると大和国葛上郡茅原《ちはら》郷の役優婆塞《えんのうばそく》（役行者）は、三十余年間、藤皮の衣を着、松葉を食し、花汁を吸って孔雀明王の呪を誦えて難行苦行し、大験自在となり鬼神を使役した。そして諸国の神に金峰山と葛城山の間に橋を造らせようとした。けれども葛城山の一言主神は形姿が醜いので、夜に仕事をするよう申し出て、咎められた。これをうらんだ一言主神の讒言にあって、役行者は追捕《ついぶ》の身となったが、姿をくらませた。しかし代わりに捕えられた母を救うために縛につき、伊豆の島に配流された。配所では昼間は王命に従って獄舎にいたが、夜は富士山に行って修行したとされ、その後処刑の際に、処刑者の刀の刃に富士明神の役行者は賢聖であるとの表文が出たことから許されて帰京した。その後役行者は一言主神を呪縛して、母とともに渡唐し、唐の四十仙のうち、第三座の仙人となり、八部衆を使役した。なお法相《ほっそう》宗の道《どう》

役行者と前鬼と後鬼　大峯山寺蔵

昭《しょう》（六二九―七〇〇）が渡唐して新羅の山寺で法華経を講じた時に現れて、今は唐にいるが三年に一度、日本に行って、金峰、葛城、富士に登拝していると彼に語ったとしている。

『諸山縁起』は、このほかにもさまざまな役行者の活動を伝えている。主なものをあげると、役行者が大峰山中の深仙に住み、毎日三度、宝塔ヶ岳の石屋にいる母の所を訪ねて礼拝した。また毎月七日には彼が大峰山上で岩から涌出させた修験道の守護神の金剛蔵王権現の宝前に、一五日には深仙の近くの金剛界・胎蔵界・阿弥陀の曼荼羅をおさめた三重の岩屋に参拝した。特に母を想う心には切なるものがあって、母のために大峰の金剛童子を迎えにやって、大唐第一の仙人といわれる北斗大師を招いて千塔塔婆供養を行なった。役行者は葛城山系の二上山から摂津の箕面山に赴いて、そこで一千日籠った上で、熊野にも参詣している。この時は途中の川や辻などで、血や死の穢れを、そこに祀られている童子の助けや大中臣《おおなかとみの》祓《はらえ》で清め、さらに自分自身も沐浴して熊野に詣でている。

このように役行者は葛城・大峰・熊野などで修行し、鬼・童子などを使役して、除魔に秀でた宗教者であり、その際行者は大峰山の山の女神とも思われる母につかえて修行し、最後は渡唐したとしている。

諸霊山の開山伝承

個々の霊山の開山伝承についてはすでに第五章でふれたので、ここではこうした諸霊山の開山伝承にほぼ共通に認められるものをあげておくことにしたい。そしてこれによって人々が先の役行者同様、代表的な山伏としてイメージに描いた宗教者がどのようなものであったかを示すことにしよう。各地の霊山を開いた修験者は、その出自を見ると多くは狩猟者、船頭、渡し守、武士などである。もちろん幼くして仏門へ入った者もいたが、その場合は、日光の勝道などのように、父母が山中の女神（観音など）に願掛けをして授かった子供という伝承が作られている。次に彼らが山を開くに至った経緯を見ると、狩猟者の場合には、熊、鹿、鳥などを追って山中に入り、それに矢を射かけたところ、それが仏の姿をした山の女神、あるいはその眷属に姿を変えた。そこで畏れおののいて発心して、その神を祀って開山となっている。一方最初か

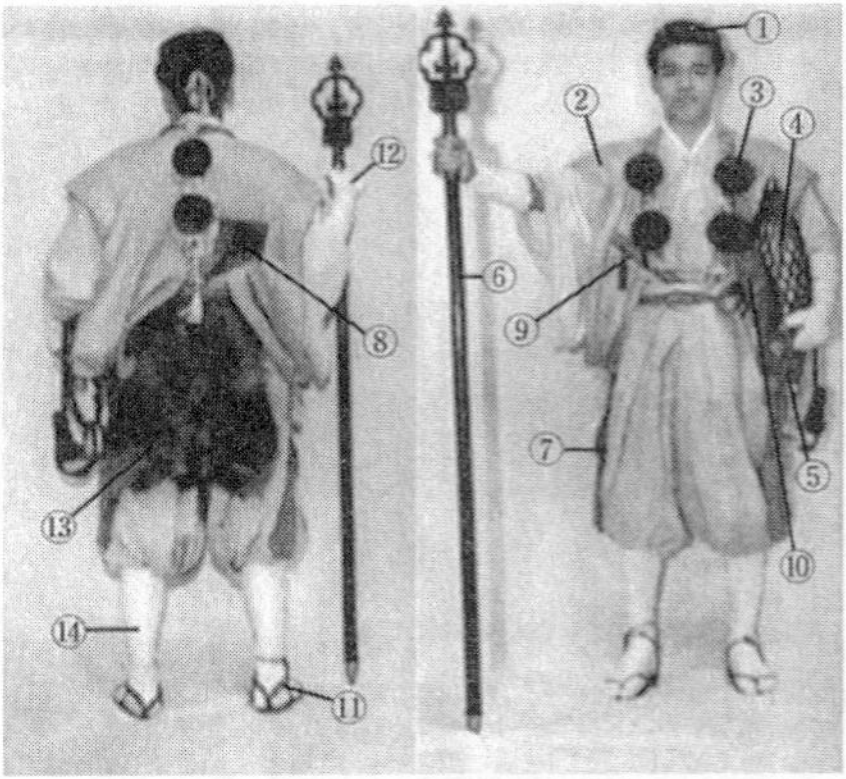

山伏の正装　①頭襟《ときん》 ②鈴懸《すずかけ》 ③結袈裟《ゆいげさ》 ④法螺《ほら》 ⑤最多角念珠《いらたかねんじゅ》 ⑥錫杖《しやくじよう》 ⑦螺緒《かいのお》 ⑧走縄《はしりなわ》 ⑨檜扇《ひおうぎ》 ⑩柴打刀《しばうちがたな》 ⑪八目草鞋《やつめのわらじ》 ⑫手甲《てこう》 ⑬引敷《ひつしき》 ⑭脚半《きやはん》（提供：桜本坊）

ら開山を志した僧侶の場合は、智証大師（円珍）が大通智勝《だいつうちしよう》如来の十六王子や八咫烏《やたがらす》に熊野に導かれたという話のように、山中で修行中にこうした動物や女神の導きで山中深く入り、山の主である仏に出会って開山となっている。

　彼らはこうして開山となり、山中で修行生活に入るわけであるが、その生活は、藤衣を着、五穀を断ち、木の実を食し、洞窟を住処として、そこに祀った守護仏の前で、日夜法華経や陀羅尼を誦《とな》え、これを拝するというきびしいものである。言うまでもなく山中では、自己の母、妻などの女性と訣別し、唯一人の生活である。こうした修行をした山伏はすぐれた験力《げんりよく》を獲得し、種々の形でそれを行使している。今その主要なものをあげると、まず竜神、鬼などの怪物退治の話がある。大峰山中の大蛇を退治した当山派修験の祖聖宝《しょうぼう》、九頭竜を退治した戸隠山の学問行者、阿蘇の九頭竜を退治した彦山の木練などは、この例である。なおこうして修行者によって退治された怪物は、戸隠の九頭竜などのように山中に祀られて、その山岳の主尊の護法となっている。

さて役行者が鬼神を使役して、薪を採り、水を汲むなどさせたという伝承は、すでに『続日本紀』にあげられて早くから知られているが、この鬼は室町時代末になる『役行者本記』では、善童鬼・妙童鬼というように童子姿の二人とされている。これと同様に白山の泰澄の臥《ふせり》行者・浄定《きよさだ》行者、播磨の書写山の性空《しょうくう》の乙・若、彦山の臥《が》験《けん》・立験《りっけん》など、二人の童子が組となって山伏に仕えることが広く認められている。

さて、以上私は役行者や諸山の開山伝承をもとにして一般に抱かれている山伏のイメージを紹介してみた。これを見ると、動物や仙人・童子・天狗・鬼などの所謂《いわゆる》山の異人たちの影が色々な形で認められるのである。そこで以下大峰山系をはじめとする諸霊山に焦点をおいて、これらの動物や異人と山伏の関係をたどってみることにしよう。

霊山の聖なる動物

諸霊山の開山伝承には、狩猟者や修行者を山の女神の所に導く動物や、人々を苦しめるものの最後は修行者などに退治される動物も少なくない。また山岳神社の神使とされる動物もいる。これらの動物は後述する天狗や鬼ともかかわっている。そこで以下山岳信仰にかかわる動物をあげてそれぞれについて簡単に紹介しておきたい。

鳥では烏と鷹が注目される。烏は羽黒山では参弗理《さぶり》の御子を山に導いている。また熊野では烏が神使とされ、三山のそれぞれで出される護符の熊野牛王《ごおう》はその文字を多数の烏をあしらう形で描かれている。また神武天皇を熊野から大和に導いた八咫烏は智証大師（円珍）を熊野に導いたともされている。そのこともあって厳島神社の御烏喰《おとぐい》神事のように神使の烏に供物を献じる祭りが各地でなされている。鷹は立山では佐伯有頼を熊とともに立山権現（本地阿弥陀如来）の所に導いている。彦山では三羽の鷹が猟師の恒雄《こうゆう》が射た白鹿を蘇生させている。このほかでは須弥山上の忉利天《とうりてん》にいるとされる鶴、津和野の祇園社の鷺舞の鷺、神武天皇の東征を妨げた長髄彦《ながすねひこ》の目をくらませた金鵄《きんし》などがある。

開山譚などに多く登場するのは蛇、さらにそれを抽象した竜である。日光の神橋《しんきょう》は勝道の入山を遮った激流を二匹の蛇が橋となって渡したのにちなんでいる。また中禅寺では彼の祈念に応えて湖の主の白蛇が現れている。戸隠や白山では九頭竜が出現している。大峰山では、山上ヶ岳の阿古谷は捨身した稚児の阿古が八身の竜に化した魔所とされている。役行者や理源大師（聖宝）が大峰で大蛇を退治したとの話も広く知られている。なお役行者は孔雀明王の呪法を修したとされるが、この明王は孔雀が毒蛇を食することにちなむとされている。『古事記』に見られる素戔嗚尊のヤマタノオロチ退治はこうした霊山の蛇退治の原型をなすものである。これらの話は水分神《みくまり》を象徴する蛇や竜を修行者が統制下においたことを示している。

獣の類には熊・猪・鹿・猿・狼などがある。熊は熊野新宮、立山、羽黒などで猟師を山の神の所に導いている。マタギたちは熊を山の神そのもの、あるいは山の神の使いとして崇めている。アイヌの熊祭（イヨマンテ）も広く知られている。猪は熊野本宮で猟師の千与定を熊野権現の所に、狼は伯耆大山で猟師を山の神の所に導いている。なお三峰山や武州御岳の神使の狼（お犬様と呼ばれる）は害虫、災難、火難除けとして広く知られている。また日吉《ひえ》山王では猿、春日大社では鹿を神使としている。ちなみに朝鮮では虎を山の神として崇めている。

このほかでは伏見の稲荷山の狐など、狐が山岳修行者が好んで使役した動物として広く知られている。この狐の信仰に類似したものに長野県の飯縄山や高尾山の飯縄権現の信仰がある。イヅナは山中に棲息するイタチの一種のコエゾイタチ（体長十九―二十センチ、尾二―三センチ）のことである。中部以東の地域ではこのイヅナは病気をもたらすが、大切に飼うと福に恵まれるとされていた。さらに行者がイヅナを使っ

蛙とび神事　吉野山蔵王堂、撮影：矢野建彦

て災因を知ったり、呪法を行なうとされた。羽黒山の松例祭《しょうれいさい》では、松聖《まつひじり》が羽黒山の神使の烏や月山の神使の兎を操作する儀礼を行なっている。

また吉野山の蓮華会《れんげえ》では蔵王権現をあなどって蛙にされた人間を、行者が呪法を施してもとの人間にもどす蛙とび神事がある。熊野新宮の神倉神社の御神体のゴトビキ岩も蛙になぞらえている。この蛙は土地神を示すとされている。山上ヶ岳には亀の形をした岩があって、「お亀石、よるなさわるな杖つくな、よけて通れよ旅の新客」との唱え言がなされている。

なおこのほか、空中を疾駆して聖徳太子を富士山に導いた甲斐の黒駒（馬）、古代に霊山の神社などで行なわれた牛を殺して天神に雨をもたらすことを祈った祭りなどは馬や牛が山の神と人間の間をとりもつ動物であったことを示している。社寺の絵馬もこの信仰にもとづいているのである。

ところでこれらの動物をみると、その多くが冬眠動物である。ここで山の神が水田稲作の守護を終えて、山に帰って、冬期間山に籠って神霊の力を強化した上で、春先に里に降りて人々を守護していることを想起していただきたい。ちょうどその期間、山の神そのものあるいは山の神の使いとされる動物も山中に籠っている。とするとこれらの動物も山中で山の神そのもの、あるいは山の神の使いとしての霊力を獲得して、春先に里人の前に姿を見せていると推測されるのである。

2　仙人と童子

吉野・大峰の仙人

仙人は道教で理想とされた修行者で、山中に隠棲して五穀を断って修行をし、飛行自在など神変自在の法術を得、不老不死となった宗教者をさしている。我が国でも八世紀末に大江匡房《まさふさ》が『本朝神仙伝』を著して三十七人の仙人を紹介しているが、この中には役行者、泰澄、久米の仙人、大嶺《おおみね》の僧など数多くの山岳修行者があげられている。これらの仙人の多くは吉野山やその奥の大峰山を活動の舞台としている。またこのほかにも『諸山縁起』など古代末までに成立したいくつかの書物にこの地域の仙人が紹介されている。

吉野最古の仙人譚として注目されるのは、『万葉集』巻三（三八五—三八七）にあげられている漁師の味稲《うましね》が川上から柘《つげ》の枝に化して流れてきた美しい仙女と結婚したとの話である。なおこれと似たものに吉野宮に御幸した天武天皇の前で天の羽衣を着た二人の仙女が歌舞したのちに、ふたたび雲に乗って吉野の高山に帰っていったという話がある（『江談抄』）。このように当時、吉野やその奥につらなる大峰山系は、仙人（仙女）の住まう神仙境《しんせんきょう》と信じられていたのである。

『諸山縁起』によると、大峰山中の中台である深仙（神仙）はその名の示すように仙人の集まる所で、ここを中心として大峰山中には三百八十人の仙人が住んでいた。彼らは神仙の宿（武清の宿）、十徳仙の宿、行仙の宿、神福仙の宿、老仙の宿、法浄仙の宿、当熟仙の宿、戒経仙の宿、王熟仙の宿などを居所としたと思われる。また同書の別項では、大峰山中には三百人の仙人がおり、地主仙、持経仙、龍角仙、如意仙、摩尼仙の五岳仙を上首とするとしている。

一方、葛城山にも高山・大福・神福山・金剛・竜山の五角仙がいたとし、葛城山系中の仙人の居所として、国見岳の仙処、高山寺の仙人の石窟、仁照宿の仙の窟、求仙ヶ岳、火舎ヶ岳、久清仙人がいた石寺、二上の岩屋の仙宮、智助仙人・寂能仙人がいた二上岳、石命仙人がいた石命山などをあげている。このほか斉明天皇元年（六五五）、葛城山から竜に乗って、天界を飛行して生駒山に行った賀龍上人の名も知られている。

熊野には、新宮の阿須賀社の蓬萊山に中国から徐福《じよふく》が渡来したとの伝説がある。もっともこの伝説は、室町時代末頃に成立したと思われるものである。

こうした山中の仙人の活動を示すものに、吉野の龍門寺から葛城山へ飛行中、久米川で布を洗っている女性の腿《もも》を見て通力を失って落下し、その女性と結婚したという久米の仙人の話がある。また、吉野や大峰などのようにすでに仙人のいる山岳に入って修行した山伏は、仙人に出会って師事し、その助けを得た上で修行にいそしんだ。役行者は大峰山を出て、愛徳山に参詣する途中、発心門の所で百済の美耶山の香蔵仙人に会って、荒神などが出現する魔所を教えられている。また大峰修行を志した浄蔵《じようぞう》（八九一—九六四）は、山中で穀断修行をして飛行などの神変自在の法を得た藤太主と源太主という二人の仙人の助けで、吉野川を渡って峰入している。その後浄蔵は大峰山中で道に迷うが仙人に助けられている。この仙人は火を自由に操作し、彼に一ヵ月間の食を満たす柿一丸を与え、銅の瓶を飛ばして道案内をさせている。

仙人の生活と修行

『本朝神仙伝』には比叡山の僧陽勝《ようしょう》が金峰山の六田寺に籠り、さらに大峰山中に入って毎日粟一粒のみを食して修行して仙人になり、天に昇り地に入る力や、鉢に米、瓶に水を生じさせる力を得た話があげられている。同書にはこの陽勝のほかにも、吉野山で観音の呪を持して修行し、飛行自在を得た大和国小島寺の報恩大師、大峰山の笙の窟で気息を断って他界をめぐり、金剛蔵王や菅原道真の霊にあい、死後は常世《とこよ》に旅立って死体を残さなかった日蔵、道真との出世争いに敗れて大峰に隠棲して仙人となった都良香《みやこのよしか》、大峰山中の深仙に草庵を造って坐禅・念仏し、神仙となった河内の樹の下の僧、吉野山麓に住んで日夜精勤し、幾百年となく長生きし、金峰山に登ろうとして雷雲にさまたげられた都藍尼《とらんに》などの話が見られる。

吉野や大峰山以外の諸山の仙人としては、飛鉢の法を行なった愛宕山や比良山の仙人、生駒山の生馬仙、羽黒山の石窟の仙、富士山の二女仙、箱根の聖古仙人、白山の菊女仙、伯耆大山の智勝仙人、石鎚山の寂仙、彦山の婆蘇仙人、求菩提山《くぼてさん》の猛覚魔卜仙《もうかくまぼくせん》など数多くのものをあげることができる。

これらの山中の仙人の全体的な特徴を見ると、まず吉野、富士、白山など古来の仙境で女仙が修行者などを導いていることが注目される。この女仙は山の女神、さらには民間でも広く知られる山姥の伝承ともつながりを持つと考えられる。しかしその後大峰、葛城などの伝承では五岳仙など、最初から山中に住まう男性の仙人があげられている。そして僧侶や在俗の聖たちはこれらの仙人の助けのもとで修行して自分たちも仙人となっているのである。

こうした仙人の修行は山中に庵を結んだり、洞窟に住まい、頭髪や髭をそらず、藤衣を着、穀断をし、松葉を食して法華経を読誦し、呪をとなえるというものである。仙人は、女仙は若い美女のまま年をとらぬが、通常は白髪白ひげの老翁で、その姿のまま長生する。彼らは庵や窟に座して誦経《じゆきよう》三昧の生活を送るのである。ただ童子を使役して採薪、汲水にあたらせたり、飛鉢などによって食物を集めることもある。そしてさらに修行がすすむと独自の仙薬を作って、それを長期にわたる食料にしたり、長生きの薬とするのである。また火を操作し、飛行自在になる。特に竜や雲にのって飛ぶことは彼らが最も得意としたところである。なお仙人は尸解《しかい》（死後身体を残して霊魂のみ去ること）するとされている。

童子の性格と活動

山・川・海など、里から見て他界あるいは他界とこの世の境界をなすと信じられている場所に童子が現れて、里人を驚かすという話は各地で知られている。また一般に山にいる童子を山童《やまわろ》、川や海にいる童子を河童《かっぱ》と呼んでいる。そして山童は山中に住んで、山菜・魚・きのこを食し、衣服はほとんどつけず、人間に出会っても一言も話さず、米や餅を与えると、非常によろこぶ異人とされている。一方、河童は三、四歳の子供の姿をした水陸両棲のもので口は尖り、頭髪はザンバラで頭上に丸い皿がある。背中には甲羅《こうら》があり、手足の爪はするどく、水かきがある。皿に水がある時は強く、馬を川に引きこんだり、人間に相撲をいどむが、皿の水がなくなると無力になるといわれている。

ところで修験道では童子は、山中にあって修行の行者を守るものとされていた。そして金剛童子と総称され、これをまつる修法である「金剛童子法」なども作られている。その観法を見ると、金剛童子は身色は吠瑠璃《べいるり》（青）で、手は六本、赤色にかがやく三つの目を持ち、狗牙《ぐげ》で下唇をかみ、眉をひそめて忿怒の相をし、右足は磐石をふみ、左足は右股の所まであげている。そして右の一手に金剛杵《こんごうしょ》・二手に棒・三手に鉞斧《えっぷ》、左の一手に棒・二手は金剛拳印で頭部にかざし、三手は剣を持ち、大蛇を身にまとい、腰ひも、そのほかのかざりも蛇である。そして火炎を背に、さらにその上で雷電が光っているといういでたちである。雷電と火を背にし、竜の化身とも思われる鬼形の異様な童子が観じられているのである。

さらに修験道ではこの金剛童子に八大童子、三十六童子など数多くの種類が設けられている。前章でふれたようにこれらの中では特に大峰・葛城の山中の主要な宿に祀られた、大峰八大金剛童子と葛城八大金剛童子が有名である。このうち大峰八大金剛童子の検始・後世・虚空・剣光・悪除・香精・慈悲・除魔の諸童子は、禅師・多輪・笙の岩屋・小篠・玉置山・深仙・水飲・吹越というように、それぞれ近くに水のある霊地に祀られて、峰中の行者を守っている。また葛城山中の経護・福集・常行・集飯・宿着・禅前・羅網・未出光の八大童子も、一乗山・大福山・金剛山・二上山・入江・鳴滝・二の宿・金剛山というように、それぞれ水のほとりの宿に出現している。

童子は熊野にも出現している。『諸山縁起』所収の「役行者の熊野山参詣の日記」によると、二上山に登り、さらに箕面寺に詣でた行者は、熊野参詣を志して箕面の滝で一千日の籠山修行後、熊野に向かうが、その途中の川や辻などで異人と会い、その助けを得、またそれを退けて、熊野に到着するのであるが、その異人の中には小童や、鶏倶津岐利吾（ケイクツハリか）、姓生など童子とも思えるものが見られるのである。

やがて平安時代末期以降、熊野詣が盛んになると、参詣路に沿ったこうした霊地ごとに、異様な姿をした金剛童子が祀られるようになっていった。もっとも熊野では金剛童子と並んで王子の名が用いられた。のちには熊野参詣道の童子はすべて王子と呼ばれるようになっていった。そしてこの数がさらにふえて、藤白・切目・稲葉根・滝尻・発心門の五体王子、櫁井・田藤次・愛徳山・近露・温河の准五体王子を中心とする九十九《つくも》王子となっていったのである。なおこれらの王子は教義の上では、熊野三山に祀られている伊弉諾尊、伊弉冉尊の御子神としての性格を与えられている。

さてこれらの大峰・葛城・熊野に出現する童子や王子を見ると、まず童子（王子）が山中ではあるが水の近くに出現していることが注目される。そしてこうした童子はいずれも髪が長く顔面は種々の色であるというように異様な姿をし、死・産などの穢れをいとわず、修行者を助けて除魔の働きをはたしている。さらにのちにはこの童子が逆に、仙人や山伏たちによって使役されたり、彼ら自身が仙人や山伏になっていくのである。なお熊野の五体王子に見られるように、こうした童子の信仰の背後に母子神の信仰が認められることにも注目しておきたい。

3　鬼と天狗

鬼の本性

一般に鬼は面色は赤や青で角をはやし、口はさけ牙をむき出し、裸で虎の皮のふんどしをしめた大きな人身で、太い手に金棒を持つ。平素は山中の洞窟などを住処としているが、日暮れどきなどには橋のたもとや都の門などに出現し、怪力をもって人を殺《あや》め攫《さら》うとして、恐れられていた。京都の羅生門や一条戻橋などに出現して悪事をなし、源頼光《よりみつ》らに斬られた大江山の酒呑童子・茨木童子・星熊童子・熊童子・虎熊童子・金熊童子などの鬼の話は私たちになじみ深いものである。

岩国行波《ゆかば》神楽の鬼　撮影：萩原秀三郎

このように鬼は本来は人里をはなれた山中の洞窟などにかくれ住んでいて、人々に害をもたらすおそろしい童子的な異人と信じられていた。近藤喜博はこうした鬼の成立の根本的な要因を風雨・雷電・地震・火山活動などの自然の猛威のエネルギーのうちに求めている。そしてさらに論をすすめて、古来雷や稲妻の現象は竜蛇にもとづくとし、鬼の信仰と雷神信仰が本来同根のものと推測している(近藤『日本の鬼』桜楓社)。もっとも吉野山にいた十余丈の黒い蛇が、のちに大鬼王になって、宇冠岳に住んだとか、八溝《やみぞ》山系の高笹山の鬼は時に応じて蛇身あるいは女童子と化して里人を苦しめたなどの伝承が認められる。これらの鬼は、その土地の神(地主神)の性格を持つと思われるものである。

古代の中国では、鬼は死霊の憑坐《よりまし》になる少年がかぶる仮面をさしており、これが転じて死霊を鬼と呼ぶようになったといわれている(永沢要二『鬼神の原義とその演進』飯塚書房)。我が国の民間でも一部の地域では鬼をこの世を訪れる祖霊として、むしろ歓迎し、鬼の方も人々を祝福する儀礼をしていたが、これなども、中国と同様に鬼が祖霊を表すとする信仰にもとづくと考えられる。その後、鬼を死霊、祖霊とする中国的な考え方がさらに夜叉や羅刹《らせつ》と呼ばれる狂暴な神を鬼とする仏教思想と習合して、死後の世界である地獄で、人々を苦しめる獄卒を鬼とするようになったと思われる。我が国でも平安時代以来浄土思想の隆盛にともなって『往生要集』や『地獄草紙』などで、本項の最初に描いたような人々が忌諱《きい》する恐ろしい地獄の鬼のイメージがつくられるようになったのである。

山伏と鬼

『続日本紀』文武天皇三年（六九九）五月二四日の条には既述のように役小角が、鬼神を使役して水を汲み、薪を採らしたという伝承をあげている。鎌倉時代になって役行者が修験道の開祖とされ、その像が作られるようになると、行者が使役した鬼を脇士とし、その形姿を定め、それについて種々の説明がなされるようになっていった。こうした傾向のごく初期のものと思われる一五世紀末頃の『彦山修験道秘決灌頂巻』では、役行者は身体は黒色で蓑を着、八尺の長頭襟《ながときん》をかぶり、八つ目草鞋をはき、左手に独鈷《どっこ》、右手に錫杖を持って、左右に善尼鬼・妙幢鬼《みょうどうき》の二鬼を従えている。そしてこの二鬼のうち左側の善尼鬼は本地は文殊、身体は赤色で笈《おい》を背負い独鈷を持ち、右側の妙幢鬼は本地は普賢で鉞《まさかり》と金瓶を持つとしている（『修験道章疏』二）。

室町時代末になる最初の役行者伝である『役行者本記』では、この二鬼に関して次の記載がある。天武天皇の白鳳年間（六七二—六八六）に役行者が生駒山に登って修行している時、夫婦の鬼が来て、自分たちは天手力雄《あめのたぢからお》神の末裔でこの山に住んで神通力を持っている。悟りを得て菩薩となった師につかえたいと申し出た。喜んだ行者は夫を善童鬼と名付けて智の業に、妻を妙童鬼と名付けて理の業にあたらせた。そして彼らに今後は金峰山の奥に住して入峰修行の行者たちを助けるように命じたという。

こうして常に行者に師事したこの二鬼は、以来役行者の両脇士として描かれている。その形姿は、左側の善童鬼（前鬼ともいう）は身体は赤色で、左手は拳印を結んで腰にあて、右手に鉞と斧を持ち、背に峰中灌頂の法具をおさめた笈を背負い、口を閉じている。一方右側の妙童鬼（後鬼ともいう）は身体は青緑、左手に水瓶を持ち、右手に施無畏《せむい》の印を結び、口を開いている。さらにまた善童鬼は本山派修験の系譜では役行者につぐ二祖の義覚・矜羯羅《こんがら》童子、妙童鬼は同三祖の義元・制陀迦《せいたか》童子にあたると説明している（『修験道章疏』三）。このように役行者に師事して両脇に侍している二鬼が正統な修験の系譜を継承した役行者の直系の修験者で、不動明王の眷属の両童子に充当するものと捉えられているのである（二二三頁の写真「役行者と前鬼と後鬼」参照）。

　ところで現在も大峰山・葛城山・日光の古峰ヶ原などの霊山では、前鬼や後鬼の子孫と称する家が残っていて、峰入の山伏を助けるとともに彼ら自身も山伏として活躍している。今その代表的なものをあげておくと、大峰山では深仙の灌頂道場を支えた上北山村の前鬼集落、山上ヶ岳を支えている後鬼の子孫と言われる洞川《どろがわ》集落、やはり前鬼の子孫といわれる吉野の下市《しもいち》の善鬼垣内《ぜんきかいと》などがある。次に葛城山系では葛城山中台の中津川近くに前鬼の子孫と称する西野・前坂・亀岡・中川・中井の五家があり、金剛童子を祀っている。さらに古峰ヶ原にも役行者につかえた妙童鬼の子孫といわれる石原氏があり、現に古峰《ふるみね》神社の宮司をつとめている。

なお、国東《くにさき》半島の鬼会、播磨の書写山の修正会、吉野の金峯山寺や熊野の九鬼集落の節分などでは、鬼を招いてその祝福を受けているが、これらはいずれも修験者によって善鬼にかえられた鬼を招いていると考えられる。さらにまた、奥三河の花祭り、西浦の田楽などの芸能にみられる人々に祝福をあたえる鬼にしても、当初は暴虐の限りをつくした鬼が、修験者によって善鬼にかえられ、人々を守護するようになったものと思われるのである。

天狗の本性

天狗は一般には顔が赤く鼻が高く神通力を持つ、深山に住む異人とされているけれども、その信仰が最も栄えた室町時代の天狗の多くは、山伏姿で金色に光る目、尖った嘴《くちばし》を持った鷹か鷲のような獰猛な面相で、鋭い眼《まなこ》を持ち両肩に羽根をはやし、全身毛で覆われた半人半獣で手に羽団扇《はうちわ》を持った怪物である。これが江戸時代以降になると赤ら顔で鼻が高く、翼があり、羽団扇を持って足駄をはいた現在も祭りなどの際におなじみの天狗になっていくのである。

形姿のみでなく天狗の本体が何であるかに関しても、時代によって若干の変遷が認められる。我が国における天狗の初出は、舒明天皇九年（六三七）都に大流星が現れたのを学問僧の旻《みん》（?―六五三）が、これは流星ではなく天狗で、その吠える声は雷に似ていると奏上したという『日本書紀』の記事である。このように天狗はその当初は天界の異状と捉えられている。さらに『源氏物語』などでも天狗は山のこだまのようなものとうけとめられている。またごく近年まで、霊山で突風が吹き起ったりすさまじい音響が発すると、これを天狗倒し、天狗笑、天狗ばやし、天狗礫《つぶて》などと呼んでいた。

平安時代末頃の『今昔物語集』巻二十には、天狗の話が二十話でているが、そのほとんどは、法術をこころえて増上慢になった天狗が、正法を保持する僧に術を仕掛けて敗れる話である。こうした話が人々に広く知られるようになった結果、山中で修行して雑密《ぞうみつ》の修法や、道教的な符呪をもてあそび、それを得意として正法を修めようとしない僧侶をさして天狗と呼ぶようになったとも思えるのである。

鎌倉時代に入ると『源平盛衰記《げんぺいせいすいき》』に初めて天狗の定義ともいえるものが登場する。それによると天狗は通力を得た畜類で、智者や学匠のうち無道心で驕慢の甚しい者が地獄にも落ちず、天にも昇れず結局木の上などに住して天狗になるという。その形姿は身体は人身だが、顔は鷲か鷹の姿で衣を着、袈裟をかけ、背には羽根を持つ、そして通力により空を飛び、火をつけたり、前後百年くらいのことを知ることができるとしている。こうした捉え方に立ってまとめられたものが、興福寺・東大寺・延暦寺・園城寺・東寺などの僧の独善と狂態を天狗になぞらえてそれを戒める目的で作られた『天狗草紙』（永仁四年・一二九六成立）である。この草紙に描かれている天狗はいずれも僧形か修験者の姿で嘴を持っている。

南北朝時代は天狗が最も活躍した時代で、なかでも修験者の手になるといわれる『太平記』には数多くの天狗が登場する。その主要な話をあげておくと、北条高時が都から招いた田楽法師が天狗と化して、北条氏の滅亡を予言した話、新田義貞の挙兵を彼の生国の越後の武将たちに一夜のうちに知らせた天狗山伏の話、貞和四年（一三四八）仁和寺の六本杉で南

天狗　「求菩提八天狗曼荼羅図」、福岡県求菩提資料館蔵

朝方の怨霊が化した天狗たちが集会を開いて足利尊氏・直義、高師直《こうのもろなお》らの不仲をはかった天狗評定、四条河原で興行中の田楽の桟敷を崩した天狗山伏の話、愛宕山上で崇徳上皇・源為朝・後鳥羽上皇・後醍醐天皇などの怨霊が化した天狗の評定を望見した羽黒山伏の雲景の話などがある。

室町時代に入ると絵巻の『秋夜長物語』・謡曲の『花月《かげつ》』・能の『鞍馬天狗』・狂言の『天狗のよめいり』など、種々の文芸に天狗が登場してくる。このうち『秋夜長物語』は聖護院の稚児梅若が山伏姿の老天狗に攫われて、輿《こし》に乗せられたまま空を飛んで大峰山中の釈迦ヶ岳にはこばれ、窟の内に閉じ込められるという話である。また『花月』は彦山霊仙寺の稚児花月が、天狗に攫われて、彦山・四天王寺・讃岐の白峰・伯耆大山・丹後の境の鬼ヶ城・愛宕・比良・比叡の大岳・横川《よかわ》・葛城の高間・大峰山上ヶ岳・釈迦ヶ岳などの山々を飛びめぐったのちに清水寺におちつき、そこの舞人になるという話である。

諸霊山の天狗

室町時代には本項の最初にあげた山伏姿をした天狗のイメージがほぼ固定し、さらに代表的な天狗として、愛宕栄術太郎・鞍馬僧正坊・比良次郎坊・飯縄三郎・大山伯耆坊・彦山豊前坊・大峰善鬼・白峰相模坊の八天狗が数えられるようになり、各地の主要な修験道場ではこの八天狗の像や軸を作ってあわせて祀るようになっていった。なおこうした室町期に活躍した天狗は清浄を愛し、任俠の気質を持つものの、高慢で執着心が強く復讐を好むという性格を持っていたようである。

江戸時代には天狗の本質について種々の論がなされている。その代表的なものを二つだけあげておくと、儒者の林羅山は驕慢な僧侶が天狗になるとしている。一方、僧諦忍《たいにん》は『先代旧事本紀《くじ》』をひいて、素戔嗚尊の嘔吐物からなった荒ぶる神が天狗になったとしている。こうした机上の議論より以上に注目されることは、各地の霊山で、そこに住まうとされた天狗が庶民の幅広い帰依をあつめていったことである。その数は枚挙にいとまがないが、ここではこうした天狗の名前が列記されている貞享三年（一六八六）の田中玄須『本朝列伝』所掲『天狗経』を紹介しておきたい。なお、特殊なものは国名を併記した。

南無大天狗小天狗十二天狗有摩那《うまな》天狗数万騎天狗先づ大天狗には、
愛宕山太郎坊、比良山次郎坊、鞍馬山僧正坊、比叡山法性坊、横川覚海坊、富士山陀羅尼坊、日光山東光坊、羽黒山金光坊、妙義山日光坊、常陸筑波法印、彦山豊前坊、大原住吉剣坊（伯耆）、越中立山縄垂坊、天岩船檀特坊（摂津）、奈良大久杉坂坊、熊野大峰菊丈坊、吉野皆杉小桜坊、那智滝本前鬼坊、高野山高林坊、新田山佐徳坊、鬼界ヶ島伽藍坊、板遠山頓鈍坊（不詳）、宰府高垣高森坊（筑前）、長門普明鬼宿坊、都度沖普賢坊（隠岐）、黒眷属金比羅坊、日向尾股新蔵坊、医王島光徳坊（薩摩）、紫尾山利久坊（常陸）、伯耆大仙清光坊、石鎚山法起坊、如意ヶ嶽薬師坊（山城）、天満山三尺坊（美濃）、厳島三鬼坊、白髪山高積坊（土佐）、秋葉山三尺坊、高雄内供奉、飯綱三郎、上野妙義坊、肥後阿闍梨、葛城高天坊、白峰相模坊（讃岐）、高良山筑後坊、象頭山金剛坊、笠置山大僧正、妙高山足立坊、御嶽山六石坊、浅間ヶ嶽金平坊
総じて十二万五千五百、所々の天狗来臨影向、悪魔退散諸願成就、悉地円満随念擁護、怨敵降伏一切成就の加持。

をんあろまや、てんぐすまんきそわか
をんひらひらけん、ひらけんのうそわか

さてこうした諸山の天狗は山中奥深く天狗杉などと呼ばれる杉などの大木や山上の天狗岩上を住処にしている。また天狗は相撲が好きだったようで、霊山には天狗の相

撲とり場といわれる場所が見うけられる。そして空中に天狗の山々をつなぐ天狗道といわれる独自の道をもっていて、それを通ってお互いに訪問しあったり、必要に応じて、そのどこかにあつまって天狗集会を行なった。さらに天狗は里の少年などを攫って空中をつれ歩いて、諸山を遍歴させたり、自分の住処につれていって、その秘法を授けたりした。

さて、今記したような活動をすると信じられた諸山の天狗は、本来はそれぞれの山岳を拠点として活躍した修験者によって祀られたその山岳の社寺を守護した護法と考えられるものなのである。現に大峰山中の前鬼には七十五靡《なびき》と称される山中の各霊地の護法神（天狗）に祈念する「七十五膳天狗供養法」が伝わっている。さらにこのほか、前鬼には天狗を招いて守護をたのむ「天狗招魂法」も伝えられている。こうしたことは広く各地で見られたようで、東大寺二月堂の修二会《しゅにえ》でも行に入る二月二八日には「天狗寄せ」があり、花祭や西浦田楽《にしうれでんがく》でも行事に天狗を招いている。また祭りなどの際に実際に人々に天狗を憑けて託宣させる天狗憑きなども行なわれていた。ところが里にいる人々は、山中で修行し、天狗を操作し、自分や他者に天狗を憑依させる修験者を天狗そのものと受けとめるようになっていった。さらにこれが展開して各地の修験霊山ですぐれた活動をした修験者が死後も天狗として生きつづけて、人々を守護してくれるとの信仰になっていったと考えられるのである。そしてこうした庶民の天狗信仰は近世期には次第に盛んになっていくのであるが、その際特に秋葉山・愛宕山・箱根の大雄山などに見られるように火防の神として崇拝されたのである。

以上、主としてその歴史的な展開にそって、天狗について論じてきた。そこで最後に全体として天狗の特徴を山伏との関係に焦点をおいてまとめておくことにしたい。天狗はその多くが修験の霊山を活動の舞台とし、山中奥深くの天狗杉と呼ばれる大木の上や天狗岩といわれる岩の上を住処としている。その形姿は時代によって若干の変遷はあるが、基本的には顔は鷹または鷲で羽根を持ち、身体も羽毛におおわれているものの全体の形は人体である。服装は、多くのものは頭に頭襟《ときん》をいただき鈴懸、結袈裟を身につけるというように山伏のいでたちである（二二五頁「山伏の正装」参照）。また足には足駄をはき、手に羽団扇を持っている。そして常に空中の天狗道を通って霊山の間を飛行し、時には稚児や人を攫《さら》う。また羽団扇を用いて火や風をおこしたり、人々に富を授けている。その本性は星・雷・こだまなどの自然の怪異、増上慢におちいっている僧侶、怨霊、山の神霊などと考えられている。ただ全体的には、こうした宗教的性格が習合した山の神で、護法として山岳の主尊を守護する精霊を人格化したものと捉えることができる。こうした天狗は主として山の社寺の衆徒に仕え、これを守る山伏たちによって祀られていた。しかしのちには諸山の護持に貢献した山伏が死後天狗になって、その山岳を守護すると信じられたり、天狗を操作する山伏自身が里人から天狗と受けとめられたりした。こうして次第に山伏と天狗が同一視されるようになっていった。そして近世以降は多くの社寺で、特に火防、除災などの現世利益を果してくれる神格として数多くの人々の深い崇敬をあつめていったと考えられるのである。

4　山の異人の特徴と相互関係

山の異人の特徴

以上、私は山伏、仙人、童子、鬼、天狗を山の異人と捉えて、このそれぞれについて、主として中世期頃までの霊山の事例をもとに論をすすめてきた。またあわせてこれらとかかわりをもつ山中の動物についても紹介した。そこで最後にこれらをまとめて、その全体的な特徴と相互関係を考えてみることにしたい。まずこの五者の形姿、出自、本性、住処、修行や術の内容の一般的な特徴を表化すると、表２「山の異人の特徴」のようになる。そこでまずこの表をもとにして、これらの異人を比較し、さら

	山伏	仙人	童子	鬼	天狗
形姿	頭髪の長い老人、童子	白髪の老人、若い女性姿	鬼のように醜い童、二人一組	角を生やして牙をむく半人半獣	山伏姿、顔は鷹、羽団扇を持つ
出自	猟師、渡し守、観音の申し子	僧・山伏	山童、河童、稚児、小僧	死霊、山人、護法	怨霊、増上慢の人の霊
本性	発心した人間、山の女神の子	隠棲した人間、山の女神	山の女神の子供	雷などの自然の猛威、竜神	流星、こだまなどの自然の怪異
住処	洞窟、宿	樹上、草堂	水辺、宿	窟、古塚	樹上、岩上
修行内容	断食、抖擻、水行、供花、読経	穀断、読経、静座	採薪、汲水、持呪	採薪、汲水、持呪	武術など
術の内容	童子の使役、憑祈禱、火の操作	飛行、飛鉢、火の操作、仙薬	飛行、飛鉢	招福、人を攫う	飛行、火や風の操作
そのほか	童子・鬼・天狗を使役	不老長生を目的とする	穢れをいとわない	鬼の子孫の山伏あり	稚児などを攫う

表2　山の異人の特徴

に全体に共通して見られる特徴を考えてみることにしたい。

最初にまずその本性と出自をみると、山伏と仙人は、本来人間が発心したり、隠棲して山に入ったものである。ただし女仙の場合には山の女神が人間の姿をして現れたとも思われるものがあり、山伏や仙人の一部にも山の女神の子供が一度人間界に生を受けたが、成長後再度山に帰っていくというモチーフのものが認められる。次に童子は山童・河童などのように、山の女神の子供で当初から山中に住まっていて、本来は人間に姿を見せないが、山中に修行にきた高僧たちによって顕されている。なお童子は穢れをいとわず、山の神のお産を助けるなどの活動をしている。しかしながらこのほかにも、当初は寺院の稚児や小僧だったが山に入って山伏や仙人に仕える童子となったものもある。

これに対して鬼は、当初は雷などの自然の猛威、天狗は流星やこだまなどのように自然の怪異が人格化したものである。ただしのちには鬼は死霊、天狗は怨霊や増上慢の人の霊とより強く結びつけられていった。またいずれも本来邪悪な性格を持つものだったが改悛して善なる存在となり、山伏や仙人に使役されるようになるのである。なお山伏に焦点をおいてみると、山中深く隠棲して修行した山伏が仙人と呼ばれたり、役行者に使役された前鬼・後鬼がその継承者となったり、天狗が山伏と捉えられたり、山伏が母なる山の女神の童子とされるというように、山伏はほかの四者と密接に関連付けられている。換言すれば、仙人・鬼・天狗・童子は、いずれもほかの人々から、山伏のイメージの一面を示すものと捉えられていたと考えることができる。

次にその形姿を見ると、山伏と仙人はいずれも頭髪が長く痩せぎすの老人である。この老翁の姿は、彼らが神と人間の中間に位置する境界的な存在であることを示すと考えられよう。また芸能に見られる翁とも関係を持つと思えるのである。これに対して鬼は角を生やし口がさけ、牙をむくというように半人半獣の姿である。また鬼は竜神や蛇につらなっている。童子も鬼に似て醜い姿をしているが、これも竜神と関係を持っている。ただし鬼よりは人間に近い存在である。これらに対して天狗は山伏姿で鷹か鳶のような顔をし、羽団扇を持ち羽毛でおおわれているというように、半人半鳥である。烏天狗といわれるものもいる。ただし修験に関係した鬼は笈・独鈷・鉞・瓶などを持ち、天狗は頭襟、鈴懸を着けるというように修験の法具を身につけている。こうした形姿からすると、鬼と天狗は人間と動物との境界をなす存在と捉えることができる。

その住処を見ると、いずれも山岳に住むというものの若干その場所を異にしている。すなわち山伏は本来洞窟を住処とし、仙人の住処は樹上や岩上である。一方童子は水辺や宿、鬼は窟や古塚、天狗は樹上や岩上である。すなわち、山伏・童子・鬼が水辺の洞窟などを住処としているのに対して、仙人と天狗は樹上などをその住処としている。次にその修行の内容を見ると、山伏は断食・抖擻《とそう》・水行・供花・読経を主とし、仙人は穀断・読経・静座などを行なっている。一方童子や鬼は呪をとなえたり、採薪、汲水などをして山伏や仙人を助けており、天狗は武術を修業している。次に術の内容を見ると山伏は童子を使役したり、憑祈禱による治病・火の操作などをし、仙

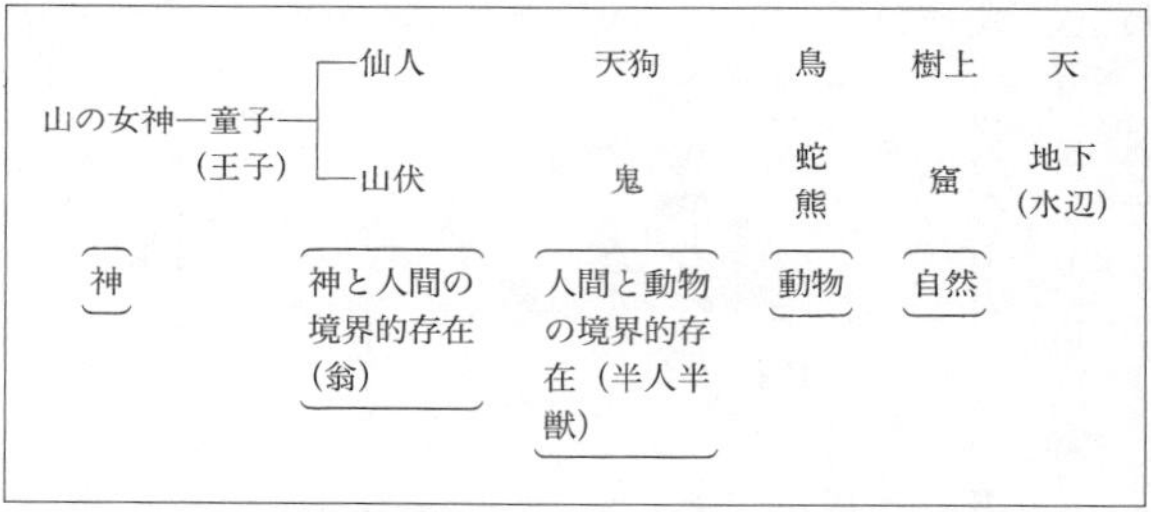

図5　山の異人の相互関係

人は飛行・飛鉢・火の操作をし、仙薬を作り、不老長生を得ることを目的としている。一方童子も飛行、飛鉢のほか、穢れをいとわず山伏たちに奉仕している。鬼の術は人攫《さら》いとか招福で、天狗は飛行、火や風の操作を得意とし、稚児や幼児を攫っている。これを見ると仙人と天狗が特に飛行を主要な術とし、山伏やその弟子の童子や鬼が呪術的な方法によって除災などをはかっていることが注目される。

山の異人の相互関係

最後にこれら五者の構造的関連を見ると、「山の異人の相互関係」（図5）のようになる。ここに示すようにまず山においては、足柄山の金太郎など山姥の子育て譚に見られるように、山の女神である母と童子が、山伏たちが山に入る以前の神格と推測される。えてして山中に入った山伏や仙人が、この山の女神の子供や配偶者的位置を与えられることもある。役行者伝承に見られた大峰山中の宝塔ヶ岳の母と役行者、吉野山の女仙と結婚して仙人になった味稲《うましね》などはこの例である。一方、山中の山伏や仙人を助ける童子は山岳修行には欠かせない存在である。それゆえ、こうした童子が山で得られぬ時には修行者は稚児などを随行したり、攫ったりするのである。次に鬼と天狗を含めてこれらの構造的連関を見ると、山伏と鬼、仙人と天狗が対応する。すなわち、山伏と鬼はいずれも窟に住み、大地や水と結び付き、仙人と天狗は樹上に住んで天空や風・雲と関係する。さらに鬼は蛇・熊・牛などの動物と、天狗は鳥・鷹などの鳥と対応する。鬼熊・牛鬼、烏天狗などの名称はこれらの異人が半人半獣であることを物語っている。そして総じて山伏や仙人は人間の世界と神の世界をつなぐ境界的な存在、天狗や鬼は人間の世界と動物や自然界をつなぐ境界的存在と考えられるのである。

ところでこれまでもたびたびふれてきたように山伏はしばしばこうした性格を持つ童子・仙人・鬼・天狗と同様のものと信じ畏れられていた。このことは山伏たちが里人たちから山の母神の子供として、あるいは天界を飛行する仙人として、山の母神や天界の神に直接に接触することができる存在であると信じられていたことを示すと思われるのである。そしてさらにまた里人たちは山伏に天狗や鬼のイメージを与えることによって、山伏が動物の世界あるいは自然の神秘に触れうる存在であると信じていたことを示しもしたのである。このように山岳に入って修行した山伏が里人から仙人・童子・天狗・鬼などの山の異人のイメージをもって見られていたということは、彼らがこうした人々から神の世界、自然や動物の世界と接しうる境界的な仲介者の役割を果たす宗教者であると信じられ、かつ期待されていたことを示すと考えられるのである。

第九章　山のまつりと修行

1　山のまつり

まつりの始まり

山麓の村々を歩くと、山の入口に山口神社と名づけられた神社や山の神の小祠を見ることができる。これは古来、山を神霊の住まう聖地と崇めると共に、今一方で妖怪変化の住まう魔所として畏れて山に入ることをさけ、山麓に山の神を祀ったことによっている。そしてさらにここから鎮守の森に社殿を設けて、そこに山の神を勧請した神社が設けられた。やがて仏教や道教の影響もあって山中に籠ったり、峰々を抖擻する宗教者が現れて、最澄、空海の山岳仏教、修験道などが成立した。里人は彼らを山の神格の力を体得した宗教者として崇めたが、今一方で、彼ら特に修験者・山伏を仙人・鬼・天狗のような異人として畏れもした。もっとも近世中期以降になると、富士や木曾御嶽などでは庶民たちが積極的に霊山に登拝するようになった。本書ではこれまで、山岳信仰の特徴、歴史、各地の霊山を紹介した上で、山岳の霊地としての特徴、そこに祀られる神格、山の宗教者について紹介した。そこで本章では、彼らの霊山に対するかかわりを大きく山中や山麓でのまつり、山中に籠っての修行、峰々をめぐり歩く抖擻行、単独の山に登拝する修行の四種に分けて、まつりは三輪山、籠山は比叡山、抖擻は大峰、登拝は富士山と木曾御嶽というように歴史的展開も考慮に入れた具体的な事例にもとづいて紹介することにしたい。もっとも実際には、山における宗教儀礼はこれらのものが相互に組み合わされる形で営まれていることはいうまでもない（なお、本章では「祭り」（儀礼）・「祀り」（敷設）の二つの意味が含まれる場合は「まつり」と表記することとする）。

三輪山のまつり

『古事記』の崇神天皇の条によると、三輪山の麓に住む活玉依比売《いくたまよりひめ》の所に夜ごとに貴公子が訪れた。二人は相愛の関係となり、彼女は身籠った。両親はその男が誰かをたしかめるために娘に苧環《おだまき》の麻糸を針の目に通して、男の衣の裾に刺すように命じた。その翌朝三勾《みわ》のみ残ったこの糸の先をたどっていくと三輪山の祠の前でとぎれていた。そ

三輪山

こでこの貴公子は三輪明神で彼女がその子を宿していたことがわかった。その後朝廷では成長して大田田根《おおたたね》子《こ》と名乗っていたこの子に三輪明神をまつらせたとしている。この神社は三輪山を水源とする狭井《さい》川と大宮川の合流点の上手の低い尾根に位置するが、本殿はなく、祭りは拝殿奥の三輪鳥居から禁足地を拝する形をとっている。

　禁足地には、拝殿のすぐ裏に位置する辺津磐座《へついわくら》、中腹の中津磐座、山頂の奥津磐座がある。この三つの磐座はいずれも露顕した大きな自然岩で、それぞれの前には小さな自然石が配されている。また周辺からは勾《まが》玉《たま》、子持勾玉や臼玉などの滑石《かっせき》製の祭祀遺物や土師器《はじき》や須恵器などの生活遺物が発見されている。このうち子持勾玉は大型の勾玉の背・腹・両側面に小型の勾玉状の突起を付したもので、五世紀から七世紀にかけて三輪地域から多く発掘されている。これは勾玉の霊力を多数の小型の勾玉に及ぼすことによって多産、豊穣、繁栄を祈ったものと考えられる。なお辺津磐座の南には東西二七メートル、南北一八メートルの四方に石垣を積んだ御主殿跡（御正殿跡とも）と呼ばれる土壇があって、ここで七世紀から一四世紀初頭頃までは祭祀がなされていたことが推測される。

禁足地内は本格的な発掘調査がなされていないので、上記のことは偶然発見された遺物にもとづく推論である。これに対して三輪山登山口の狭井神社奥の杉林内で発見された山の神遺跡の磐座は発掘調査がなされている。それによると、この磐座は一・八×一・二メートルの長方形の斑糲岩《はんれい》でその周囲に五箇の石、下に割石を配している。そして磐座の下から小型の素文鏡三、碧玉製勾玉五、水晶製勾玉一、滑石製模造品（子持勾玉一、勾玉百余、管玉百余、数百箇の有孔円板と剣形製品、多数の臼玉）、土製模造品（高坏、坏、盤、臼、杵、勺、匙、箕、案、鏡など）、須恵器、鉄片（剣か）が発見されている。このように山の神遺跡の磐座には祭具のほかに土製の農具、飯食器も納められていて豊穣や生活の守護を求めて祭祀がなされていたことがわかる。また供物などをのせる案が低平なことから、磐座の前で座って祭りをしたことが推測される。

三輪山では山頂の奥津磐座（高宮神社）から九十九谷といわれる小渓谷が放射線状にのびているが、その一つのオオカミ谷の麓の玄賓庵《げんぴん》の上にも磐座がある。それゆえ、かつては奥津磐座に至るいくつかの登り口や中腹にも磐座があって、山中で祭祀がなされていたと思われる。また大神《おおみわ》神社参道脇で大宮川と合流した狭井川が川合で巻向《まきむく》川と初瀬川に合流しているが、この巻向、初瀬の両川にはさまれ、三輪山を望見しうる所にも祭祀遺跡が点在し、子持勾玉などが発掘されている。これらの三輪山山麓の祭祀遺跡は山中のものも含めると二十三を数えている。このことは三輪山西麓の扇状地で水田稲作を営んだ人たちが豊穣を三輪山の神に祈ったことを物語っていると考えられよう。

古代の三輪山ではこの辺津磐座の南の御主殿の岩や杉の依代に神が降臨すると信じられ、そこに短い木綿《ゆう》を垂らして斎串《いぐし》を立てて祭りをしたと思われる。その後中世に入ると、三輪山には慶円《けいえん》（一一四〇―一二二三）の平等寺、叡尊《えいそん》（一二〇一―一二九〇）の大御輪寺《だいごりんじ》などの神宮寺が設けられ、三輪流神道が成立した。このうち叡尊の『三輪大明神縁起』では三輪山の三輪は、この山の霊神が松・杉・榊の三本の霊木を結んで輪にしたものを御神体としていることにちなむとしている。この「三輪」の御神体は、樫、柞《ははそ》、椿、青木、桜を輪にして作った御殿に収められている。三輪流神道ではこの三種の霊木は、松は仏部・杉は蓮華部・榊は金剛部で三部、五種の霊木は大日如来の五智の大円鏡智・平等性智・妙観察智・成所作智・法界体性智を示すとしている。なお五来重は、松・杉・榊は霊籠木《ひこもりき》、樫・柞・椿・青木・桜は霊籠柵《ひこもりぎ》で、これらは霊籠柵に霊籠木を立てて祀った古来の三輪山祭祀にもとづくとしている（五来『近畿霊山と修験道』山岳宗教史研究叢書　名著出版）。

現在三輪山の三輪鳥居奥の大宮谷は禁足地とされているが、本社の西にある摂社狭井神社で、「三輪山参拝証」の襷《たすき》を受けると所定の道を通って山頂の高宮神社に参拝することができる。この神社の左脇には御神水が涌きでる薬井戸がある。少し進むと杉の大木に囲まれた磐座と御主殿のあとを思わせる石積みと磐座がある。また山頂に至る道に沿って磐座を思わせる注連縄がかけられた岩が数多く認められる。山頂の神峰（高峰）には雨乞いに霊験があるとされる高宮神社があり、現在も旱魃《かんばつ》の時には神職によって祈雨祭が行なわれている。

2　山に籠る修行

比叡山の籠山修行

最澄は延暦四年（七八五）十九歳の秋から十二年間にわたって比叡山で籠山修行した。その修行は小竹で編んだ円房に住し、藁を寝具として、求めずして与えられたものを食し、毎日法華経、金光明経、般若経などの大乗経典を読誦《どくじゆ》するというものだった。その後彼は入唐して天台の付法を受け、比叡山を修行道場として天台宗を開教した。そして弘仁九年（八一八）から翌年にかけて、朝廷に『山家学生式《さんげがくしようしき》』を提出し、比叡山上に大乗戒壇を設け、受者はその後十二年間籠山修行をすることを定めている。

こうしたことから比叡山では東塔にある最澄の廟の浄土院で十二年間の籠山修行がなされている。また西塔の常行堂《じようぎようどう》では九十日間の常行三昧、法華堂では常座三昧の修行がなされている。さらに七年間にわたって、のべ千日比叡山の山中などを回峰《かいほう》する回峰行もなされている。そこでここではこれらの比叡山の籠山修行について簡単にふれておきたい。

大師廟の浄土院での十二年の籠山修行では、籠山を希望する僧はまず、浄土院で一日三千回の五体投地の拝礼をして、仏の姿を観じる好相行を行なう。これを終えると戒壇院で自誓受戒し、現に浄土院で生きているとされる開祖に仕える侍真《じしん》職に任じられる。十二年間の修行は毎日午前三時に起床し、四時に祖廟の拝殿で朝の勤行（朝座）・献膳・五体投地の拝礼・約一時間の読経、阿弥陀堂で修法・読経などをする。十時には昼の勤行（昼座）、その後浄土院境内の庭掃除、午後四時に夕の勤行（夕座）をする。なお食事は一日二回しかも一汁一菜である。こうした日々が十二年間続くのである。

常行堂の常行三昧は九十日間不眠不臥で堂内で本尊の阿弥陀如来の周囲を念仏を唱えながら回るものである。もっとも柱に渡された一本の丸太によりかかってつかの間の仮眠をとることは許されている。この常行堂と渡り廊下で結ばれた普賢菩薩を本尊とする法華堂ではやはり不眠不臥で九十日間にわたって本尊に向かって法華経を唱え続ける常座三昧の修行がなされる。両者ともにこの修行を通して三昧の境地に入ることを目指すものである。

比叡山の回峰行

比叡山の回峰行は第三代天台座主円仁の弟子相応《そうおう》（八三一―九一八）によって始められたとされている。彼は平安末に成立した『天台南山無動寺《むどうじ》建立和尚伝』によると十五歳で比叡山に入り、六、七年にわたって根本中堂に供花を続けたことを認められて得度し、十二年間籠山した。この間『法華経』の「常不軽菩薩品第二十」に記載されている万人に仏性があるとして誰かまわず礼拝した常不軽菩薩の活動に心酔して礼拝行に勤《いそ》しんだ。その結果すぐれた験力を得て、多くの霊験を示した。また貞観元年

比叡山の回峰行　撮影：藤田庄一

（八五九）には比良山の葛川《かつら》の滝で不動明王を感得し、同七年（八六五）に比叡山無動寺谷にこの不動明王を本尊とする無動寺を創建した。こうしたこともあって相応は無動寺を起点とする回峰行の始祖に仮託された。また金峰山でも修行したとされている。

回峰行は堂社、木石すべてが仏身とされる比叡山の霊地を七年間にわたってのべ千日回峰するものである。その身なりは白麻の狩衣、やはり白の手甲と脚絆で素足に草鞋をはき、頭に法華笠をかぶるというものである。そして深夜の二時頃唯一人で出立して朝方帰ってくる。回峰の道順は南の無動寺を出て、東塔、西塔、横川《よかわ》と三塔を巡ってそこから八王子山を下って日吉神社を拝み、坂本の町をへて、不動坂を上って無動寺に帰るほぼ円環の約三〇キロのコースである。初年度は三月中旬から七月にかけて百日間行ない、百日の回峰を終えると葛川に行って相応が不動明王を感得した葛川明王院で太鼓の上に飛びおりるなどの独自の儀礼を行なう。ちなみに現在比叡山の院坊の住職となるためにはこの百日間の回峰行をしなければならないとされている。

二年目と三年目も初年度と同様に毎年百日間、同じ道を三〇キロ歩き、四年目と五年目は同じ距離を二百日歩く。そして五年目で計七百日の回峰を終えると、無動寺谷の明王院に籠って七日間断食、断水、不眠、不臥で毎日十万遍の不動の真言を唱える堂入りがある。その最終日には閼伽井《あかい》に水を汲みに行く、取水の行がある。この堂入りの翌年の六年目からは杖を持つことが許される。けれどもこれまでのコースに加えて四明岳《しめいだけ》から雲母坂《きららざか》を越えて京都の修学院の近くの赤山明神《せきざんみょうじん》を往復する三〇キロが加わって計六〇キロの回峰がなされる。最後の七年目には赤山明神を拝した上で京都を一周して信者に数珠で加持をする六〇キロの京都切り廻りがある。これを終えると九日間にわたって無動寺に籠って断食の上で七百座の護摩をたく。そして無事に回峰行をやり終えると当行大行満となるのである。なお回峰行者はこの行を達成することによって生身の不動明王になるとされている。

3　修験者の峰入

山上ヶ岳の峰入

修験道の中心道場で現在も女人禁制の山上ヶ岳では、大峯山寺の五月三日の戸開けから九月二三日の戸閉めの期間に数多くの在俗の講社の登拝が行なわれている。この峰入は本来は吉野山の発心門とされる銅《かね》の鳥居をくぐり蔵王堂を拝して峰つづきの長い道を抖擻し、女人結界の五番ヶ関をへて、洞辻《どろつじ》茶屋の修行門に至る三〇キロ余の道がとられていた。しかし現在はもっぱら吉野郡天川村洞川の真言宗醍醐派大本山龍泉寺に詣でて境内の水行場で水行をし、山上川沿いの蟷螂《とうろう》の岩屋で胎内くぐりの行をして、旧女人結界地の母公堂《ぼこうどう》、現在の女人結界地の清浄大橋の門（発心門にあたる）をへて山に入って約一二キロ登り、先の洞辻の修行門に至る洞川道がとられている。

ここからは「山上ヶ岳山上略図」（図6）に示すように、役行者祠や出迎不動を拝し、陀羅尼助《だらにすけ》などを売る小屋をへて表行場に入り、滑りやすい一枚岩の上を歩く油こぼし、岩場を鎖づたいに登る小鐘掛《かねがけ》、絶壁を先達に導かれて鎖をたよりによじ登る鐘掛の行をし、熊野まで続くとされるお亀石を拝する。この先の平坦な道を進むとかた

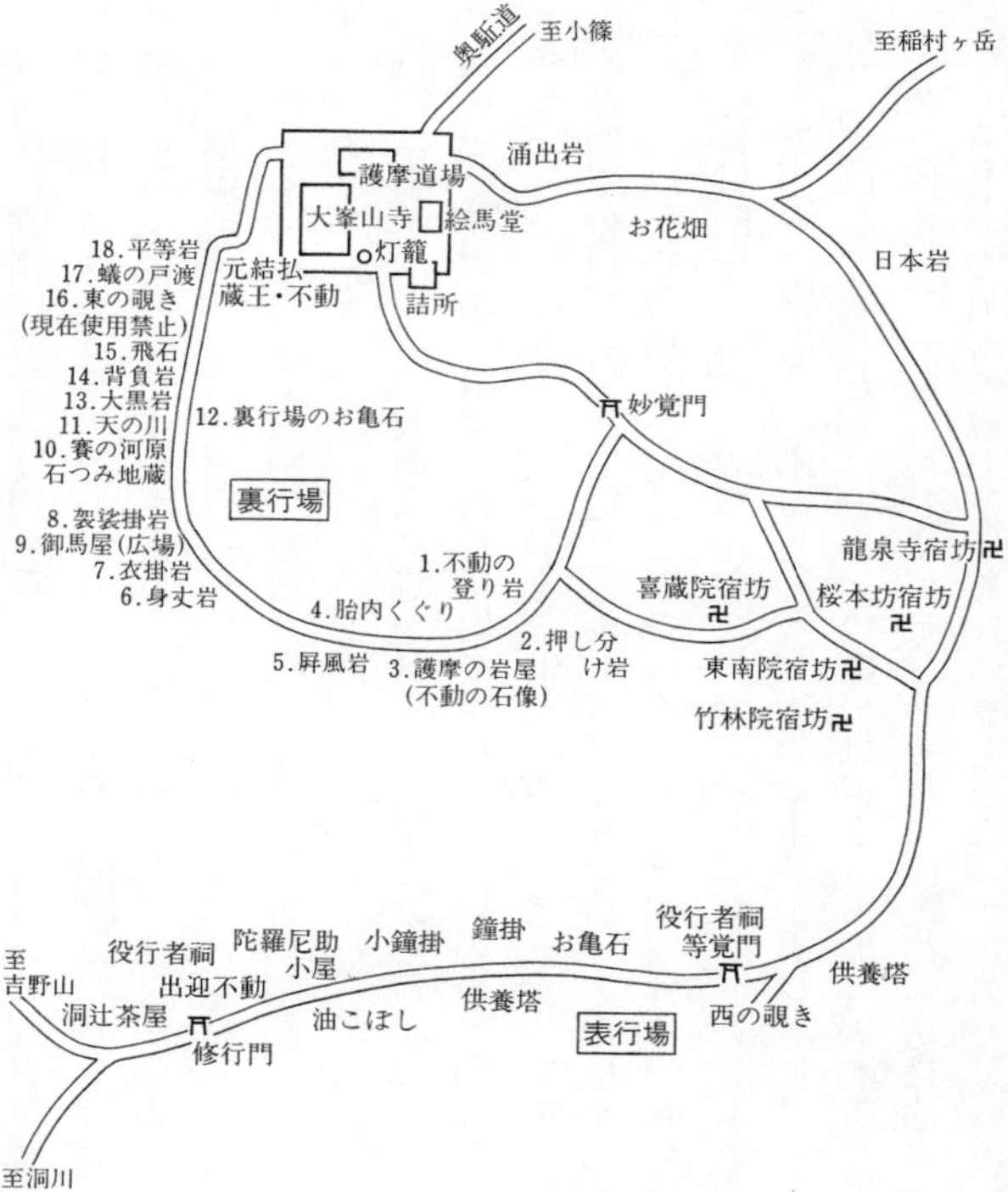

奥駈道
至小篠
至稲村ヶ岳
涌出岩
護摩道場
大峯山寺
絵馬堂
お花畑
灯籠
元結払
蔵王・不動
詰所
日本岩
18.平等岩
17.蟻の戸渡
16.東の覗き
(現在使用禁止)
15.飛石
14.背負岩
13.大黒岩
11.天の川
10.賽の河原
石つみ地蔵
12.裏行場のお亀石
妙覚門
裏行場
8.袈裟掛岩
9.御馬屋(広場)
7.衣掛岩
6.身丈岩
1.不動の
登り岩
4.胎内くぐり
喜蔵院宿坊
龍泉寺宿坊
桜本坊宿坊
2.押し分
け岩
5.屏風岩
3.護摩の岩屋
(不動の石像)
東南院宿坊
竹林院宿坊
役行者祠
等覚門
鐘掛
お亀石
小鐘掛
陀羅尼助
小屋
役行者祠
至
吉野山
出迎不動
洞辻茶屋
修行門
油こぼし
供養塔
表行場
西の覗き
供養塔
至洞川

図6　山上ヶ岳山上略図

わらに役行者祠のある等覚門《とうがくもん》がある。この門の先の西の覗《のぞ》きで絶壁上の岩頭から初入峰の者（新客という）の両肩にロープをかけて合掌した両掌を前方につき出させて逆さづりにして懺悔させる覗きの行がなされる。新客全員がこの行を終えると岩上の不動の石像の前で「有難や西の覗きで懺悔して弥陀の浄土に入るぞうれしき」との唱えごとがある。これで表行場の修行を終えるとなじみの宿坊に入り、祭壇で読経後休息する。

新客は小憩後宿坊の案内人に導かれて図に示した裏行場に行き、数字で示した順序で累々とした岩山に設けられた行場で修行する。詳細の説明は割愛するが、不動明王を拝し、胎内くぐりの後、他界を思わせる霊地をまわっている。そして最後の元結払《もつてんばらい》の不動明王の前で「平等岩廻りてみれば阿古滝の捨つる命は不動くりから」との唱えごとをした上で大峯山寺の裏に出ている。一方新客以外は時間を見計らって宿坊を後にして妙覚門《みようかくもん》をくぐって大峯山寺に行く。そして新客と合流した上で大峯山寺に詣でる。大峯山寺は正面に金剛蔵王権現、後堂（本尊の裏側）には、役行者と不動明王が祀られている。もっともほとんどの講では何よりも同寺の右奥に安置された秘密の役行者像を拝することを重視している。その後は山上の宿坊に泊まったり、同じ道を通って山を下って洞川の宿で精進あげの宴をひらいている。

大峰奥駈

本山派修験宗の聖護院、醍醐三宝院、金峯山修験本宗（東南院）などの修験教団や喜蔵院・桜本坊・竹林院などの吉野山の大峯山寺の護持院では山上ヶ岳から、大峰山系を抖擻して前鬼さらには熊野に至る「奥駈」と通称される峰入を行なっている。この奥駈では山上ヶ岳（67―大峰山系の七十五靡《なびき》と呼ばれる七十五の霊地の該当番号）のそれぞれが関係する宿坊に一泊して早朝に出立し、近世期に当山正大先達衆の拠点だった小篠の宿（66）に達する。ちなみに三宝院が六月初旬に行なう華供《はなく》の峰入では大峯山寺を素通りして、ここで柴灯護摩を施行している。次いで樅《もみ》の林の中の脇の宿（64）をへて、普賢岳（63）に登る。なお奥駈の際には立ち寄らないが、近くの笙の窟（62）は平安中期に日蔵がここから金峰山浄土に赴いたとされる行場で、かつては修験者がここに籠って修行していた。普賢岳の先の行者還り（68）までは岩山が続くがこれを越えるとなだらかな道となり、やがて林の中に聖宝の銅像がある講婆世《こうばせ》の宿（55）に着く。ここから急坂を登って、天河弁財天の奥社（54）のある弥山の山頂に到着して宿坊で一泊する。いうまでもなく弥山は須弥山を意味し、かつては大峰山系の中台とされ、吉野熊野宿ともいわれていた。

深仙　「大峯峯中秘密絵巻」桜本坊蔵

翌朝は霊鷲山が飛来したとされる大峰山系最高峰の八経ヶ岳（仏経ヶ岳・51）を経て、禅師の森（48）に至る。この先の亡霊の居所とされる欅林《けやきばやし》の楊子《ようじ》の宿（44）では亡霊供養塔で読経する。ふたたび岩山に入り仏性ヶ岳（43）を経て少し行くと両峰分けと呼ばれる大きなクレバスがある。修験道では大峰山系全体を金胎の曼荼羅になぞらえるが、吉野からここまでが金剛界で、ここから熊野までが胎蔵界とされている。役行者が両親のために千塔塔婆供養をした空鉢ヶ岳（41）を経て山頂に大きな銅製の釈迦像が立つ釈迦ヶ岳（40）に達する。釈迦ヶ岳の麓の深仙（38）は本山派の灌《かん》頂道場《じょう》である。この近くに役行者の母の居所とされる宝塔ヶ岳があり、鎖をたよりにこれを登る。ここから山をおりて役行者に仕えた前鬼の子孫が住んだ前鬼集落（29）に唯一軒残った小仲坊で宿泊する。翌朝は三重の滝や両界窟のある前鬼裏行場（28）で修行する。

ほとんどの奥駈ではこのあとバスで熊野に出て、本宮・新宮・那智の熊野三山を巡拝している。ただ金峯山修験本宗（東南院）の奥駈では前鬼からバスで下北山村浦向に出て、旅館に泊まる。そしてここからは女性行者を加えて笠捨山（18）を経て、玉置山（10）にかけての南奥駈をした上で、バスで熊野三山に詣でている。また天台寺門宗の園城寺や熊野那智の青岸渡寺では、熊野から部分的に抖擻して数年かけて吉野に達する峰入を行なっている。上記の順序の峰入は逆峰で、これに対して熊野から吉野への抖擻が順峰とされていた。順峰は思想的には阿弥陀や観音の浄土とされる、死にかかわる熊野から大峰山系を抖擻して吉野の子守社で再生することを意味すると考えられる。

ちなみに役行者が修行した葛城山では、和歌山の友ヶ島から二上山までの霊地に法華経二十八品を一品ずつ納めた経塚をめぐる抖擻行がなされている。

十界修行

江戸時代初期の『峰中作法次第』では吉野の安禅（金峰神社の近くで当時女人結界の地）で入成《いりなり》、山上ヶ岳で笈伝《おいわたし》（峰入の先達が笈を受け取る）の後、小篠の宿で水

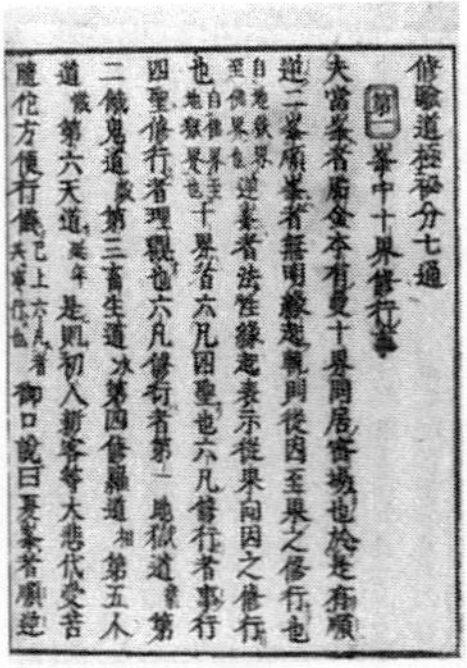
修験道極秘分七通
第一 峯中十界修行事
夫當峯者居金本有曼十界同居會場也於是有順
逆二峯順峯者無明縁起則從因至果之修行也
逆峯者法性縁起表示從果向因之修行
也 十界皆六凡四聖也六凡修行者事行
四聖修行者理觀也六凡修行者第一地獄道 第
二餓鬼道 第三畜生道 第四修羅道 第五人
道 第六天道 是則初入新客等大悲代受苦
隨化方便行儀 御口說曰夫峯者順逆

『修験修要秘決集』の「十界修行事」

断・穀断・小木《こぎ》（薪をあつめる）・閼伽《あか》（水を汲む）・懺悔、深仙で正灌頂、玉置山で出《で》成《なり》の作法と柴灯護摩が施行されていた。当時は吉野から熊野まで抖擻するとともに、小篠・深仙・玉置山で所定の儀礼がなされていたのである。なお室町時代末に即伝が編集した『修験修要秘決集』には「十界修行事」との切紙が納められている。これは人間の成仏過程を示す十界のそれぞれに地獄（業《ごう》秤《びょう》）、餓鬼（穀断）、畜生（水断）、修羅（相撲）、人（懺悔）、天（延年《えんねん》）、声聞《しょうもん》（四《し》諦《たい》）、縁覚（十二因縁）、菩薩（六波羅蜜）、仏（正灌頂）というように括弧内にあげた修行を充当したものである。特殊なもののみその儀礼を紹介すると、業秤は新客を螺緒《かいのお》でしばって一方に不動石をつけた秤につるして、犯した業の重さをはかるものである。現在の山上ヶ岳の西の覗きの行がこれにあたるともされている。延年は檜扇《ひおうぎ》をひろげて舞って修行の成満を祝う宴、四諦は原始仏教の苦集滅道の教えを学ぶこと、同様に十二因縁は十二因縁の理を知ること、六波羅蜜は六種の菩薩行を学ぶこと、正灌頂は大日如来の秘印を授かる儀礼である。なお本書にはこのほかに床堅《とこがため》、閼伽、小木の三種の儀礼については、それぞれ別個の切紙を納めている。それによると床堅は新客の頭上で先達が腕比《うでころ》と小打木《こうちぎ》（いずれも短い丸太）をうちあわせ、さらにそれらで新客の身体を打つことによって大日如来と同一の存在であることを悟らせる修行である。閼伽は水汲み、小木は護摩木を集める際の作法である。ただ現在の大峰山の峰入ではこれらの儀礼は行なわれず、地獄（忍苦行）、餓鬼（知足行）、畜生（労作行）、修羅（精進行）、人間（抖擻行）、天道（歓喜行）、声聞（聞法行）、縁覚（沈思行）、菩薩（奉仕行）、仏（感謝祈念行）というように倫理的な説明がなされている（聖護院門跡『入峰の栞』）。

羽黒修験の峰入

羽黒修験の間では新春を寿ぐ春の峰（現在は出羽《いでは》神社の花祭り）、夏に各地の道者が月山に登拝する夏の峰、専門の修験者が初秋（現在は八月二四日から三一日まで）に荒沢寺《こうたくじ》で修行する秋の峰（出羽神社でも神道式の峰入行を行なっている）、位上《いじよう》・先途《せんど》の二人の松聖《まつひじり》が九月三〇日から年末まで出羽神社の斎館に籠って興屋聖《こうやひじり》と呼ばれる五穀を納めた苫屋を拝して籠山し、大晦日から元旦にかけての松例祭で、その験力を競う冬の峰の四季それぞれに対応させた四種類の峰入がなされていた。このうち羽

梵天たおし（受胎を意味する）

黒山修験本宗の秋の峰は上記の十界修行の面影を残すものゆえ、簡単に紹介しておきたい。

羽黒山の秋の峰ではまず八月二四日に荒沢寺の里坊の正善院で峰入修行の本尊の笈をまつる笈からがきがある。これは葬式を意味している。二五日には一行が正善院前の黄金堂に詣でたあと大先達が約三メートルの梵天を三、四回回転させて堂に向けて倒す梵天たおしがある。これは受胎を意味している。これを終えると山上の出羽神社に参詣後、母胎になぞらえた修験道場の荒沢寺に入る。ここで一の宿、二の宿、三の宿の三段階の修行がなされる。

一の宿では二五日夕、修験者が寺内で所定の座につくと先達が頭上で二本の小打木《こうちぎ》をうちあわす小打木の作法（床堅に充当）がある。ついで斑蓋《はんがい》におおわれた笈（母胎の胞衣と胎児を示す）に向かって読経がなされる。この最中に外から雨戸を激しくたたく精義《しらべ》があり、ついで米ぬかと唐がらしなどの粉を火鉢にくべていぶす南蛮いぶしがある。これらは修験者の心に宿る魔をはらうためのものである。この後には門口で閼伽と小木の先達に水と小枝を納める閼伽・小木納めがある。これらの作法は二七日まで初夜と後夜と二回行なわれる。二六日には断食、断水の上で駈《かり》の先達に導かれて月山の中台の七峰まで抖擻する。翌二七日の朝には施餓鬼、二八日には荒沢寺の入口の道で閼伽と小木の先達が火のついた松明の先をつけあう二の宿入りの作法がある。

二の宿に入った二八日には、勤行中に小木と駈の先達が細い散杖で散杖板をたたく床散杖《とこさんじょう》と呼ばれる鎮魂の儀礼と、大先達に罪を懺悔する儀礼がある。二八日には夕方庭で天狗相撲、夜に九字護身法の伝授がある。二九日午前一時頃、柴灯護摩の道場で閼伽と小木の先達が火のついた松明の先をつけあい、その火を護摩壇に点じて大先達を導師として柴灯護摩が施行される。その間に壇のそばで二人の先達が長い棒を持ち大地をふみつけるように歩くことによって修法者に霊魂を付着させる火箸作法がある。護摩を終えると大先達が荒沢寺の入口で檜扇をひろげて上下に動かして「大床ゆるぎ床ゆるぎ」と唱えて三の宿に入

床散杖　提供：鈴木正崇

出峰の儀礼（出生を意味する）

る。三の宿の間は笈にかわって開山能除《のうじょ》大師の像が安置された部屋の天井から紅白のひもが下げられる。これは天地がこのひもで結ばれたことを示すとされている。ここでお祝いの謡をうたう延年がなされ、酒をくみかわす。三〇日と三一日には開山の能除大師の像に拝礼した上で、千巻心経による祈禱がある。三〇日には祖霊の住処とされる阿古屋《あこや》と呼ばれる聖地へ抖擻する。三一日夕方荒沢寺をでて出羽神社に参拝し、山を下り黄金堂前の祖霊の迎え火を産声をあげてとびこえる。この儀礼は出生を意味している。

この秋の峰には地獄（南蛮いぶし）、餓鬼（断食）、畜生（水断）、修羅（相撲）、人（懺悔）、天（謡）というように十界修行のうち六道に充当する儀礼がなされている。また葬式（笈からがき）、性交と受胎（梵天たおし、宿うつりの儀礼）、母胎内の成長（荒沢寺・斑蓋と笈）、邪霊の除去（精義、南蛮いぶし）、霊魂の付着（床散杖、火箸作法）、出生（産声）などの要素が認められる。つまりこの羽黒山の秋の峰では入峰者は一度死んだ上で、性交によって母胎に宿り、体内の邪霊をはらって新しい霊魂を付着した仏として再生するという擬死再生のモチーフが認められるのである。またこれとあわせて三の宿入りの時には、天地の合体と分離という宇宙の始源を象徴する儀礼がなされているのである。

4　庶民の霊山登拝

庶民の山登り

春先に庶民が農耕の予祝として、あるいは男女の求婚の機会として山に登り、花を愛《め》で宴をひらく嬥歌《かがい》は古代から行なわれていた。この習俗は村人が仲間と見晴らしの良い山に登って弁当を開き、里の田を眺める、レンゾまたはダケ登りと呼ばれる大和地方の春休みの行事にと展開する。卯月八日の山登りもこれに類するものである。こうした山登りは豊作の予祝とあわせて雨乞いのためにも行なわれた。さらに盆に祖霊迎えもかねて山に登る盆山《ぼんやま》の行事もみられた。また十三歳になった男子が虚空蔵を祀る山に登ったり、成人式として霊山に登る信仰は全国に認められる。前項で取り上げた講による山上詣（大峰山の山上ヶ岳登拝）もこうした信仰にもとづいている。

近世中期以降になると、こうした古来の信仰にもとづいてそれまでは僧侶や修験者の修行道場だった全国各地の霊山に庶民が講を組織して積極的に登るようになった。その代表的なものは富士講や木曾御嶽講である。このうちここでは富士講と御嶽講の登拝を取り上げることにしたい。

富士講の登拝

富士講は現在はほとんど消滅状態にあるので、ここでは富士講が盛んだった江戸時代後期の上吉田からの登拝を、嘉永元年（一八四八）に江戸鉄砲洲の富士講先達泰行の著した『富士山真景之図』をもとに紹介しておきたい。上吉田の御師集落入口には銅鳥居と閻魔堂、人別改所がある。ここから参道を進み、山麓の八つの湖の一つの仙水を水源とする御手洗川にかかった石橋を渡って下仙元社を拝する。この脇には吉田の地主神の諏訪明神社がある。下仙元社の裏手の登拝門をくぐって進むと船津道との分岐点に仙元大菩薩出現の旧跡とされる御胎内洞があり、ここで胎内くぐりの修行をする。しばらくするとつつじの群生の中に遊興の茶屋がある。この名はここで吉田の御師が下山の講中を迎えるさか迎えをしたことにちなんでいる。ここから本格的な登山道に入る。以下各合目ごとの霊地と堂祠をあげ、説明を付すことにする。

一合目（鈴原大日堂・明神社・杉木立の中）。二合目（伊豆走湯山の修験覚台坊覚実が開基した御室仙元堂と役行者堂。ここで山役銭を集める。ここから女人禁制）。三合目（産間ヶ谷という平地、伊豆権現と三社宮〈道了尊・秋葉・飯縄を祀る〉）。四合目（岩面に講社名を書きこんだ大岩、その下に御座石仙元社）。五合目（稲荷・大日堂・仙元社の三座からなる中宮社）。五合五勺（小御岳石尊《せきそん》大権現、日本武尊社、大天狗・小天狗社）。この先に日蓮が岩窟に籠って法華経を埋めて安国を祈った経ヶ岳があり、ここから富士山の中腹をめぐる中道巡りに出発する。なお富士山出現にちなむ庚申の年には女性も経ヶ岳までの登拝を許された。現在は五合五勺までバスや乗用車で行くことができる。ここからは焼け砂と岩の間を登り、小屋もすべて石室となる。

富士山登拝路（四〜八合目付近、『江戸時代参詣絵巻　富士山真景之図』より）

六合目（不動の種子カンマンに似たカマ岩、霞が立ち、薬草がある）。七合目（近くに聖徳太子が甲斐の黒駒に乗って富士に登ったことにちなむ駒ヶ岳への道がある）。七合五勺（身禄入定の烏帽子岩、手前に清泉）。八合目（箱根権現、吉田口と須走口からの登山道の合流点、下りは須走口への「走り道」をとることが多い）。この八合目から上は駿河側の持ち分である。九合目（迎え薬師堂、御来光で弥陀三尊像が浮かびあがる霊石がある）。頂上には駿河大宮の大宮司が別当を勤める薬師堂があり、内院と呼ばれる山頂の噴火口（仙元菩薩の御神体として崇められている。内院の向かい側には父御前〈虎石・獅子岩・䭾《ちち》ともいう〉、手前には母御前〈㑕《はは》〉と名づけられた岩がある）。内院の周囲の峰は八葉の蓮華とされて、これを巡るお鉢まわりと呼ばれる修行がなされる。お鉢まわりの主な霊地には、各登山口からの頂上にある内院拝所、聖徳太子が甲斐の黒駒に乗って飛来した駒ヶ岳（黒駒を祀る小祠あり）、富士宮の村山修験が管理する大日堂（鉄製の二体の大日如来像を祀る）、石の地蔵がある東・西の賽の河原、銀名水・金名水の二つの泉、富士山最高峰の剣ヶ峰、身禄の霊が留まっているとされる釈迦ヶ岳の釈迦の割石があって、これらをめぐって出発点の薬師堂に帰るのである。

以上、上吉田口からの近世末の富士講の登拝路の霊地を紹介した。最後に全体として見ると、まず山麓では、吉田の下仙元社の御手洗川の水源の仙水など八つの湖をまわる八海めぐりがある。これらの湖には竜神が祀られているが、この水で心身を清めたと考えられる。次には先に紹介した船津をはじめ、大宮の人穴、吉田・須山などの胎内窟が注目される。修行者はこのいずれかで擬死再生の胎内修行を行なっている。登拝の道は、森や林の中を歩く一合目から五合目、岩や砂岩の間を登る頂上まで、内院を拝し、火口を一周するお鉢まわりの三者がそれぞれ違った場景を示している。最初の五合目までは、杉と檜の諏訪の森、中の茶屋までの赤松の林、茶屋近くの松の大木、一合目の鈴原大日堂の杉木立のように針葉樹が主体である。中腹近くになると桜や樅《もみ》などのほか、石南花《しゃくなげ》や薬草が見られる。こうした森林の中には二合目の御来光を拝する御釜石、四合目の仙元社の御座石などがある。

五合目から上は木がなくなり、六合目のガマ岩（不動）、八合目の御来光が弥陀三尊を顕す日の御子岩、身禄入定の烏帽子岩と亀石など、ほとんどが岩場である。なお水が少ないことから小御岳入口の泉の滝、烏帽子岩脇の清泉など水場近くに霊地が設けられている。山頂では内院の周囲の剣ヶ峰、駒ヶ岳、釈迦ヶ岳、薬師岳、大日岳などの八つの峰を八葉になぞらえ、中央の内院を仙元菩薩として崇めている。また釈迦ヶ岳の割石には身禄の霊が留まっていると信じられている。もっとも山頂が他界とされることを示すのか地蔵や阿弥陀が祀られ、東・西の賽の河原がある。また鰶池《このしろいけ》や金名水・銀名水の霊水は薬用やお札を記す際の墨の水に用いられている。

木曾御嶽の登拝

木曾御嶽では現在も夏を中心に先達に導かれた御嶽講の人たちが数多く登拝している。御嶽山への登山口は木曾福島からの黒沢口と王滝口、岐阜県側からの開田口と飛騨口の四つがある。このうち木曾谷の覚明《かくめい》が開き現在木曾御嶽本教の本部がある黒沢口と、江戸の本山派修験普寛が開き、主として御嶽教所属の講が登拝する王滝口の両者がともに七合目までの交通の便があることから広く利用されている。

黒沢口の一合目には古来武居家が神職を勤める御嶽神社里宮と若宮がある。同家では第二次大戦後、御嶽講を結集して木曾御嶽本教を結成している。ここからしばらく登山道を進むと屋敷野に到着する。ここには種々の神祠や各講の先達の霊を祀る霊神《れいじん》碑《ひ》が一万五千余ある霊地である。また五合目からのロープウェイの終点の七合目には八海山大神・三笠山刀利天《とうりてん》・白河権現などが祀られている。この七合目近くには百間滝があり、ここで水行がなされる。八合目の女人堂から先は高天原と呼ばれる聖地とされている。ここから三の池をへて飛騨側の山頂に出て、尾根伝いに御嶽大神本社に至る道と、覚明堂をへて山頂に至る道が分かれている。

一方、王滝口をとる御嶽教関係の講は木曾福島駅前の山の本部（木曾福島御嶽教会）に立ち寄った上で、バスで一合目の滝家が管理する里宮を拝し、二合目の普寛堂に詣った上で、三合目の清滝不動を祀る清滝や新滝で水行をする。四合目には子授けの神とされる十二権現が祀られ、霊神碑が林立している。五合目には八海山大頭羅《だいずら》権現が祀られている。これは普寛が弟子の泰賢のみちびきで八海山の登拝路を開いたのにちなんでいる。バスの終点の田の原には田の原大黒天、三笠山大神がある。ここから徒歩で山頂をめざすわけだが、その途中には神仏分離の際に山頂から下したとされる蔵王権現、不動明王、金剛童子などが祀られている。なお、王滝頂上の御嶽神社はかつては日の権現と呼ばれていたが、現在は国常立命、大己貴命、少彦名命の三神を祀っている。下山にあたっては、黒沢口から登った時は王滝口へ、王滝口から登った時は黒沢口へ下る講も少なくない。なお講による御嶽登拝では、山中の祠堂や自己の講祖などを祀る霊神碑の前で御座《おざ》が立てられることがある。この場合に

三笠山大神での御座　撮影：菅原壽清

は神仏像や霊神碑を背にして、手に御幣を持って座る中座に向かいあった前座が神仏や霊神の霊を中座に憑依させて託宣を得たり、神がかった中座が御幣で講員の加持をするなどのことがなされている。

第十章　山から里へ

1　山で得る験力

山上ヶ岳の修行から

一九六〇年頃、私は大峰山の山上ヶ岳で「修験道」の峰入に参加して、修行の調査をしたことがある。女人禁制の山上ヶ岳の表・裏の行場で新客（初入峰者）として修行して一行とともに山を下った。すると山麓の洞川《どろがわ》の当時の女人結界口の母公堂のところで、私たちを出迎えた女行者の何人かが道にうつ伏せになった。何ごとかととまどっていると、先達から杖で腰のところをついて、またいでやるように指示された。これによって健康に恵まれると共に子供を授かるとのことである。現在も母公堂では、子授けや安産のお守りが出されている。これは山で修行した修験者は山の女神の持つ豊穣力を得たので、その験力《げんりよく》によってこうした功徳を与えることができるという

洞川の母公堂　撮影：矢野建彦

信仰にもとづいている。このほか山上ヶ岳の山麓の洞川や吉野山では、胃腸病をはじめ万病にきく「陀羅尼《だらに》助《すけ》」と通称される黄蘗《きはだ》の生皮やせんぶりの根を煮て固めた薬が売られている。いうまでもなく陀羅尼は仏菩薩の性格や働きを示すサンスクリットの聖句で、修行者は山中でそれを繰り返し唱えることによってその力を得るとされている。それゆえこの薬の名は山岳の修行者が山で得る験力の根源にちなむと考えられるのである。

　修験道の山岳修行が最も活況を呈した室町時代後期には、秋に峰入して山中で年を越して春に出峰する晦山伏《つごもりやまぶし》の修行と、出峰後に行なう験くらべが重視されていた。彼らはいわば山の神の力を体得した神として里人に迎えられたのである。ちなみに藤井貞文によると神職は秋祭りの際に神や氏子とともに新穀やそれで醸造した酒を共食・共飲した上で山に籠った。そして山中で山の神の居所とされる洞窟に籠ってその力を体得した。春にはこうした力を得た神職が山を出て、氏子に神として迎えられた。この秋の神との共食が秋祭り、籠山が冬祭り、春に神として迎えられるのが春祭りとしている（藤井『神とたましひ』錦正社）。上記の晦山伏の峰入もこうした性格を持つと考えられるのである。けれども現在は中央の修験では冬の峰入は行なわれていないし、冬に山籠りをする神職もほとんど見られない。ただ幸にして出羽神社の秋口から百日間にわたる松聖《まつひじり》の山籠りと、その最後の一二月三一日の夜から元旦にかけて行なわれる大松明を引き出して燃やし、薪に火をつけるなど一連の験くらべからなる松例祭《しょうれいさい》には、かつての冬の峰の修行とその結果得られる験力がどのようなものであるかがリアルに示されている。しかもここに見られる験力とその顕示を中心とした祭りは、里の人々が山の神格や山の宗教者に期待しているものを如実に示している。そこで本章ではまずこの修行と祭りを通して、山の修行者が里人に幸せをもたらす験力がどのようなものであるかを検討することにしたい。

羽黒山の冬の峰と松例祭

出羽神社では秋口に山麓の手向集落の祝部《はふりべ》の中から総代の推挙をもとに位上《いじょう》・先途《せんど》の二人の松聖を選出し、両松聖にそれぞれ二人の小聖を配属する。冬の峰初日の九月二四日には松聖が籠る羽黒山上の斎館入口に二本の大幣《おおぬさ》を立てて神を迎える幣立祭《へいたてさい》が

興屋聖

行なわれる。斎館内では大広間を位上方と先途方の二つに仕切って、それぞれの正面に神壇が作られる。神壇には興屋聖《こうやひじり》（藁の小さな苫屋《とまや》、中に種籾と麦・小豆・胡麻を竹筒に入れて納め、入口の両脇に模型の鍬と鎌を立てかける）が安置される。なおかつてはこの種籾は開山堂の仏供田から収穫されたものが用いられた。両松聖は朝・昼・夜の三度、興屋聖の前で三山拝詞を唱えて祈念すると共に、あたかもそれを守護するかのように夜はその前で眠っている。さらに毎日山上の本社、蜂子《はちこ》神社、蜂子皇子の御陵墓、末社などに参拝する。その間一一月初旬には手向及び近隣の増川郷、一二月初旬には鶴岡市内に勧進に出る。また小聖もこれらの勧進に随行する。一二月三〇日には両松聖は斎館を出て境内に設けられた補屋《しつらえや》に入る。なお江戸時代には松聖は自坊の床の間の開山の軸、五大尊の幣、興屋聖の前で日夜潔斎して勤行した。またこれとあわせて荒沢寺常火《じょうか》堂の浄火を管理した行人が行なった浄火を作る修法及びこれを消す修法を行なった。そして一二月二三日には常火堂で鍛冶が作った火打金と火口を受けとっていた。

烏とび

松例祭の当日の一二月三一日には午後六時から神社本殿で松例祭本社祭、ついで蜂子神社祭がある。これに続く一連の験くらべは位上方に配属された手向集落の上四町と先途方の下四町の若者組と両松聖に仕える小聖が争う形がとられている。この間両松聖は補屋に留まって祈念している。その主要なものを紹介すると、まず午後一一時神社本殿両側に相対して並んだ位上方、先途方各六人の小聖（神職が勤める）が各一人ずつ神前に進んで正面で両手を広げて大きく跳びあがる烏とびがある。これを終えると白いぬいぐるみの兎が出てきて、中央の小机の前に神殿に向かって座る。位上方、先途方の小聖が一人ずつ兎の両脇に進んで扇子で小机を三回たたき、兎がこれに応じる。この兎の応じ方の遅速で優劣が競われるのである。五番目の時（この五番目のみ松聖直属の小聖が勤める）、外に向かって法螺が吹かれる。これに先だって神社本殿前の広場の東端には位上方と先途方の恙虫《つつがむし》状の大松明が置かれ、それについた引き綱をそれぞれに属する町内の若者が持って、三十三間はなれた西

大松明引き　撮影：藤田庄市

の端に榊をつけた竹（その下に大松明を立てるための穴が掘られている）に向かって待機している。そして法螺の音を聞くと位上方、先途方の若者たちが大松明の後部に火をつけて、竹の下の穴まで一気に引いていって穴に逆に立てて燃え上がらせる。この時の速さと燃え方で優劣が決められる。位上方が勝てば豊作、先途方が勝つと大漁になるとされている。

翌一月一日、広場の鏡松明（柱松《はしらまつ》ともいう）に火がつけられる。このあかりの下で「国分け」と「火の打ち替え」の神事が行なわれる。「国分けの神事」は二十間ほどの距離をおいて向かい合った、所司と役者が定尺棒（一丈二尺の棒）で羽黒修験と熊野修験の支配の範囲と境界を決めた故事を繰り返す儀礼をした上で、定尺棒を神前に投じる神事である。「火の打ち替え神事」では、まず位上方、先途方各一人の松打《まつうち》（新しい火を作る役）が小松明を持った役者を前後に伴って火打金を打ちながら鏡松明の周囲を三回まわる。そしてまわり終えるやいなや数メートル先にいる火薬をうすくした液をいれた皿を手にした「かど持ち」のところに走って行き、皿に火をつけて早く火がついた方を勝ちとする神事である。近世期にはこの時の火打金は一二月二三日に荒沢寺常火堂で受けたものが用いられていた。以上の神事を終えると神職が補屋に行き、「昇神祭」をし、引き続いて斎館で精進落しの直会《なおらい》が行なわれる。

近世期の春の峰

近世の羽黒山では、冬の峰の一連の験くらべが終わったあと、一月五日から九日にかけて座主会があり、これを春の峰と呼んでいた。この座主会は別当宝前院と先達寺である華蔵院・智憲院・正穏院の四人のうち、まずその年に一山をとりしきる所司前の坊、ついでほかの三人の坊、そして最後に今一度所司前の坊の持ちまわりで、この四人に能林坊と西性海の二人の行人を加えて行なう法会である。その行事は各坊の上段の間の床に開山の御影をかけ、その前に鶴亀の島台を飾って開山の法楽を寿いだ上で、冬の峰の験くらべで勝った方の松聖が祈念した興屋聖の穀霊を開山堂の仏供田で収穫した種籾に感染させる秘儀を行なった。

なおこの種籾は牛王宝印《ごおうほういん》を三角に折ったものにいれて土檀那《どだんな》（庄内地方の檀那）に

配られた。かれらはこれを田の水口に立てて豊穣を祈ったのである。これに対して負けた方の松聖が祈念した五穀は、松例祭の一連の験くらべ終了後、補屋にまかれていた。これを終えると男蝶、女蝶のついた銚子から酒を汲んで延年が行なわれていた。この間一月七日には羽黒権現の宝前で、白米を「ありやの浄土の米《よね》なれば、まけどもまけども尽きもせず。天福、地福、福徳円満」と唱えながらまき、「御祈禱、御祈禱、御祈禱」と叫ぶ米まきの神事、巫女二人、大夫三人による湯立神楽、筒粥《つつがゆ》による吉凶うらないがなされていた。

松例祭に見られる験力

この松例祭と座主や行人による春の峰を見ると、松例祭に見られる松聖の験力には大きく三つのものが考えられる。その際、両松聖は常に補屋で祈念をこめて、そこで小聖や若者を操作してその験力を競っていることに注目しておきたい。その第一は烏とびと兎の神事に見られる験力である。烏は羽黒山の縁起では、蜂子皇子を羽黒山に導いた羽黒権現の神使の動物とされている。一般に烏は太陽の使い、分身ともされ、島根県の美保神社の青柴垣《あおふしがき》神事には太陽の中に烏を描いた指物が用いられている。なお密教では大日如来を太陽ひいては宇宙の法を示す神格としている。一方兎は月山権現、その分身または使いである。一般にも月の中で兎が餅を搗いている姿は広く知られている。ここから推測をすすめると松聖は自然ひいては宇宙の運行を支配する日月と同化して、その神使ともいえる烏と兎を自由に操作する力を獲得し、このことを小聖を使役することによって示していると考えられるのである。具体的には烏は飛翔力を兎には反射能力を競わせている。なおこの飛翔力はシャマンとして他界に赴く呪的飛翔を示すとも考えられる。

第二は「大松明引き」と「火の打ち替え神事」に見られる旧年の古い火を焼き尽くし、来る年の新しい火を作る火の操作能力である。両松聖はこの験力を獲得するために近世期には冬の峰の期間中、自坊の炉で毎日「湯殿行火立略法」と呼ばれる浄火を作る修法とその火を消す修法を行なっていた。さらに一二月二三日には荒沢寺の常火堂で新しい火を作るための火打金を授かっていた。なおこの「火の打ち替え神事」で勝った方の松聖の火打金は羽黒権現の神灯の火を作るのに用い、負けた方のものは一山の葬式寺の国見の玉川寺で葬儀などの不浄を清める浄火を作ることに用いられた。ところで中世末になる『拾塊集《しゅうかいしゅう》』ではこの大松明焼きは慶雲年間（七〇四—七〇八）に〓乱鬼《そらんき》という三面六臂の悪鬼が鳥海山、岩鷲山《がんじゅさん》（岩手山）の山上から邪気を放って悪疫を流行させた際、羽黒権現の神託によって悪鬼の形に擬した大松明を焼きすてたことに始まるとしている。また現在神社では蜂子皇子が恙虫による病に苦しむ人々のためにそれに擬した大松明を焼くことによって病を退散させたことによるとしている。ちなみに修験道では火炎を背負い、剣と索をもった不動明王を崇めている。そして修行によって修験者自身が生身の不動明王になり、火を統御する力を得たとして火渡りを行なっている。それゆえこの松例祭の「大松明引き」や「火の打ち替え神事」もこれにつらなるものと考えられよう。

第三は両松聖が百日間にわたって興屋聖の種籾に祈りをこめて培かった豊穣力である。近世期には勝った方の松聖が祈念をこめた興屋聖の種籾を開山堂の仏供田からとれた種籾にまぜて、座主会においてその豊穣力をより豊かにした上で、羽黒山の牛王宝印に入れて土檀那の人々に授けていた。戸川安章はこの座主会の際に大年神《おおとしがみ》の力を種籾に付与する修法がなされたと推測している（戸川『修験道と民俗』岩崎美術社）。

このように霊山の修法で付与された豊穣力を持つ種籾を里人に授け、さらに農耕の予祝をする祭りは、英彦山をはじめとする修験霊山でも行なわれているので項をあらためて検討することにしたい。

2　豊穣の予祝と祭り

英彦山の御田祭

近世の英彦山は惣方《そうがた》（神事《しんじ》両輪《りょうわ》組、色衆《いろし》・刀衆の両者からなる）、行者方（宣度《せど》・長床《ながとこ》組）、衆徒方《しとがた》（如法経《ねふきょう》組）からなり、惣方を中心として一山の主要神事の松会《まつえ》が行なわれていた。この神事は一月一四日に神事奉行所の床に松を飾り、その前で神事の諸役を決める「松盛座」から始まる。次いで一月二六日から二七日にかけて仲津郡今井（現在の行橋市沓尾）の姥《うばが》ヶ懐《ふところ》と呼ばれる浜に行って未明に汐水（海水）を汲んでくる「汐井採り」（汐井下り）がある。帰山後、この汐水で一山の堂社が清められる。そして二月一三日に下宮の前に柱松《はしらまつ》を立てたうえで一四、一五日に松会祈年祭を施行する。まず一四日には下宮内に安置された神輿の前で彦一坊が神楽を演じ、このあと神輿が銅の鳥居脇の御旅所に渡御する神幸祭がある。翌一五日朝には下宮内で衆徒方が涅槃会《ねはんえ》を修し、下宮前の斎場では流鏑馬《やぶさめ》があり、引き続いて御田祭《おんたさい》が行なわれる。これが終わる頃に神輿が下宮に還御する。斎場では宣度祭が行なわれる。この祭りは色衆の獅子舞、刀衆の長刀・鉞《まさかり》・金棒振り、舞楽、延年と続き、最後に柱松に上った山伏がその頂の御幣の根元に火をつけた上で切り落とし、ついで柱松を倒すというものである。なお行者方の修験者はこの松会の終了後に、宝満山への春峰（胎蔵界の峰）の修行に出発する。そして四月八日の灌仏会《かんぶつえ》の日に宝満山の獅子窟で出峰し、今度は里を通って帰山していた。

長野覺は近世期の松会を全体的に捉えて、衆徒方による涅槃会を死、惣方の柱松神事を受胎、行者方が峰入に携行する大先達笈は生命を宿す母胎（さらに穀霊を含蔵する母胎）とする。そしてこの大先達笈を崇拝対象として宝満山まで抖擻する胎蔵界の峰入を終えて、四月八日の灌仏会の日の宝満山の獅子窟での出峰は出生を意味するとしている。またこの胎蔵界の峰入は宝満山までの道は山道だが、四月八日の出峰後の帰路は里道であることに注目し、里人は峰入をした修験者を山からおりてきた山の神として迎えたのではないかとしている（長野『英彦山修験道の歴史地理学的研究』名著出版）。

現在英彦山神宮では元旦に柱松を立てる「火柱松」、二月二八日から三月一日にかけての「汐井採り」、三月一五日の御田祭、四月一四—一五日の神幸祭というように近世期の松会を分散した形で実施している。ただし衆徒の涅槃会、彦一坊の神楽、舞楽、幣切り、行者方の峰入はない。ここでは現行の汐井採りと御田祭について紹介し

近世の柱松の幣切り　『英彦山修験道絵巻』平戸市・松浦史料博物館蔵

ておきたい。汐井採りでは二月二八日午前七時に英彦山神宮奉幣殿で神職が祝詞《のりと》を奏上した上で、白装束で草鞋をはいた神職二人と氏子総代、旧衆徒二人が「英彦山神宮潮井採神使」と記した幟《のぼり》を持って車で出発する。一行は途中、上津野・下津野の高木神社などに参拝して接待を受け、日暮れ時に行橋市福原につく。ここからは幟を先頭に道筋の信者の家を門祓いし、除災を求める人の頭に法螺貝をかぶせて祈る「貝伏せ」を行なう。今井宿では二戸の奥姓の家に分宿する。ついで両家のちょうど真中にあたるところで、両家から出された三方《さんぼう》に米を盛り、松竹梅を飾ったものを交換する。深夜に近くの沓尾の姥ヶ懐の浜に出て、竹の汐井筒を背にして海に入り、その中に汐水が入り終わるまで海中に潜る。このあと今井宿で朝まで仮眠後、山伏道と通称される道を通って金屋集落の春日神社につき、ここで土産の餅、蛤、塩吹貝（汐井玉）を受けて祭典をする。このあとも道中の所定の神社に参詣して帰山する。帰山後、持ち帰った汐井筒の水で奉幣殿をはらい、神前に塩吹貝と蛤を供える。翌日にはさらにこの水で山内を清め、蛤は宮司に渡され、塩吹貝は一山の旧衆徒に配られる。

三月一五日の御田祭では奉幣殿（旧大講堂）前に上宮のある中岳を背にするように祭壇を設け、その前の御田に見たてた斎場の四方に注連縄をはる。祭壇には神社で準備した一俵の種籾が供えられ、左側には祭具が置かれる。まず奉幣殿で宮司など神職が祭礼後、斎場の向かって右側に着座する。御田祭は水田稲作の順序を追う形で、御田役が、⑴鍬入れ、⑵畦切り、⑶畦塗り、⑷馬鍬《まぐわ》（田鋤《たすき》）、⑸杁《えぶり》（苗代田作り）、⑹種蒔き、⑺田植えの所作を歌にあわせてそれぞれに必要な道具を用いて行なう順序で進められる。このあと⑻早乙女踊り（菅笠を被った八人の少女が踊る）があり、最後に⑼飯戴《いいかぐめ》がある。これは中年の男性が孕《はら》み女の姿をし、頭上に白飯を入れた半切れを持って斎場内をまわり、参加者が白飯をうばいあうものである。これは孕み女が豊穣をもたらすという信仰にもとづくものである。この御田祭を終えると供えられた種籾が近隣の農家に配られ、農家ではこれを自分の家の種籾とまぜて苗代にまくと豊穣に恵まれるとしている。このようにここでも羽黒山と同様に、山伏が祈念をこめた種籾が里の農家に授けられているのである。その際、英彦山の場合にはこの種籾の前で豊作の予祝の御田祭が行なわれていることに注目しておきたい。

卯月八日と山伏の出峰

柳田民俗学では卯月八日を稲作の始まりにあたって山の神を田の神として迎えて祭って豊作を祈る日としている。そしてこの田の神は稲作を守護した上で、秋の一〇月には収穫物を供えられ、これを氏子と共食した上で山に帰って山の神になるとし、前者は神社の春祭り、後者は秋祭りのはじまりであるとしている。一方寺院では四月八日は釈迦の生誕を寿ぐ灌仏会《かんぶつえ》とされ、四本柱に屋根をつけ、柱や屋根をレンゲ、山ツツジ、藤、石南花《しゃくなげ》、山吹、桃などの花で飾った小さな花御堂《はなみどう》の中央に誕生仏を安置して甘茶を灌《そそ》いで寿ぐ花祭りが行なわれている。

もっとも民間では村人たちが卯月八日に霊山や里山に登って飲食をし、藤・ツツジ・ウツギ・樒《しきみ》などの花をとってきて長い竹竿の上につけた天道花をつくって、軒端などに立てかける。そしてこの天道花に団子や水を供えて祭っている。さらに山から持ち帰ったこれらの花を仏壇に供えてもいる。この卯月八日の山登りは春山入りとも呼ばれている。広義に解釈すれば、山野の桜を見て宴会をし、花を手折って帰る花見もこの行事につらなっている。ちなみに民俗語彙では「サ」は田の神、「クラ」は座を意味している。それゆえサクラは田の神の依代ともいえる花と考えられる。このように民間では卯月八日を山の神を田の神として迎える日、祖霊や新仏の供養の日として神霊や祖霊を迎えてその加護を祈っていると思われるのである。ちなみに東日本では、この四月八日は薬師如来をまつる日ともされていた。

ところで霊山では四月一五日から七月一五日にかけて僧侶が山内の堂舎に供花する夏《げ》安居《あんご》と呼ばれる修行がなされていたが、これは入夏にあたる灌仏会にあわせて四月八日から始めたとも考えられるものである。この一夏九旬の供花をおえた僧侶に新仏・先祖・餓鬼の供養を依頼したのが、盆のはじまりである。また修験道の峰入が確立した室町時代の金峰山では四月八日は一二月三一日に山に籠って年を越した晦山伏が出峰して験くらべを行なう日であった。一方山内の当行衆（夏衆《げしゅう》とも）と呼ばれる僧侶はこの日から七月一五日まで山中の霊地に供花する夏安居の修行を行なっていた。ちなみに九月九日から大峰山中の笙の岩屋に籠った山伏は三月三日に出峰していた。現在の山上ヶ岳でも最近まで旧暦四月八日（現在は一ヵ月おくれの五月八日に近い五日）に大峯山寺の戸開式、九月九日に戸閉式を行なっていた。先に四月八日はかつては英彦山で胎蔵界の峰入の山伏が出峰する日であることを指摘したが、中央でも、山中で年を越した晦山伏の出峰する日であるとともに、山中で供花行をする夏衆の修行始めの日だったのである。

先に述べたように、折口信夫は日本の祭りのうち秋祭り・冬祭り・春祭りを神が秋に新穀を食して体力をつけた上で、冬の間山中に籠って山中の霊威を身につけ、春あらたに神として里人に迎えられる一連の営みが分離独立したものとしている。そして藤井貞文はこれを受けて、かつては神に仕える神職も秋に新穀を食した上で、山に籠り、山の神の力を得た上で春に山から下りていたとの興味深い指摘を行なっている。修験道の晦山伏の峰入もこうした信仰にもとづくものと考えられるのである。

3　里山伏と廻檀する山伏

里山伏の活動

室町から戦国時代にかけて各地を遊行した山伏たちは、江戸時代になると、地域社会に定住して、鎮守の別当、加持祈禱、霊山の先達や廻檀《かいだん》などの宗教活動に従事していた。こうした修験者は一般には里修験・里山伏と呼ばれている。彼らは本山派・当山派・羽黒派・英彦山派などの修験教派の補任《ぶにん》を受けて自宅の母屋の脇に小さな護摩堂を設けたり、母屋の正面または奥の間に祭壇を設けて、不動明王などの本尊を祀

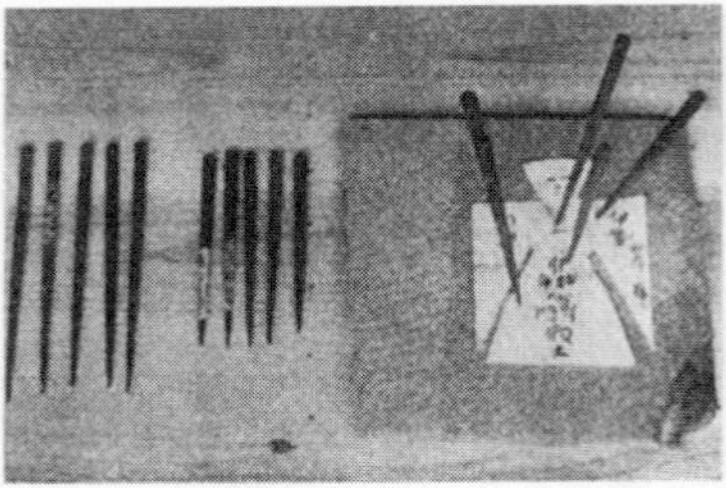

調伏に用いる道具

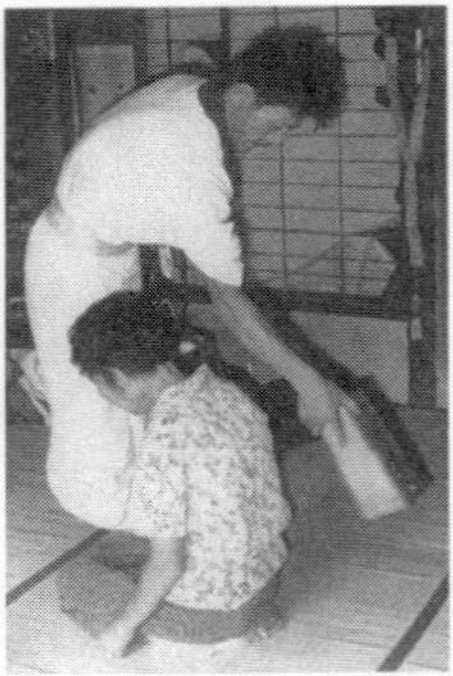

憑きものおとしの様子

り、そこで祭りや依頼に応えて卜占《ぼくせん》、巫術《ふじゅつ》、加持祈禱などの活動に従事した。その際巫術にあたっては妻や身近な女性を憑坐《よりまし》にして神霊を憑依させて託宣を得る憑祈禱《よりぎとう》を行なうことも多かった。なお多くの場合は不動明王を本尊としたが、これとあわせて開祖とされた役行者、金剛蔵王権現・熊野権現などの権現、不動明王、大日如来、阿弥陀、薬師、観音（聖・十一面など）、地蔵菩薩、弁才天、毘沙門天、天狗などが祀られていた。なお当山派では派祖の聖宝・理源大師や不動明王が祀られていた。このほか、羽黒権現、白山権現、英彦山権現など自己が属する霊山の権現が祀られた。そしてこれらの本尊の縁日（不動明王は二八日）や祖師の忌日（役行者は七日）には祭典を行なった。特に年一回の祭典の時には、堂の前などで採（柴）灯護摩供を施行した。また彼らが里人の依頼を受けて、神社の祭りにたずさわることも多かった。

　里山伏は信者の依頼に応えて、卜占、易筮《えきぜい》などにより日や方位の吉凶、家相、地相を見ることも多く、当時土御門《つちみかど》家が支配した陰陽師との出入が絶えなかった。加持祈禱にあたっては、屋内で息災護摩などを施行したが、より簡単には依頼者に向かって錫杖をふり、般若心経や不動経などを読誦し、本尊の真言を唱えるなどの修法が行なわれた。また、意識を失っていわば脱魂状態になった患者に対しては、その霊魂をとりもどして身体につける鎮魂作法を行なった。一方、生死霊、怨霊、動物霊、邪神などが憑依した憑依病者に対してはまず何が憑依しているかを明らかにするために、憑坐に神霊を憑依させて災因を聞く憑祈禱が行なわれた。そして憑依霊に応じて、憑きものおとしや調伏《ちょうぶく》の修法をして退散させた。憑きものおとしには憑依霊に向かって教化文を読みあげて説得して退散させる修法、弓や刀で威嚇して追い出したり、憑依霊を憑坐に移したり、取り出して竹筒などに封じこめて四つ辻にうめるなどの修法が用いられた。調伏は憑依霊のみならず、祟っている霊にも用いられたがこれには九字、不動金縛《かなしばり》法、鞭でたたく摩利支天鞭《まりしてんべんぼう》法などがある。なおこうした修法とあわせて、除魔の呪符や守護の護符を授けて所定の場所に貼るなどして魔除けをはかることも行なわれた。

里修験はこうした加持祈禱や修法を自坊で行なうほかに、年の暮や正月などには自己の信者の家をまわって各家の屋敷神、竈にまつられている荒神、水神などの御幣を授けたり、床の間の神をまつる日待《ひまち》などと呼ばれる家祈禱に従事した。こうした場合に、自己の修行道場とする霊山の守り札や護符を授けることも少なくなかった。そして彼らをこうした霊山に導く先達を勤めもしたのである。

霊山の御師の廻檀

霊山の社寺には各地の先達に導かれた道者を宿泊させ、祈禱、山内の案内、登拝の先達を勤める御師《おし》と呼ばれる人たちがいた。御師の名称は御祈禱師の略とされている。ただ山内や登拝の案内は御師に属する山先達が勤めることもあった。この組織は中世初期に熊野三山で始まり、後期には伊勢に導入された（もっとも伊勢の場合は、オンシと呼んでいる）。熊野の御師は先達が導いてきた檀那に宿泊、祈禱などの便宜をはかるのみだったが、伊勢の御師は積極的に各地を廻檀した。江戸時代に入るところの伊勢の御師を見習うような形で各地の霊山や大きな社寺の御師は各地を廻檀して檀那や道者の所を訪れて自己の依拠する霊山や社寺の霊験を説いて、参詣をすすめたり、勧進、配札、祈禱などに従事した。こうした活動は御師に所属した比丘尼や聖たちによっても行なわれた。現に彼らが当時、人々に参詣をすすめるために用いた社寺参詣曼荼羅や霊山の風景を版木で刷った一枚ものの絵図が数多く伝わっている。彼らは廻檀にあたっては、それぞれの土地の里修験や古くからの檀那の家に宿泊した。そして版木を持参してそこでお札を刷り、「ミタマイレ」の祈禱をした。檀那の家で泊まった時は依頼に応えて占いや祈禱を行ないもした。

霊山の社寺の護符《ごふ》は基本的に御祈禱をしたことを示す祈禱札や尊名を記した守護札だが、火防・盗難除け・家内安全・牛馬の守護などの目的に応じたものも認められる。特に熊野をはじめとする霊山の社寺独自の牛王宝印やそれぞれの霊山の開山や仏菩薩などの尊像を版木で刷ったものが喜ばれた。

霊山の御師は黄蘗《きはだ》などを原料として作った薬を持参することも多かった。主要なものをあげると、大峰山の陀羅尼助、立山の反魂丹《はんごんたん》や熊の胆《い》、伊吹山の艾《もぐさ》、木曾御嶽の百草、伊勢の朝熊ヶ岳の万金丹、英彦山の不老丹などがある。ちなみに全国に広く知られている富山の反魂丹を主要なものとする置薬の方法は、立山修験の配薬に淵源があるとされている。また霊山の修験者は山内でとれたお茶、割り箸などをお土産として持参することも多かった。

山伏神楽の廻檀

霊山を出て各地を廻檀したのは、配札して登拝をすすめた御師だけではなかった。このほかにも独自の芸能を持って積極的に町や村を門付けして歩いた山伏がいた。その代表的なものに東北地方の山伏神楽がある。特に早池峰山麓の岳《たけ》と大償《おおつぐない》の山伏神楽は、その美しい舞が識者にも注目されている。これらの山伏神楽は基本的には訪れた家や公民館にしつらえられた舞台で、背後の幕に向かって手前に座った胴前（神楽全体をとりしきる）が、太鼓を打って幕内の神の世界から人間の世界ともいえる舞台に神々を導き出して、そこで神々に神話の世界を演じさせたり、実際に人々を救う活動を演じさせるものである。

この早池峰山麓の岳と大償の山伏神楽は七十余の演目をもっている。主要なものには表・裏の式舞（鳥舞、翁舞、三番叟、八幡舞、山の神舞、岩戸開き舞）と、神舞（水神舞など二〇）、番楽舞（物語性を持つ曾我兄弟の舞など）、女舞（道成寺など）がある。一般にはまず式舞の表舞を演じ、中入後は希望に応じてそれ以外の数番の舞を舞う。そして最後に火伏せと祈禱をかねた権現舞がなされている。なお早池峰山の登山口に位置する岳の舞を男舞、大償のものを女舞としていたが、演目はほとんど同じである。ここでは特に山岳信仰と密接に関係する岳の式舞の鳥舞・翁舞・山の神舞、神舞の水神舞・五穀舞と権現舞を簡単に紹介しておきたい。

まず「鳥舞」は山伏神楽で最初に必ず舞われる天地開闢《かいびゃく》の神話を演じる舞、「翁」は不老長生を願うもので古能の面影を伝えている。「山の神舞」は指に九字と呼ばれる紙かざりをつけた山の神が幕出し後、舞台を踏み鎮め、その本地について語り、盆に盛った米を四方にまき、舞台を踏み鎮め、不動明王の印を結び九字を切っている。神舞の「水神舞」は水を汚された竜神が怒って祟ろうとしたが経津主命《ふつぬしのみこと》に諭されて、祟りをやめて水神となる舞、「五穀舞」は月読命《つくよみのみこと》に殺された保食神《うけもちのかみ》の身体から五穀がはえ、この五穀を天照大神に献上して、保食神は稲荷大明神となったことを示す舞である。「権現舞」では早池峰権現をしめす獅子（権現様と呼ばれている）が、座元から献じられた米や酒を納受し、その米や酒をまくことによって豊穣を祈り、火伏せをするものである。この時、獅子《しし》頭《がしら》にかまれたり、獅子の幕の下をくぐると健康になるとされている。このように山伏神楽では山の神、水の神、稲荷さら

翁舞　撮影：黒沼幸男

黒森神楽　提供：神田より子

に権現が里人のところを訪れて幸を与えることを如実に示す形がとられている。

山伏神楽に類する芸能には東北地方ではやはり岩手県宮古市の黒森神楽（神子の湯立《ゆだて》による託宣が行なわれている）、下北の能舞（錫杖や念珠を持って舞われている）、陸前の法印神楽、秋田県の鳥海山の番楽、保呂羽山《ほろはさん》の湯立神楽などがある。

ところで秋田県の男鹿半島では一二月三一日の夜ムラの若者が鬼の面をかぶり、蓑を身につけて、藁にウミスゲという海藻をまじえた腰巻をつけ、素足に藁沓《わらぐつ》をはき、手に木製の大きな出刃包丁を携えて家々を訪れて子供や初嫁、初婿をおどしてまわるナマハゲと呼ばれる行事がある。このナマハゲの意味は外で働かないで火にばかりあたっているとできるナモミ、ナガメと呼ばれる火斑をはぎとること（生剝）を意味している。これにちなんで新年を迎えるにあたって、怠けものをこらしめると共に新年を祝福する行事で、寒風山《かんぷうざん》の山伏が演じたともされている。同様の行事は秋田県内のほかに岩手県の三陸地方でも認められる。なお国東半島の六郷満山で行なわれる修正鬼会《しゅじょうおにえ》でも一連の芸能を伴った行事のあと、荒鬼《あらおに》（災払鬼《さいはらいおに》）、鎮鬼《しずめおに》が登場して参詣者に祝福を与えたあと、村内をまわって家々で家内安全などの祈禱を行なっている。これらの行事は山の神格が直接村々をまわって、除災招福をはかることを示す芸能と考えられるのである。こうした山から訪れる荒々しい神格はまれ人神として、それぞれの地域の悪霊を鎮め、氏神とあわせてその地域の人々に恵みをもたらすと信じられたのである。

エピローグ

宗教は聖なるものを畏敬し、深く信じ救済を得る営みである。ただそれが高じると、自己を否定して唯一絶対の神や聖職者を盲信し、同調しない者の折伏を試み、ひいては聖戦を挑むことになる。特に唯一絶対の神を崇める創唱宗教や民族主義を強調する民族宗教はこうした危険性をはらんでいる。そしてこの宗教が政治権力に操作されると、ＩＳ（イスラム国）のように自爆テロすら行なうようになる。

また近代文明を生み出した物質志向は多量生産・多量消費を美徳とする価値観をもたらした。そして、開発のための土木工事などによって自然が破壊されている。

こうした状況を克服するためには、古来人間が自然の恵みのなかでの採集、狩猟、漁撈、農業などの生活から育んできた自然宗教に回帰することが必要と思われる。広義には、人間も自然に含まれる。それゆえ、自然の一部である人間は自然と共生し、自然の摂理にのっとり、おのずからなる生き方をすべきではないだろうか。もっともこのことはたんに原始宗教に立ち戻れというのではない。世界各地、とくにアジアでは自然宗教は人々の生活様式の展開に即して、創唱宗教の要素も取り入れて、思想、儀礼、霊地の施設、組織などをより豊かで多彩なものに展開させていった。私はこうした宗教を民俗宗教と名付けている。そして人類にとって真に普遍的な宗教は、この民俗宗教のなかにこそ求められるべきであると考えている。

こうした視点に立った場合には、多くの人々が生活の場とする里から望見され、しかもそこから生活に必要な水、草木、獲物などを得ることができる森や山が注目される。森や山は世界各地で神霊の住処として崇められると共に、妖怪変化が跋扈《ばっこ》する魔所として恐れられていた。人々は山に住む神を山麓で祀ったが、こうした霊山で神の啓示を受けたり、悟りをひらいた教祖も出現した。特に古代にはその八割が森や山で占められた日本の民俗宗教は、本書で縷々《るる》述べてきたように、霊山の信仰を母胎として展開してきたのである。

すなわち日本人は古来、山には獲物、木、鉱物、水などを与えてくれる山の神がいると信じていた。やがて定住して水田稲作を営むようになると、死後に子孫の供養をうけた祖霊は山に行き、山の神と融合して子孫を守る氏神になるとされた。そして山麓にこの神を祀る神社が設けられたのである。古代になって山岳修行を重視する仏教や道教が伝来すると、霊山に籠って修行する山岳仏教が成立する。特に密教僧は籠山修行をして超自然的な験力を修めて加持祈禱に従事した。彼らの中には中国の天台山や五台山などの仏教の霊山で修行した者もいた。中世になると山岳抖擻《とそう》によって験力を修めることを旨とした修験道が成立する。中央の修験道は大峰山を修行道場としたが、その北の吉野、南の熊野に修験の拠点が形成された。やがて、その影響は羽黒、日光、富士、白山、立山、伯耆大山、石鎚山、彦山など全国に及んでいった。

山岳信仰の対象となる霊山には、神が天降りする場とされた秀麗な神奈備型の山、火山のように岩石が累々とした岳《たけ》（嶽）と呼ばれる険しい山、家郷の里山などがあった。修行者は当初は山中の洞窟に籠居して、岩、木、滝などに神を観じて修行した。ちなみに神道では、神の宿る岩を磐座《いわくら》、木を神籬《ひもろぎ》と呼んで崇めている。特に山中で修行を積んだ修験者は岩や木に神仏の姿を観じて、これを権現として崇拝した。磨崖仏や立木観音はこうした信仰にもとづいている。彼らは山に伏して修行することによって荒々しい山の神の力を体得して、その眷属ともいえる鬼、童子、王子、さらには神使ともされる動物を使役して加持祈禱を行なった。里人は彼らを山中で不老長生を求めて修行した仙人、異形の天狗に類するものとして畏れ敬った。霊山やその神格に対する儀礼には、まず神社神道に見られるように、山中の禁足地の磐座や神籬にいます神を山麓の神社で祭るものがある。その後仏教が伝来すると比叡山や高野山に見られるように山中で法華持経、念仏、春から夏にかけて山中の堂社に供花する夏安居《げあんご》、回峰などの籠山行が行なわれた。また中世に成立した修験道では、秋に峰入して山中で年を越して新春または春に出峰する晦山伏《つごもりやまぶし》の修行や熊野から吉野に至る大峰山系、二上山から和歌山の友ヶ島に至る経塚をめぐる抖擻行が行なわれた。近世期になると一般庶民が講を結成してより軽い精進で登拝するようになった。特に富士講や木曾御嶽講が注目されるが、大峰山の山上ヶ岳、羽黒、日光、石鎚山、英彦山をはじめとする修験霊山でも、こうした傾向が認められた。ちなみに近代には富士講は扶桑教・実行教、木曾御嶽講は御嶽教というように教派神道として認証された。

里人は夏安居の行をした僧侶に、盆の施餓鬼や特に荒々しい新仏の供養、棚経《たなぎよう》を依頼した。また本来修験者は、山の神が山中に留まっている秋から春にかけて山中の洞窟などに籠る冬の峰（晦山伏）の修行で超自然的な験力を獲得した。そこで彼らが獲得した験力は、羽黒山の冬の峰の最後の験くらべの面影を伝える松例祭を見ると、日月を象徴する鳥や兎を操作する力、火によって災厄を焼きつくし新年の新しい火を造るなど火を操作する力、藁で造った小さな苫屋である興屋聖におさめられた種籾の豊穣力を育む力などである。特に最後の種籾への豊穣力の付与は豊作の予祝の儀礼である英彦山の御田祭にも認められる。また大峰山などでは出峰した山伏は女性に子種を授けたり、安産をもたらすとされている。さらに山伏は修行によって、剣と縄を持って悪霊や悪神を調伏する不動明王の持つ降魔の力を体得するとされている。この剣と索を神格化した倶利迦羅不動（竜王）も崇められている。東北の山伏神楽では、剣を採物として勇壮な舞がなされている。さらに霊山の護符や薬を持って廻檀する御師も現れた。近世期には地域に定住して小祀の祭りを行なったり、加持祈禱にたずさわる里山伏が活躍した。

自然宗教に淵源を持つ日本の霊山信仰は、神社神道を育むと共に、山岳仏教、陰陽道、修験道、さらに富士や木曾御嶽の信仰にもとづく教派神道や新宗教を包摂し、しかもこれらを並存、融合させて、日本の民俗宗教として展開したのである。こうした傾向はアジアをはじめ世界各地の民俗宗教にも見られるのである。最初にも述べたように現在は人間中心的な世界観にもとづく合理主義的な思想が破綻し、一神教的原理主義が宗教対立を生みだしている。こうした中にあって、自然のなかでも大きな位置を占める霊山の信仰に見られる多宗教の並存、融合の中に、人類にとって真に必要とされる普遍的な宗教のあり方を求めることが必要とされるのである。本書がこうした試みの第一歩となれば望外の幸せである。

なお、本書の原本は二〇〇四年にNHKブックスから刊行された。刊行にあたっては、NHK出版の向坂好生氏、黒島香保理氏のお世話になり、原稿の整理と入力は山口晴子氏に担当していただいた。講談社学術文庫収録にあたり、その後の研究をもとに訂正、加筆を行なった。また読者の便を考えて、新たに「霊山索引」を付した。この再録に関しては講談社の園部雅一氏、講談社学芸クリエイトの今岡雅依子氏のお世話になった。心から御礼申し上げたい。

平成二七年一二月末日

宮家　準

参考文献

＊本書の執筆にあたって、特に参考にした文献を全般的なもの、次いで各章ごとに論述の順に従ってあげる。

全般的なもの

和歌森太郎、村山修一、五来重ほか編『山岳宗教史研究叢書』全十八巻　名著出版　一九七五―八四年

宮家準『修験道小事典』法藏館　二〇一五年

『山岳修験』一―五三号　日本山岳修験学会（年二回刊）一九八五―二〇一五年

第一章

民俗文化研究所編『山と日本人』日本盲人会連合　一九七二年

宮家準『生活のなかの宗教』NHKブックス　一九八〇年

櫻井徳太郎編『山岳宗教と民間信仰の研究』山岳宗教史研究叢書六　名著出版　一九七六年

渡辺章悟『十三仏信仰――追善供養の仏さま』北辰堂　一九八九年

第二章
Edwin Bernbaum, "Sacred Mountains of the World", Sierra Club Books, San Francisco, 1990
岩田慶治、杉浦康平『アジアの宇宙観』講談社　一九八九年
エドゥアール・シャヴァンヌ『泰山――中国人の信仰』勉誠出版　二〇〇一年
『特集　中国の名山』しにか　一一巻八号　大修館　二〇〇〇年
高瀬重雄『古代山岳信仰の史的考察』角川書店　一九六九年
定方晟『須弥山と極楽』講談社現代新書　一九七三年

第三章
佐々木勝『屋敷神の世界――民俗信仰と祖霊』名著出版　一九八三年
徳丸亞木『「森神信仰」の歴史民俗学的研究』東京堂出版　二〇〇二年
仲松弥秀『神と村』伝統と現代社　一九七五年
上田正昭、上田篤編『鎮守の森は甦る――社叢学事始』思文閣出版　二〇〇一年

第四章
時枝務『山岳考古学――山岳遺跡研究の動向と課題』ニューサイエンス社　二〇一一年
和歌森太郎編『山岳宗教の成立と展開』山岳宗教史研究叢書一　名著出版　一九七五年
宮家準『修験道組織の研究』春秋社　一九九九年
山崎安治『日本登山史』白水社　一九六九年

末永雅雄『古墳の航空大観』学生社　一九七五年

第五章

五来重『修験道霊山の歴史と信仰』著作集第六巻　法藏館　二〇〇八年
鈴木正崇『山岳信仰――日本文化の根底を探る』中公新書　二〇一五年
櫻井徳太郎監修『歴史の山一〇〇選』秋田書店　一九七四年

第六章

鏡味完二『日本地名学［第二］』日本地名学研究所　一九五七年
高橋文太郎『山と人と生活』金星堂　一九四三年
日本山岳会編『新日本山岳誌』ナカニシヤ出版　二〇〇五年
岩科小一郎著、藤本一美編『山ことば辞典』百水社　一九九三年

第七章

ネリー・ナウマン著、野村伸一・檜枝陽一郎訳『山の神』言叢社　一九九四年
平岡定海編『権現信仰』民衆宗教史叢書二三　雄山閣出版　一九九一年
宮家準『修験道思想の研究』春秋社　一九九九年
田辺三郎助編著『神仏習合と修験』図説日本の仏教六　新潮社　一九八九年

第八章

宮家準『役行者と修験道の歴史』吉川弘文館　二〇〇〇年
下出積与『神仙思想』吉川弘文館　一九六八年
近藤喜博『日本の鬼――日本文化探求の視角』桜楓社　一九六六年
宮本袈裟雄『天狗と修験者――山岳信仰とその周辺』人文書院　一九八九年
柳田国男『山の人生』定本柳田国男集四巻　筑摩書房　一九六八年

第九章

三輪山文化研究会編『神奈備・大神・三輪明神』東方出版　一九九七年
宮家準編『山岳修験への招待――霊山と修行体験』新人物往来社　二〇一一年
宮家準『修験道――その歴史と修行』講談社学術文庫　二〇〇一年
岩科小一郎『富士講の歴史――江戸庶民の山岳信仰』名著出版　一九八三年
菅原壽清『木曾御嶽信仰――宗教人類学的研究』岩田書院　二〇〇二年
鈴木正崇『山と神と人――山岳信仰と修験道の世界』淡交社　一九九一年

第十章

戸川安章『修験道と民俗』岩崎美術社　一九七二年

長野覺『英彦山修験道の歴史地理学的研究』名著出版　一九八七年
宮家準『修験道儀礼の研究　増補決定版』春秋社　一九九九年
宮本袈裟雄『里修験の研究』吉川弘文館　一九八四年
宮家準編著『山の祭りと芸能』上・下　平河出版社　一九八四年
宮田登『山と里の信仰史』吉川弘文館　一九九三年

［付記］東南アジアについて本書では触れていなかったので、二〇一五年十二月にアンコール地方を訪れ、当地の山岳信仰について瞥見したメモを、講談社ＰＲ誌『本』（二〇一六年三月号）に掲載した。

弥山（みせん、宮島） 153
弥山（みせん、大峰山） 184
御岳（みたけ、武州） 142
三峰山（みつみねさん） 141
三徳山（みとくさん） 152
箕面山（みのおさん） 133
身延山（みのぶさん） 42
御室岳（みむろだけ、金鑽神社） 142
妙義山（みょうぎさん） 85, 140
妙高山（みょうこうさん） 145
妙法山（みょうほうざん、那智） 131
三輪山（みわやま） 92, 259-263
モリの山（もりのやま） 68-70

や行

弥彦山（やひこやま） 146
山寺（やまでら、山形） 136
大和三山（やまとさんざん） 57, 93
八溝山（やみぞさん） 139
諭鶴羽山（ゆづるはさん、淡路） 56, 133
湯殿山（ゆどのさん） 134
吉野山（よしのやま） 114, 128, 209, 232
米山（よねやま） 146

ら行

霊鷲山（りょうじゅせん、インド） 41-42
霊山（りょうぜん、福島） 42, 139
六郷満山（ろくごうまんざん、国東半島） 158, 311

八菅山（はすげさん、相模）　143
八海山（はっかいざん）　145
早池峰山（はやちねさん）　138, 308
葉山（はやま）　83
葉山（はやま、山形）　135
榛名山（はるなさん）　140
磐梯山（ばんだいさん）　139
飯道山（はんどうさん、近江）　132
比叡山（ひえいざん）　98, 113, 132, 263-267
日金山（ひがねやま、箱根）　144
彦山／英彦山（ひこさん）　59, 109, 156-159, 206, 297-300
ヒマラヤ（インド）　38
ヒラー山（サウジアラビア）　39
比良山（ひらさん、近江）　99, 132
富士山（ふじさん）　110, 148, 149, 280-283
普陀山（ふださん、中国）　55
補陀落山（ふだらくさん、チベット）　40
二荒山（ふたらさん、男体山）　140, 210
宝満山（ほうまんざん）　158
蓬莱山（ほうらいさん、中国）　45, 46
鳳来寺山（ほうらいじさん）　22, 150
武尊山（ほたかやま）　146
本山（ほんざん、男鹿半島）　137

ま行

巻機山（まきはたやま）　146
摩耶山（まやさん、六甲）　133
三笠山（みかさやま、奈良）　131
御射山（みさやま、諏訪）　144

真山（しんざん、男鹿半島） 137
深仙（じんぜん、大峰山） 106
嵩山（すうざん、中国） 49
石動山（せきどうざん） 148
背振山（せふりさん） 159

た行

泰山（たいざん、中国） 47, 49-53, 63
大山（だいせん、伯耆） 151, 152, 206
太平山（たいへいざん、秋田） 136
高尾山（たかおさん） 142
蓼科山（たてしなやま） 85
立山（たてやま） 146, 205, 210
檀特山（だんどくせん、インド） 40
鳥海山（ちょうかいさん） 135
筑波山（つくばさん） 85, 141
剣山（つるぎさん、徳島） 155
剣岳（つるぎだけ、立山） 147
出羽三山（でわさんざん） 134
天台山（てんだいさん、中国） 35, 56
戸隠山（とがくしやま） 145

な行

苗場山（なえばさん） 146
二上山（にじょうさん、奈良） 131
ニソの杜（にそのもり、若狭） 70-72
日光山（にっこうさん） 113, 205
鋸山（のこぎりやま、房総） 142

は行

白山（はくさん） 147, 205
白頭山（はくとうさん、朝鮮） 35, 59, 60
羽黒山（はぐろさん） 134, 204, 210, 275-279, 289-296

熊野三山（くまのさんざん）　102, 115, 129
鞍馬山（くらまやま）　132
黒森山（くろもりやま）　78
衡山（こうざん、中国）　48
恒山（こうざん、中国）　49
高野山（こうやさん）　98, 114, 131, 210
高良山（こうらさん、久留米）　159
五岳（ごがく、中国）　37, 45, 47-49
五台山（ごだいさん、中国）　53
古峰ヶ原（こぶがはら、日光）　242
駒ヶ岳（こまがたけ、甲斐）　86
駒ヶ岳（こまがたけ、箱根）　143
小御嶽（こみたけ、富士山）　149
金剛山（こんごうさん、朝鮮）　58
金剛山（こんごうさん、葛城）　58
金毘羅山（こんぴらやま）　155
崑崙山（こんろんざん、中国）　45, 47

さ行

蔵王山（ざおうさん）　136
笹ヶ峰（ささがみね、石鎚山）　154
篠山（ささやま、土佐）　156
里山（さとやま）　61, 78, 87, 301
三山（さんざん、朝鮮）　57
山上ヶ岳（さんじょうがたけ、大峰山）　23, 268-270, 287, 288
三神山（さんしんざん、中国）　45, 46
三瓶山（さんべさん）　153
七面山（しちめんざん、山梨）　144
シナイ山（エジプト）　39
七高山（しちこうざん）　27, 122
信夫山（しのぶやま、福島）　139
須弥山（しゅみせん）　38, 42-45, 184
書写山（しょしゃざん）　134

大峰山（おおみねさん） 106, 172, 173, 184, 214, 232, 242, 271-273
大山（おおやま、相模） 143
恐山（おそれざん） 23, 25, 137
越智山（おちざん、越前） 148
男山（おとこやま、石清水八幡） 132
御許山（おもとさん、宇佐） 158
オリンポス（ギリシャ） 37
御嶽（おんたけ、木曾） 111, 145, 284-286

か行

開聞岳（かいもんだけ） 162
カイラス山（チベット） 38
笠置山（かさぎやま） 131
笠取山（かさとりやま、上醍醐） 131
華山（かざん、中国） 47
月山（がっさん） 134
葛城山（かつらぎさん） 216, 232, 242
加波山（かばさん） 141
峨眉山（がびさん、中国） 54-55
釜臥山（かまぶせやま） 138
瓶ヶ森（かめがもり、石鎚山） 154
カンナビの山（かんなびのやま） 93
貴船山（きぶねやま） 131
蟻峰山（ぎほうざん、児島五流） 152
九華山（きゅうかざん、中国） 55
清澄山（きよすみやま、房総） 142
霧島山（きりしまやま、韓国岳） 159
金華山（きんかさん、北上） 138
金峰山（きんぷさん、甲斐） 144
金峰山（きんぷせん、奈良吉野） 93, 100, 104, 198-201
金峰山（きんぽうさん、出羽） 69
求菩提山（くぼてさん） 157
熊野（くまの） 201-204, 209, 213

霊山索引

＊本索引では原則として、その項目について何らかの記述、説明が付されている箇所のみを取り上げた。
＊山名には通称を採用し、（　）内に読み方を付した。
＊山名に加えて、普通名詞（例・里山）、包括名詞（例・五岳）、思想上の山名（例・須弥山）もともに索引項目とした。
＊国外の山には、（　）内に国名を付した。また日本国内においても、同名の山がある場合には必要に応じて地名を併記した。
＊連峰や山系の一部（例・深仙／大峰山）、山名のみではわかりにくいもの（例・男山／石清水八幡）などは、（　）内に説明を付した。

あ行

赤城山（あかぎさん）　140
秋葉山（あきはさん）　150
朝熊ヶ岳（あさまがたけ）　133
浅間山（あさまやま）　85
阿蘇山（あそざん）　159
愛宕山（あたごやま、京都）　132
飯縄山（いいづなやま）　145
飯豊山（いいでさん）　136
生駒山（いこまやま）　131
石鎚山（いしづちさん）　154, 155, 206
稲荷山（いなりやま、伏見稲荷）　132
伊吹山（いぶきやま）　133
岩木山（いわきさん）　137
岩手山（いわてさん）　138
後山（うしろやま）　153
ウタキ　22, 74-77
雲仙岳（うんぜんだけ）　162

KODANSHA

本書は『霊山と日本人』（日本放送出版協会、二〇〇四年）を底本とし、その後の研究をもとに訂正、加筆を行なった。

また、新たに霊山索引を付した。

宮家　準（みやけ　ひとし）

1933年東京生まれ。東京大学大学院博士課程修了。文学博士。慶應義塾大学名誉教授。日本山岳修験学会名誉会長。修験道研究で秩父宮記念学術賞，福澤賞などを受賞。宗教民俗学という分野を樹立した。元・日本宗教学会会長。著書に『修験道』，『日本の民俗宗教』（ともに講談社学術文庫），『宗教民俗学』（東京大学出版会）ほか多数。

講談社学術文庫

定価はカバーに表示してあります。

霊山《れいざん》と日本人《にほんじん》

宮家《みやけ》　準《ひとし》

2016年2月10日　第1刷発行
2025年1月16日　第4刷発行

発行者　篠木和久
発行所　株式会社講談社
東京都文京区音羽2-12-21 〒112-8001
電話　編集（03）5395-3512
販売（03）5395-5817
業務（03）5395-3615
装　幀　蟹江征治
印　刷　株式会社広済堂ネクスト
製　本　株式会社国宝社
本文データ制作　講談社デジタル製作

ISBN978-4-06-292347-7

「講談社学術文庫」の刊行に当たって

これは、学術をポケットに入れることをモットーとして生まれた文庫である。学術は少年の心を養い、成年の心を満たす。その学術がポケットにはいる形で、万人のものになることは、生涯教育をうたう現代の理想である。

こうした考え方は、学術を巨大な城のように見る世間の常識に反するかもしれない。また、一部の人たちからは、学術の権威をおとすものと非難されるかもしれない。しかし、それはいずれも学術の新しい在り方を解しないものといわざるをえない。

学術は、まず魔術への挑戦から始まった。やがて、いわゆる常識をつぎつぎに改めていった。学術の権威は、幾百年、幾千年にわたる、苦しい戦いの成果である。こうしてきずきあげられた城が、一見して近づきがたいものにうつるのは、そのためである。しかし、学術の権威を、その形の上だけで判断してはならない。その生成のあとをかえりみれば、その根は常に人々の生活の中にあった。学術が大きな力たりうるのはそのためであって、生活をはなれた学術は、どこにもない。

開かれた社会といわれる現代にとって、これはまったく自明である。生活と学術との間に、もし距離があるとすれば、何をおいてもこれを埋めねばならない。もしこの距離が形の上の迷信からきているとすれば、その迷信をうち破らねばならぬ。

学術文庫は、内外の迷信を打破し、学術のために新しい天地をひらく意図をもって生まれた。文庫という小さい形と、学術という壮大な城とが、完全に両立するためには、なおいくらかの時を必要とするであろう。しかし、学術をポケットにした社会が、人間の生活にとってより豊かな社会であることは、たしかである。そうした社会の実現のために、文庫の世界に新しいジャンルを加えることができれば幸いである。

一九七六年六月　　　　野間省一

宗教

観音経講話《かんのんきょう》

鎌田茂雄著

宇宙の根本原理を説く観音経のこころ。時代と地域を超えて信仰されてきた観世音菩薩。そして最も広く読誦されてきた観音経。道元や明恵などの仮名法語を引用しつつ、観音経典の真髄を平易に解説した好著。

1000

法華経《ほけきょう》を読む

鎌田茂雄著

諸経の王たる「法華経」の根本思想を説く。文学的にも思想的にも古今独歩といわれる法華経。わずか七巻二十八品の経典の教えを、日蓮は「心の財第一なり」といった。混迷した現代を生きる人々にこそ必読書。

1112

トマスによる福音書《ふくいんしょ》

荒井　献《さきぐ》著

キリスト教史上、最古・最大の異端グノーシス派によってつくられたトマス福音書。同書は資料的に正典福音書と匹敵する一方、同派ならではの独自なイエス像を示す。第一人者による異端の福音書の翻訳と解説。

1149

日本の民俗宗教

宮家《みやけ》　準《ひとし》著

従来、個々に解明されてきた民間伝承を宗教学の視点から捉えるため、日本人の原風景、儀礼、物語、図像等を考察。民俗宗教の世界観を総合的に把握し、日本の民間伝承を体系的に捉えた待望の民俗宗教論。

1152

キリスト教の歴史

小田垣雅也著

イエス誕生から現代に至るキリスト教通史。旧約聖書を生んだユダヤの歴史から説き起こし、イエスと使徒たちによる布教やその後の教義の論争や改革運動を、世界史の中で解説した。キリスト教入門に最適の書。

1178

アウグスティヌス講話

山田　晶著（解説・飯沼二郎）

アウグスティヌスの名著『告白』を綿密に分析し「青年期は放蕩者」とした通説を否定。また「創造と悪」の章では道元との共通点を指摘するなど著者独自の解釈が光る。第一人者が説く教父アウグスティヌスの実像。

1186

《講談社学術文庫　既刊より》

宗教

歎異抄
梅原　猛全訳注（解説・杉浦弘通）
大文字版
流麗な文章に秘められた生命への深い思想性。悪人正機、他力本願を説く親鸞の教えの本質とは何か。親鸞の苦悩と信仰の極みを弟子の唯円が書き綴った聖典を、詳細な語釈、現代語訳、丁寧な解説を付し読みとく。
1444

喫茶養生記
栄西
古田紹欽全訳注
大文字版
日本に茶をもたらした栄西が説く茶の効用。中国から茶の実を携えて帰朝し、建仁寺に栽培して日本の茶の始祖となった栄西が著わした飲茶の効能の書。座禅時に眠けをはらう効用から、茶による養生法を説く。
1445

蓮如［御文《おふみ》］読本
大谷暢順《おおたにちょうじゅん》著（解説・前田恵學）
真宗の思想の神髄を記した御文を読み解く。蓮如が認めた御文は衰微していた本願寺再興の切り札となった。親鸞の教えと蓮如の全思想が凝集している御文十通を丁寧に読み解き、真宗の信心の要訣を描き示す。
1476

般若心経
金岡秀友校注
大文字版
「般若心経」の法隆寺本をもとにした注釈書。「般若心経」の経典の本文は三百字に満たない。本書は法隆寺本梵文と和訳、玄奘による漢訳を通して、その原意と内容に迫る。仏教をさらに広く知るための最良の書。
1479

修験道　その歴史と修行
宮家　準著
平安時代末に成立した我が国固有の山岳信仰。山岳を神霊・祖霊のすまう霊地として崇め、シャーマニズム、道教、密教などの影響のもとに成立した我が国古来の修験道を、筆者の修行体験を基に研究・解明する。
1483

龍樹
中村　元著
一切は空である。大乗最大の思想家が今甦る。真実に存在するものはなく、すべては言葉にすぎない。深い思索と透徹した論理の主著『中論』を中心に、「八宗の祖」と謳われた巨人の「空の思想」の全体像に迫る。
1548

《講談社学術文庫　既刊より》

文化人類学・民俗学

年中行事覚書

柳田國男著（解説・田中宣一）

人々の生活と労働にリズムを与え、共同体内に連帯感を生み出す季節の行事。それらなつかしき習俗・行事の数々に民俗学の光をあて、隠れた意味や成り立ちを探る。日本農民の生活と信仰の核心に迫る名著。

124

妖怪談義

柳田國男著（解説・中島河太郎）

河童や山姥や天狗等、誰でも知っているのに、実はよく知らないこれらの妖怪たちを追求してゆくと、正史に現われない、国土にひそむ歴史の真実をかいまみることができる。日本民俗学の巨人による先駆的業績。

135

中国古代の民俗

白川　静著

未開拓の中国民俗学研究に正面から取組んだ労作。著者独自の方法論により、従来知られなかった中国民族の生活と思惟、習俗の固有の姿を復元、日本古代の民俗的事実との比較研究にまで及ぶ画期的な書。

484

南方熊楠《みなかたくまぐす》

鶴見和子著（解説・谷川健一）

南方熊楠――この民俗学の世界的巨人は、永らく未到のままに聳え立ってきたが、本書の著者による満身の力をこめた独創的な研究により、ようやくその全体像を現わした。〈昭和54年度毎日出版文化賞受賞〉

528

魔の系譜

谷川健一著（解説・宮田　登）

正史の裏側から捉えた日本人の情念の歴史。死者の魔が生者を支配するという奇怪な歴史の底流に目を向け、呪術師や巫女の発生、呪詛や魔除けなどを通して、日本人特有の怨念を克明に描いた魔の伝承史。

661

塩の道

宮本常一著（解説・田村善次郎）

本書は生活学の先駆者として生涯を貫いた著者最晩年の貴重な話――「塩の道」「日本人と食べ物」「暮らしの形と美」の三点を収録。独自の史観が随所に読みとれ、宮本民俗学の体系を知る格好の手引書。

677

文化人類学・民俗学

C・レヴィ＝ストロース著／室　淳介訳
悲しき南回帰線（上）（下）

「親族の基本構造」によって世界の思想界に波紋を投じた著者が、アマゾン流域のカドゥヴェオ族、ボロロ族など四つの部族調査と、自らの半生を紀行文の形式でみごとに融合させた「構造人類学」の先駆の書。

711・712

宮本常一著（解説・田村善次郎）
民間暦

民間に古くから伝わる行事の底には各地共通の原則が見られる。それらを体系化して日本人のものの考え方、労働の仕方を探り、常民の暮らしの折り目をなす暦の意義を詳述した宮本民俗学の代表作の一つ。

715

宮本常一著（解説・山崎禅雄）
ふるさとの生活

日本の村人の生き方に焦点をあてた民俗探訪。祖先の生活の正しい歴史を知るため、戦中戦後の約十年間にわたり、日本各地を歩きながら村の成立ちや暮らしの仕方、古い習俗等を丹念に掘りおこした貴重な記録。

761

宮本常一著（解説・田村善次郎）
庶民の発見

戦前、人々は貧しさを克服するため、あらゆる工夫を試みた。生活の中で若者をどう教育し若者はそれをどう受け継いできたか。日本の農山漁村を生きぬいた庶民の内側からの目覚めを克明に記録した庶民の生活史。

810

折口信夫著（解説・岡野弘彦）
日本藝能史六講

まつりと神、酒宴とまれびとなど独特の鍵語を駆使して藝能の発生を解明。さらに田楽・猿楽から座敷踊りまで日本の歌謡と舞踊の歩みを通観。藝能の始まりと展開を平易に説いた折口民俗学入門に好適の名講義。

994

柳田國男著（解説・桜田勝徳）
新装版**明治大正史　世相篇**

柳田民俗学の出発点をなす代表作のひとつ。明治・大正の六十年間に発行されたあらゆる新聞を渉猟して得た資料を基に、近代日本人のくらし方、生き方を民俗学的方法によってみごとに描き出した刮目の世相史。

1082